普通高等教育卓越数学教师教育丛书

数学教学技能学习教程

主　编　曹　新

副主编　马文杰　蔡庆有　张永雪

科学出版社

北　京

内 容 简 介

本书根据《中学教师专业标准（试行）》和《教师教育课程标准（试行）》的共同要求，从教学前、教学中、教学后三个环节建构职前数学教师需要学习的基本教学技能，全书共分四个部分，数学教学技能概述、教学前数学教学技能、教学中数学教学技能、教学后数学教学技能等。

本书可供数学与应用数学（师范）本科专业，以及教育硕士学科教学·数学专业使用，也可用于在职教师培训。

图书在版编目（CIP）数据

数学教学技能学习教程 / 曹新主编. —北京：科学出版社，2018.3

（普通高等教育卓越数学教师教育丛书）

ISBN 978-7-03-056744-4

Ⅰ. ①数…　Ⅱ. ②曹…　Ⅲ. ①数学教学-教学研究-中小学
Ⅳ. ①G633.602

中国版本图书馆 CIP 数据核字（2018）第 045655 号

责任编辑：乔宇尚 / 责任校对：桂伟利
责任印制：赵　博 / 封面设计：华路天然设计工作室

科学出版社 出版
北京东黄城根北街 16 号
邮政编码：100717
http://www.sciencep.com
三河市骏杰印刷有限公司印刷
科学出版社发行　各地新华书店经销
*
2018 年 3 月第　一　版　开本：787×1092　1/16
2025 年 1 月第九次印刷　印张：15 1/2
字数：368 000

定价：49.00 元

（如有印装质量问题，我社负责调换）

“普通高等教育卓越数学教师教育丛书”编委会

本书编委会

主　编　曹　新（赣南师范大学）

副主编　马文杰（台州学院）

蔡庆有（赣南师范大学）

张永雪（济南中学）

参　编　（以姓氏汉语拼音为序）

黄林花（赣州市第一中学）

谢玉兰（赣州中学）

谢志勇（赣南师范大学）

丛 书 序

高质量的教育取决于高质量的教师，教师是创造未来的关键．随着基础教育改革的深入，迫切需要更多能胜任基础教育教学工作的师资队伍，加强师资队伍建设、保证教育质量是基础教育改革成功的关键．党的二十大报告明确提出“加快建设教育强国”，“培养高素质教师队伍”．教师是立教之本、兴教之源，加强教师队伍建设以提升教育教学质量，是教育强国建设背景下办好人民满意的教育的重要保障．

基础教育改革的不断深化迫切需要一大批卓越教师，如何培养卓越教师以适应新时代课程改革的需要，已经成为社会各界的关切热点．2010 年 6 月，教育部联合有关部门和行业协会共同启动“卓越工程师教育培养计划”．2012 年 11 月，《教育部国家发展改革委财政部关于深化教师教育改革的意见》提出“实施卓越教师培养计划，推进教师培养模式改革，建立高等学校与地方政府、中小学(幼儿园、中等职业学校)联合培养教师的新机制”，高等师范院校相继申报“卓越教师培养体制改革试点”项目．2014 年 8 月，教育部颁布《教育部关于实施卓越教师培养计划的意见》．同年 12 月，《教育部办公厅关于公布卓越教师培养计划改革项目的通知》随之颁布．2018 年 9 月，教育部发布了《教育部关于实施卓越教师培养计划 2.0 的意见》，进一步深化推动卓越教师培养．

然而，随着高等教育改革的深入，普通高校逐渐朝着应用型和综合性大学的目标发展，师范院校争相脱去师范帽子，不少高等师范院校纷纷向综合性大学转型．地方师范院校转型后，教师教育专业被淡化或者被削弱，许多师范院校的教师教育远离中小学实践，致使其师范性弱化，教师培养质量降低．

针对这一现象，杭州师范大学、湖州师范学院、温州大学、绍兴文理学院、台州学院、赣南师范大学等 12 所地方高等师范院校以提高中学数学教师素质为目的，联合开展了数学教育核心课程建设和教学改革研究．十多年来，建成国家级精品资源共享课 2 门、省级精品课程 3 门，出版各类教材 20 多部，其中，国家级规划教材 1 部、浙江省高等教育重点教材 3 部、浙江省普通高校“十二五”优秀教材 2 部．

同时，12 所高校积极开展了以提高数学教师培养质量的教学改革，先后开展省级教学改革项目 10 多项，构建了以高校教授、基础教育专家、一线教师协同育人的 PET(Professor Expert Teacher)模式，实现了高校、基础教育共赢，每年受益学生达上万人，产生了良好的示范和辐射作用．2016 年，杭州师范大学、湖州师范学院等高校联合申报的项目“课程改革背景下地方高师院校数学教育课程群建设及教学改革的实践探索”获得浙江省高等教育教学成果一等奖．

教材作为人类知识及精神产品的精华，既是学校教育目标的重要载体，也是教学的重要资源．党中央、国务院历来重视教材建设工作，党的二十大报告强调“深化教育领域综合改革，加强教材建设和管理”．高校教材是课程体系和教学内容改革的落脚点，只有将编、选、用三者有机结合，才能充分发挥教材在培养人才中的重要作用．

十多年的实践表明，以高校优质教学资源共享为途径，构建高等师范院校数学专业“3+X”课程体系，依托高质量课程、高水平教材、高层次项目，着力推进数学教育课程群建设及教学改革，实施校地共育、多校联动，开展合作研究、协同育人，培养卓越中学数学教师，为基础教育提供强有力的人才支撑，显得尤为有效.

为此，在广泛调研并征求广大专家、一线教师意见的基础上，我们编写了本套丛书，旨在探讨教师教育新的培养模式，大力推进教师教育改革，提高师范生的学习能力、实践能力和创新能力，建立一套具有开拓性和探索性的创新教材体系，培养乐教适教的高素质专业化教师，从而为中学培养一批卓越数学教师.

本套丛书以《教师教育课程标准(试行)》和《中小学和幼儿园教师资格考试标准及大纲(试行)》为依据，侧重对师范生学习能力、实践能力和创新能力的培养，提倡案例教学、项目教学等新的教学模式，形成“开放、研究、探索、创新”的教学机制，并结合各高校“教师教育培养计划”的教学方案来建设对应课程的教材. 在编写过程中，努力形成了如下特色：①在教材中融入优秀中学教育教学案例；②满足相关专业规范及专业标准；③将学科前沿知识、课程改革和教育研究最新成果充实到教学内容中，编写内容注重强化学生的教学实践能力.

丛书由杭州师范大学叶立军教授担任主编，负责策划，湖州师范学院、台州学院、赣南师范大学等高校教师参与编写工作. 本套丛书在编撰的过程中，吸收了许多专家学者的著作和研究成果，在此深表衷心的感谢，也感谢科学出版社编辑为本套丛书付出的辛勤劳动.

同时，由于作者学识有限、时间仓促，书中难免有不当之处，恳请各位专家、广大师生批评指正.

叶立军

2017年6月于杭州师范大学

2023年5月修改

前　言

基础教育课程改革的深化，提出了培养学生核心素养的诉求，这对中小学教师提出了更高的要求——围绕核心素养的培养组织学习、指导学习、促进学习，并与学生共同学习、一起成长。达到这些要求，需要教师具备丰富的实践性知识，而实践性知识蕴含在教师多维度的教学技能之中。为此，教师教育专业标准从专业能力的维度，教师教育课程标准从教育实践与体验的目标领域、教育实践的学习领域、课程设置几个部分，共同映照出教学技能的价值与地位。因此，建构适应当下要求的数学教师教学技能训练体系，成为人们关注并深入探讨的重要课题。

从心理结构看，教学技能是知识表征系统与教学操作系统的整合，是以教学操作知识为基础的心智技能与动作技能的统一。因此，建构教学技能既应关注由陈述性与程序性知识组成的知识表征系统，也应关注教学操作系统层面的执行与监控策略。其中，知识表征系统是基础，是教师自身具备的知识因素，是辨认和分析各种教学情境、预测各种教学变化并由此确定教学活动的依据，还是教师分析教学目标、掌握教学过程、完成教学任务的依据。教学操作系统包括教学执行策略与教学监控策略。教学执行策略是教师教学的基本心理模式，由一系列的具体动作经验构成，如基本的教学技能（言语技能、板书技能、讲解技能等）、课堂组织技能、教学设计技能等。监控策略指的是教师在课堂中对整个课堂，包括对教师、学生、教学过程的调控策略，涵盖两个方面：元认知监控（主要针对教师自己：教学反思）、课堂教学监控（针对学生及教学过程：导入技能、提问技能、变化技能、强化技能、结束技能、指导探究技能）。监控策略是教师控制课堂教学的心理模式，教学任务完成的质量依赖于监控策略的实施。总之，课堂教学技能是一个复杂的系统，只有知识表征系统和教学操作系统之间的各要素相互联系、相互作用，才能实现课堂教学的整体功能。

比较《中学教师专业标准（试行）》与《教师教育课程标准（试行）》，可以发现两者逻辑上的一致性：《教师教育课程标准（试行）》课程目标的三个领域对应着《中学教师专业标准（试行）》基本内容的三个维度。具体地，教育信念与责任对应专业理念与师德，正确的学生观和行为对应对学生的态度和行为，正确的教师观和行为对应职业理解与认识和个人修养与行为，正确的教育观和行为对应教育教学的态度与行为；教育知识与能力中的理解学生、教育学生、发展自我的知识与技能涵盖了专业知识中通识、教育、学科、学科教学方面的知识；教育实践与体验中的观摩、参与、研究教育实践的经历与体验对应着专业能力中的教学设计、实施与评价，班级管理、沟通交流，反思与专业提升。上述对应关系，折射出两个标准对职前教师教学技能的共同要求。其中，基本理念陈述的是宏观要求，基本内容/基本目标描述的是中观要求，专业能力/课程设置刻画的是具体要求。仅从具体要求看，《中学教师专业标准（试行）》专业能力的四个领域教学设计、教学实施、教育教学评价、反思与发展，《教师教育课程标准（试行）》课程设置的三个学习领域学科教育与活动指导、职业道德与专业发展、教育实践均提出了对教师教学技能全面、具体的要求，如表 0-1 所示。

表 0-1

标准名称	专业能力/课程设置	领域	涉及教学技能
中学教师专业标准（试行）	专业能力	教学设计	教学设计、说课
		教学实施	导入、语言、组织、讲解、提问、强化、变化、结束、板书
		教育教学评价	听课评课、教学研究
		反思与发展	教学研究
教师教育课程标准（试行）	课程设置	学科教育与活动指导	教学设计、说课，教学实施
		职业道德与专业发展	课堂语言、课堂板书，教学研究
		教育实践	教学设计、说课，教学实施，教学研究

综合心理学的探讨与《中学教师专业标准（试行）》和《教师教育课程标准（试行）》对职前教师教学技能的要求，我们可以从教学前、教学中、教学后三个环节概括出职前教师需要学习的基本教学技能，如表 0-2 所示。

表 0-2

运用环节	需要学习的教学技能
教学前	教学设计技能、说课技能
教学中	基本技能：语言技能、讲解技能、板书技能、提问技能、变化技能
	调控技能：教学组织技能、导入技能、强化技能、结束技能
教学后	听课评课技能、教学研究技能

本课程可以与数学教学论于同一学期开设。这样有利于将数学教学的理论与数学教学技能训练的实践相结合。同时，可以利用数学教学论的理论教学机会适当穿插数学教学技能的理论内容。

本书的编写是集体智慧的结晶。教材的编写工作由曹新主持，并由曹新设计全书的编写框架。具体编写分工如下。曹新编写第一章、第二章、第五章、第六章、第九章、第十三章、第十四章；曹新、黄林花编写第三章、第四章；张永雪编写第七章；曹新、谢玉兰编写第八章、第十一章；蔡庆有、谢志勇编写第十章；曹新、谢志勇编写第十二章；马文杰编写第十五章。全书由曹新负责统稿。

本书的编写过程中，参阅了大量的相关研究成果，在书末一一列出，在此一并致谢。特别地，要感谢杭州师范大学叶立军教授的关心和帮助。

本书的疏漏之处在所难免，望各位读者指正、赐教。非常欢迎和期待读者对本书的反馈意见（联系邮箱：gnsycaoxin@126.com）。

曹　新

2017 年 5 月

目　　录

第一部分　数学教学技能概述

第一章　《中学教师专业标准（试行）》和《教师教育课程标准（试行）》与教学技能…1

第一节　《中学教师专业标准（试行）》对职前教师教学技能的要求……1
第二节　《教师教育课程标准（试行）》对职前教师教学技能的要求……6
第三节　职前中学数学教师教学技能类型……10

第二章　数学教学技能……13

第一节　有效教学与教学技能的关系……13
第二节　数学教学技能概述……17

第二部分　教学前数学教学技能

第三章　数学教学设计技能……27

第一节　什么是数学教学设计技能……27
第二节　数学教学设计技能的内容……28
第三节　数学教学设计技能练习原则与要点……46

第四章　数学说课技能……55

第一节　什么是说课技能……55
第二节　数学说课技能的内容……58
第三节　数学说课技能练习原则与要点……64

第三部分　教学中数学教学技能

第五章　数学教学组织技能……75

第一节　什么是数学教学组织技能……75
第二节　数学教学组织技能的类型……78
第三节　数学教学组织技能练习原则与要点……86

第六章　数学语言技能……91

第一节　什么是数学语言技能……91
第二节　数学语言技能的类型……100
第三节　数学语言技能练习原则与要点……105

第七章　数学导入技能 ······ 110
第一节　什么是数学导入技能 ······ 110
第二节　数学导入技能的类型 ······ 112
第三节　数学导入技能练习原则与要点 ······ 118
第八章　数学讲解技能 ······ 122
第一节　什么是数学讲解技能 ······ 122
第二节　数学讲解技能的类型 ······ 127
第三节　数学讲解技能练习原则与要点 ······ 131
第九章　数学板书技能 ······ 134
第一节　什么是数学板书技能 ······ 134
第二节　数学板书技能的类型 ······ 139
第三节　数学板书技能练习原则与要点 ······ 143
第十章　数学提问技能 ······ 150
第一节　什么是数学提问技能 ······ 150
第二节　数学提问技能的类型 ······ 157
第三节　数学提问技能练习原则与要求 ······ 160
第十一章　数学变化技能 ······ 165
第一节　什么是数学变化技能 ······ 165
第二节　数学变化技能的类型 ······ 167
第三节　数学变化技能练习原则与要点 ······ 177
第十二章　数学强化技能 ······ 180
第一节　什么是数学强化技能 ······ 180
第二节　数学强化技能的类型 ······ 183
第三节　数学强化技能练习原则与要点 ······ 188
第十三章　数学结束技能 ······ 193
第一节　什么是数学结束技能 ······ 193
第二节　数学结束技能类型 ······ 196
第三节　数学结束技能练习原则与要点 ······ 203

第四部分　教学后数学教学技能

第十四章　数学听课、评课技能 ······ 207
第一节　数学听课技能 ······ 207
第二节　数学评课技能 ······ 213

第十五章　数学教育研究技能 ······ 223
　第一节　数学教育研究的基本价值 ······ 223
　第二节　数学教育研究的基本过程 ······ 224
参考文献 ······ 232

第一部分　数学教学技能概述

第一章　《中学教师专业标准（试行）》和《教师教育课程标准（试行）》与教学技能

（1）学习目标：理解《中学教师专业标准（试行）》和《教师教育课程标准（试行）》与教学技能的关系。

（2）考核要求：把握《中学教师专业标准（试行）》和《教师教育课程标准（试行）》对教师教学技能的要求，知道教师教学技能的基本类型。

第一节　《中学教师专业标准（试行）》对职前教师教学技能的要求

20世纪80年代以来，教师专业化成为全球教师教育改革的主要趋势。许多发达国家与地区在推进教师专业化的同时，重视教师专业标准的制定，希望通过建立教师专业标准加强教师队伍建设、提高教师质量，以促进教师专业化进程向着预期的目标发展。

2012年2月，教育部下发教师[2012]1号文件“教育部关于印发《幼儿园教师专业标准（试行）》《小学教师专业标准（试行）》和《中学教师专业标准（试行）》的通知”，指出《专业标准》（文件中对三个专业标准的合并简称）是合格教师专业素质的基本要求，是教师实施教育教学行为的基本规范，是引领教师专业发展的基本准则，是教师培养、准入、培训、考核等工作的重要依据。因此，《专业标准》在高素质教师队伍的建设中具有基础性、先导性和全局性。清楚认识与把握制定《专业标准》的意义、结构及其对教师教学技能的要求，对职前教师的培养有着重大意义。

一、制定《中学教师专业标准（试行）》的意义

教师应具备怎样的素养？如何评判一位教师是否是好教师？尽管由于个人经验的局限性及每个人心中教师形象的多样性，人们对这两个问题认识的差异很大。但是差别之中仍然有不少的共性，而且对教师教育教学实践的研究也为确定教师的素质及行为表现奠定了科学基础。因而制定具有一定统一性、基础性、全面性，并能为普通教师所达到的专业标准，具备了现实可能性，而且对于推进基础教育课程改革与发展，推进教师教育改革与发展，推进教师队伍建设与发展等诸多问题，都具有深远的现实意义。

（一）有助于推进基础教育改革与发展

我国基础教育改革与发展已步入“深水区”，进入转型与攻坚的关键阶段——攻克教育管理体制、办学模式、教育教学活动、教育评价、教育均衡发展等方面存在的制约基础教育健康发展的痼疾。《国家中长期教育改革和发展规划纲要（2010—2020年）》对新时期基础教育改革与发展做了系统分析、规划，提出了明确具体、切实可行的目标、任务、措施和保障机制等，但是解决改革中的问题还需要诸多因素的协同努力。制定并实施教师专业标准，就是从教师队伍建设和教师教育教学行为方面为基础教育发展转型与攻坚助力。

“办人民满意的教育”是新时期基础教育改革与发展的主要目标。实现这一目标的主要路径是实施优质发展、均衡发展，推进素质教育和课程改革，同时加强对基础教育的监测、评估、督导。其中，实现优质发展需要优秀教师和优质教学；实现均衡发展需要师资均衡以及教师素养的提升；实现素质教育和推进课程改革需要适合的教师，需要教师适合的教育教学行为；实现对基础教育的监测、评估、督导，需要对教师队伍及教师的教育教学行为进行监测、评估、督导。而所有这一切，都需要有教师专业标准作为依据与保障，如图1-1所示。

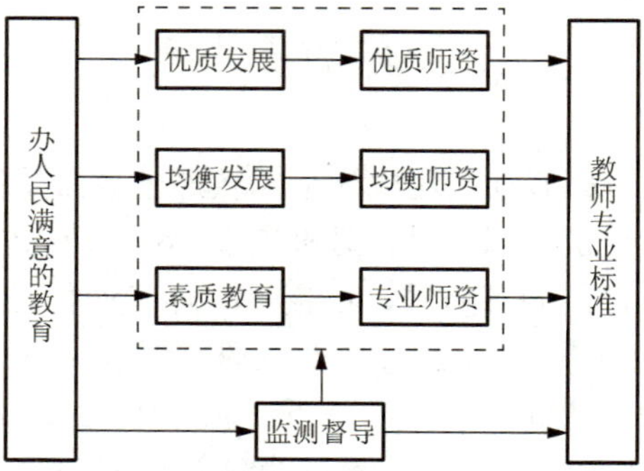

图1-1　基础教育改革与发展

（二）有助于推进教师教育改革与发展

建设高素质专业化的教师队伍，教师教育是基础和关键。20世纪90年代以来，教师教育逐渐走出师范院校“一统天下”的封闭格局，进入开放、提升层次、培养和培训一体化的改革与发展转型期，这对教师教育的管理、培养模式的创新、课程体系的改革、教育教学活动的改革等提出了新的要求。21世纪初，以全面推进素质教育、实施新课程为引领的基础教育改革在全国实施，对教师素质和教师教学水平提出了更高的要求。上述两方面的改革与发展要求教师教育在转型的过程中切实提高教师教育的质量。因此，制定教师专业标准，既有利于推进教师教育课程改革，又有利于创新教师教育模式，还有利于保障基础教育师资队伍的质量。

培养适应基础教育改革与发展需要的高素质的教师，是教师教育改革与发展的目标。建立以独立设置的师范院校为主体，其他院校共同参与的、开放的教师教育体系，创新教师教育模式，开展多样化教师培养模式和路径的探索，改革教师教育课程体系，强化实践能力培养等，成为教师教育改革的必要措施。然而，这一系列的改革措施的实施要以教师专业标准作为衡量的参照。因为，开放的教师教育体系需要以完备的教师教育质量保障体系为基础，而教师教育质量保障体系的建立，则需要明确的教师专业标准为依据；创新教师教育模式和改革教师教育课程体系，都需要以培养高素质的教师为出发点和落脚点，改革进程的监控和结果评估，也要以是否有利于高素质教师的成长为基准。如图 1-2 所示。

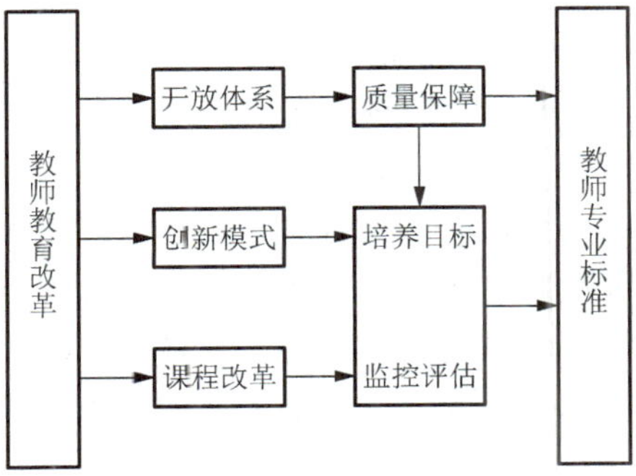

图 1-2 教师教育改革与发展

（三）有助于推进基础教育教师队伍建设与发展

全面实施素质教育，提升基础教育质量，需要高素质的教师队伍做保障。但是，如何建设高素质的教师队伍，则需要以教师专业标准为指针。因此，教师专业标准不仅是教师队伍建设的具体目标，而且是教师队伍管理的重要准绳，还是推进教师专业化发展的旗帜、内容、指南。

教师专业标准对教师的基本理念、职业道德和态度、专业知识、专业能力等方面的素养和行为表现给出了具体明确的要求，教师可以根据这些要求引领提升自己。当然，教师队伍的建设是一项复杂的系统工程，一方面需要有明确、具体的建设目标，需要有完备的质量保障体系；另一方面需要全过程、全要素的扎实工作，需要教师培养、资格、准入、聘任、培训、考核、奖励、管理等系列制度形成联动机制。所有这一切工作的基础和参照只能是教师专业标准，教师专业标准已然成为联动机制的枢纽和目标，如图 1-3 所示。

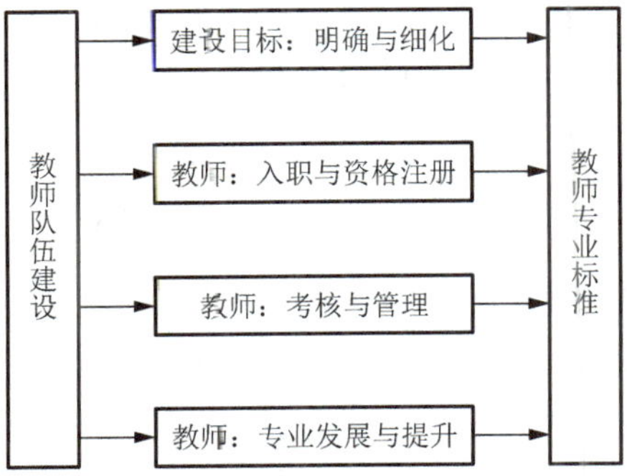

图 1-3 教师队伍建设与发展

二、《中学教师专业标准（试行）》的结构

《中学教师专业标准（试行）》是依据《中华人民共和国教师法》和《中华人民共和国义务教育法》专门制定的，是国家对合格教师的基本要求，是教师开展教育教学活动的基本规范，是引领教师专业发展的基本准则，是教师培养、准入、培训、考核等工作的重要依据。

《中学教师专业标准（试行）》的主体部分包含基本理念、基本内容、实施建议三个部分。可以用一个正四面体描述教师专业素养的结构关系（图 1-4）：处于正四面体顶端的是需要教师秉持的“基本理念”，这是教师教书育人的核心价值观，是教师专业素养与专业实践的统帅和灵魂，在教师专业素养发展以及专业活动中起着导向、引领、定位的功能。只有秉持正确的理念，才能形成协调的专业理念与师德、专业知识、专业能力，才能进行相应的教育教学实践；处于正四面体底面三个顶点的，是在教师专业素养中起调节作用的“专业理念与师德”，以及起基础与支持作用的“专业知识”和“专业能力”，这三个维度构成教师专业素养体系的基本内容。一方面，基本内容是在基本理念引领下建构和形成的；另一方面，基本内容的三个维度之间相互影响、相互作用、相互渗透、融为一体，融为一体的专业理念与师德、专业知识、专业能力构成基座，也反作用于基本理念。如此形成的由基本理念和基本内容的三个维度构成的教师专业素养体系，影响和制约着教师的教育教学实践活动。

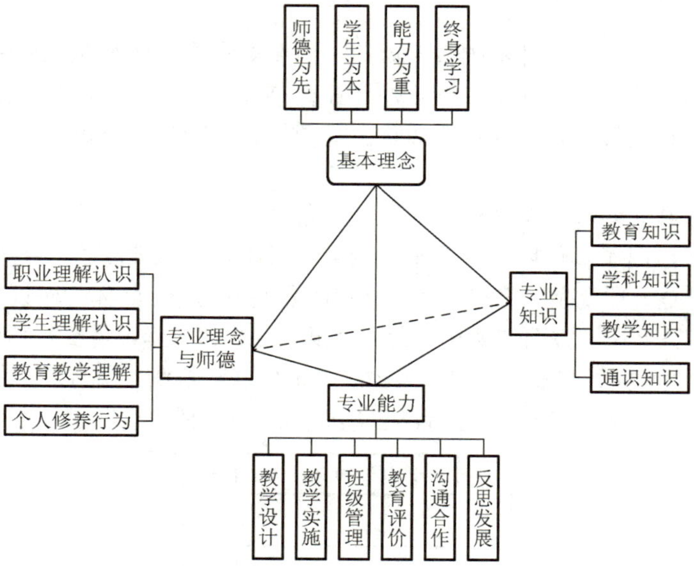

图 1-4　教师专业素养结构关系

尽管《中学教师专业标准（试行）》进行了基本理念、专业理念与师德、专业知识、专业能力的划分，但是教师的教育教学是各因素的协同配合，是动态的、交互的、一体化的进程。所以，教师的专业素养是一个综合体，需要整体看待《中学教师专业标准（试行）》，形成完整的教育教学图景，形成完整的教师专业素养群像。

三、《中学教师专业标准（试行）》视角下的教学技能

在现实的课堂场景中，教师的专业素养外显为综合、协调运用不同教学技能，实现课堂教学的预设目标。对于职前教师而言，《中学教师专业标准（试行）》则从基本理念和基本内容两个方面对应该训练并形成的教学技能进行了宏观、中观、具体三个层面的表述。

（一）“基本理念”对教学技能的宏观要求

《中学教师专业标准（试行）》提出了师德为先、学生为本、能力为重、终身学习四大理念。其中，学生为本与能力为重涉及教学技能。

学生为本指出：“尊重学生权益，以中学生为主体，充分调动和发挥中学生的主动性；遵循中学生身心发展特点和教育教学规律，提供适合的教育，促进中学生生动活泼学习，健康快乐成长，全面而有个性的发展。”因此，学生为本的理念成为教学设计、教学组织、教学研究等技能的宏观要求。

能力为重指出：“把学科知识、教育理论与教育实践相结合，突出教书育人实践能力；研究中学生，遵循中学生成长规律，提升教育教学专业化水平；坚持实践、反思、再实践、再反思，不断提高专业能力。”因而，能力为重的理念成为教学设计、教学说课、课堂组织、教学语言、课堂导入、课堂讲授、课堂提问、变化强化、教学板书、课堂结束、听课评课、教学研究等技能的宏观要求。

（二）“基本内容”对教学技能的中观要求

《中学教师专业标准（试行）》的基本内容包括：专业理念与师德、专业知识、专业能力三个维度。其中，专业理念与师德、专业知识对教学技能提出了中观要求，专业能力则对教学技能提出了具体要求。

专业理念与师德划分为四个领域：职业理解与认识、对学生的态度与行为、教育教学的态度与行为、个人修养与行为。其中教育教学的态度与行为对教学技能教学设计、教学组织、课堂提问、课堂结束等提出了中观要求。

专业知识划分为四个领域：教育知识、学科知识、教学知识、通识知识。其中教育知识、学科知识、教学知识对教学技能中的教学设计、教学组织、教学研究等提出了中观要求。

（三）“基本内容”对教学技能的具体要求

基本内容中的专业能力维度划分为六个领域：教学设计、教学实施、班级管理与教育活动、教育教学评价、沟通与合作、反思与发展。

教学设计领域对教学设计技能提出了具体要求：“科学设计教学目标和教学计划；合理利用教学资源和方法设计教学过程；引导帮助中学生设计个性化的学习计划。”

教学实施领域中的“营造良好的学习环境与氛围，激发与保护中学生的学习兴趣”

对课堂导入、教学语言等教学技能提出了具体要求；“通过启发式、探究式、讨论式、参与式等多种方式，有效实施教学；有效调控教学过程；引发中学生独立思考和主动探究，发展学生创新能力”对教学组织、课堂讲授、课堂提问、强化变化、课堂结束等技能提出了具体要求；“将现代教育技术手段整合应用到教学中”对教学组织、教学板书等技能提出了具体要求。

“教育教学评价”领域中的“利用评价工具，掌握多元评价方法，多视角、全过程评价学生发展；自我评价教育教学效果，及时调整和改进教育教学工作”对听课、评课技能提出了具体要求。

“反思与发展”领域中的“主动收集分析相关信息，不断进行反思，改进教育教学工作；针对教育教学工作中的实现需要与问题，进行探索和研究”对教学研究技能提出了具体要求。

第二节 《教师教育课程标准（试行）》对职前教师教学技能的要求

20 世纪 80 年代以来，随着全球一体化和全球竞争的加剧，各国相继意识到教师是提高教育质量的决定因素，于是各国开展教师教育改革，加大了教师教育规范的力度，同时制定出一系列教师教育课程方面的标准或相应的纲领性文件。我国教师教育课程经历四次较大调整，基本确立了教师教育课程体系。随着教育事业的巨大发展，中小学教师培养正在从数量满足型向质量提高型转变。特别是基础教育课程改革的深入发展和课程标准的修订并实施，对中小学教师的专业素质提出了严峻挑战。基于这一背景，教育部于 2011 年颁布《教师教育课程标准（试行）》。

一、制定《教师教育课程标准（试行）》的意义

不同国家基于提升教师专业化水平、提高基础教育教学质量、适应剧烈变革的时代要求等方面的需要，纷纷着手制定教师教育课程改革纲领性文件。

（一）体现了国际教师教育课程改革的趋势

综观英国、美国、德国、法国、俄罗斯、澳大利亚等国先后颁布的教师教育课程标准或相关纲领性文件，可以看出各个国家在教师教育中都在促进教师专业发展方面做出了努力。

促进教师专业发展这一核心要旨在具体的改革实践中化为三方面的基本理念。一是以促进学生的学习与生活为宗旨规划教师教育课程。促进学生更好地学习和生活，需要教师素养的提高。而提高教师的素养，需要改进教师教育的质量，需要对教师教育课程进行改革。美国教师专业教学标准委员会（National Board for Professional Teaching Standards，NBPTS）制定的教师专业标准的首要核心标准就是“教师应致力于学生的发展和学生的学习”。二是以教师终身的专业发展与提升为宗旨规划教师教育课程。各国

的教师教育课程强调终身学习的重要性，努力培养教师的终身学习能力，同时注意教师教育课程的连续性。英国的《教师教育课程标准》指出，职前教师教育是长期的专业发展进程的开端。三是以将实践与反思置于核心地位为宗旨规划教师教育课程。教师专业发展是一个在实践体验的基础上结合经验进行反思的渐进过程，众多国家在教师教育课程设置、实践安排上将实践及对实践经验的反思置于教师教育课程计划的核心。A.Reid指出，教师教育课程应该培养教师系统地、批判地探究他们的教育实践，致力于将教师培养成为批判的探究者，应将探究的学习作为整个教师教育培养方案的组织逻辑。

促进教师专业发展这一核心要旨在具体的改革实践中，化为明确的设计路径——教师专业素养结构的三个维度：专业品质、专业知识、专业能力。

促进教师专业发展这一核心要旨在具体的改革实践中，化为各具特色的教师教育课程设置；丰富多彩的模块组合课程；理论与实践交叉互动的课程结构；以学习者为中心的开放教学模式；重视学习的过程评价与结果评价。

教育部颁布的《教师教育课程标准（试行）》在基本理念、课程设置、课程内容三个方面，一致体现了国际教师教育课程改革的总体趋势。

（二）反映了国内教师教育课程改革的需要

1952 年教育部颁布《高等师范学校教学计划》，首次涉及教师教育课程的课程标准；1963 年第一次修订专业目录，陆续出台了一些新的有关教师教育的课程标准；1986 年试行学分制，课程标准作了较大调整；1997 年第四次调整专业目录，教师教育课程体系基本确立。随着基础教育课程改革的深化及课程标准的修订、实施，师范教育课程体系明显落后于时代对教师的要求，一次性终结的师范教育无法适应时代和现实的需要。

尽管 1997 年教育部实施了“高等师范教育面向 21 世纪教学内容和课程体系改革计划”，但整体格局没有根本变化，教师教育课程设置与实施总体状况堪忧。一是教师教育课程满意度偏低，认为教师教育课程对教师素养形成的价值不大。二是教师教育课程开设失范，随意性较大；课程结构比例不合理，课程类型过于单一；课程内容陈旧；实践性课程薄弱；职前职后课程割裂。三是对师范生专业素养培养缺失正确的教育观、缺乏支持学生学习的知识与技能；缺少亲历学校教育的实践；没有反思性实践的体验。

针对以上问题，我国教师教育课程改革的基本走向是：改革现有的教师教育课程；建立教师教育课程标准；教师教育课程的设置应以教师专业发展为核心；教师教育课程要凸显“育人为本”“实践取向”“终身学习”的理念。

（三）凸显了教师专业标准的当然要求

教师教育课程的设置与实施，会影响教师的专业素质；教师资格、资质——教师专业素质的培养对教师教育课程及其学习提出了明确的具体要求。

《中学教师专业标准（试行）》规划了教师专业素质的基本结构，由专业品质（专业理念与师德）——愿持；专业知识——应知；专业能力——会做组成。专业品质（愿持）即教师应该具有高尚的专业道德情操，能够尊重学生并重视学生的多样性；能与家长、同事和社区密切联系、共同努力、积极有效地合作；能够理解自身工作的复杂性和情境性；致力于自身的专业发展，能够合理地分析、评价并且提高自身的专业实践技能。专业知识（应知）即教师应知自己所授学科的基本概念、原则及学科结构；应知本学科和其他学科的相互联系，如何有效地教授学科内容；能清楚地知道学生是如何学习的，怎样促进学生的学习；能了解学生的不同社会、文化背景，并且知道自己该如何影响学生的学习。专业能力（会做）即教师必须具备的教学技能和教学策略；能制订合理的教学计划、有效地实施教学，并对学生的学习进行有效的评价；擅长组织管理学生行为和营造良好的学习环境等。《中学教师专业标准（试行）》规划的教师专业素质的基本结构与《教师教育课程标准（试行）》的课程目标相对应。这种对应关系，反映了《教师教育课程标准（试行）》与《中学教师专业标准（试行）》的逻辑、内在一致性：课程标准所培养、发展的能力素质，即是教师专业所需要的能力素质。因而，教师教育课程标准凸显了教师专业标准的必然要求。

二、《教师教育课程标准（试行）》的结构

教师教育课程标准体现国家对教师教育机构设置教师教育课程的基本要求，是制定教师教育课程方案，开发教材与课程资源、开展教学评价以及认定教师资格的重要依据。

教师专业发展是教师教育课程的核心价值追求，这一价值追求充分地体现在教师教育课程标准的基本理念、课程目标、课程设置、实施建议四个主要部分之中。可以用一个正四面体描述教师教育课程体系的结构关系（图 1-5)：处于正四面体顶端的是教师教育课程设计需要秉持的基本理念，这是教师专业发展的核心价值观，是教师教育课程的统帅和灵魂，在教师教育活动中起着导向、引领、定位的功能。只有秉持正确的理念，才能形成协调教师信念与责任、教育知识与能力、教育实践与体验的教师教育体系；

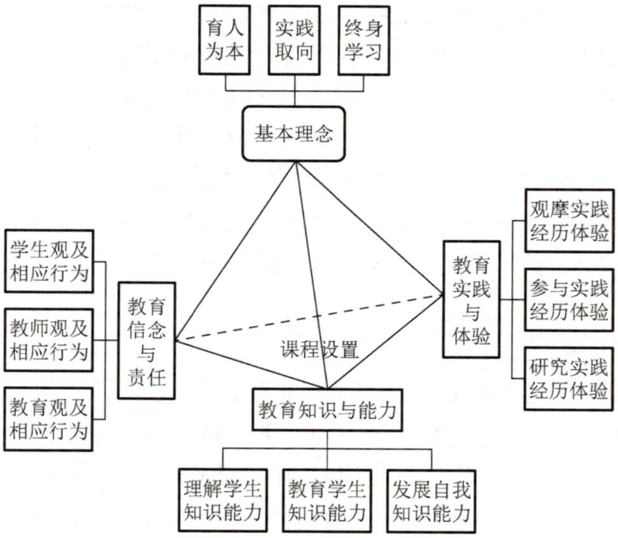

图 1-5　教师教育课程体系结构关系

处于正四面体底面三个顶点的是教师教育课程目标，包括起引领作用的教育信念与责任，起基础、支持作用的教育知识与能力和教育实践与体验，这三个领域支撑起教师课程体系的课程设置。一方面，课程目标要在基本理念引领下建构和形成；另一方面，课程目标的三个领域之间相互影响、相互作用、相互渗透、融为一体，融为一体的教育信念与责任、教育知识与能力、教育实践与体验合理支撑教师教育课程设置，也反作用于基本理念。如此形成的由基本理念、课程目标的三个领域、课程设置构成的教师教育课程体系，影响和制约着教师教育实践活动。

尽管《教师教育课程标准（试行）》进行了基本理念、课程目标、课程设置的划分，但是教师教育课程是各因素协同配合的，是动态的、交互的、一体化的课程体系。所以，教师教育课程体系是一个综合体，需要整体看待《教师教育课程标准（试行）》，形成完整的教师教育课程图景，形成完整的教师教育课程群像。

三、《教师教育课程标准（试行）》视角下的教学技能

《教师教育课程标准（试行）》从基本理念、课程目标、课程设置三个层面对应该训练并形成的教学技能进行了宏观、中观、具体三个层面的表述。

（一）基本理念对教学技能的宏观要求

《教师教育课程标准（试行）》提出了育人为本、实践取向、终身学习三大理念。其中，育人为本与实践取向涉及教学技能。

育人为本指出，教师教育课程应引导未来教师掌握必备的教育知识与能力，参与教育实践，丰富专业体验。因此，育人为本的理念成为教学实施、听课评课等技能的宏观要求。

实践取向指出，教师教育课程应引导未来教师参与和研究基础教育改革，主动建构教育知识，发展实践能力；引导未来教师发现和解决实践问题，创新教育教学模式，形成个人的教学风格和实践智慧。因而，实践取向的理念成为教学设计、教学实施、听课评课、教学研究等技能的宏观要求。

（二）课程目标对教学技能的中观要求

《教师教育课程标准（试行）》的课程目标包括：教育信念与责任、教育知识与能力、教育实践与体验三个领域。其中，教育知识与能力、教育实践与体验对教学技能提出了中观要求。

教育知识与能力划分为三个二级目标：具有理解学生的知识与技能、具有教育学生的知识与能力、具有发展自我的知识与能力。其中“具有教育学生的知识和能力”的基本要求对教学设计、导入、课堂评价、语言、板书等教学技能提出了中观要求。

教育实践与体验划分为三个二级目标：具有观摩教育实践的经历与体验、具有参与教育实践的经历与体验、具有研究教育实践的经历与体验。其中“具有观摩教育实践的经历与体验”对听课评课技能提出了中观要求；“具有参与教育实践的经历与体验”对教学设计、教学组织、说课等教学技能提出了中观要求；“具有研究教育实践的经历与体验”对教学研究提出了中观要求。

（三）课程设置对教学技能的具体要求

课程设置分为六个学习领域：儿童发展与学习、教育基础、小学学科教育与活动指导、心理健康与道德教育、职业道德与专业发展、教育实践。

小学学科教育与活动指导建议模块对教学设计、实施等技能提出了具体要求。

职业道德与专业发展建议模块对教学研究、语言、板书等教学技能提出了具体要求。

教育实践建议模块对教学技能提出了全面而具体的要求。

第三节　职前中学数学教师教学技能类型

梳理《中学教师专业标准（执行）》与《教师教育课程标准（执行）》，可以发现两者逻辑对应上的一致性。这种一致性，同样反映在对职前教师教学技能的要求方面。

一、“两个标准”对职前教师教学技能的共同要求

将《中学教师专业标准（试行）》与《教师教育课程标准（试行）》进行对比，能够发现《教师教育课程标准（试行）》课程目标的三个领域对应着《中学教师专业标准（试行）》基本内容的三个领域。如图 1-6 所示，教育信念与责任对应专业理念与师德；正确的学生观和相应的行为对应对学生的态度和相应的行为；正确的教师观和相应的行为对应职业理解与认识和个人修养与行为；正确的教育观和相应的行为对应教育教学的态

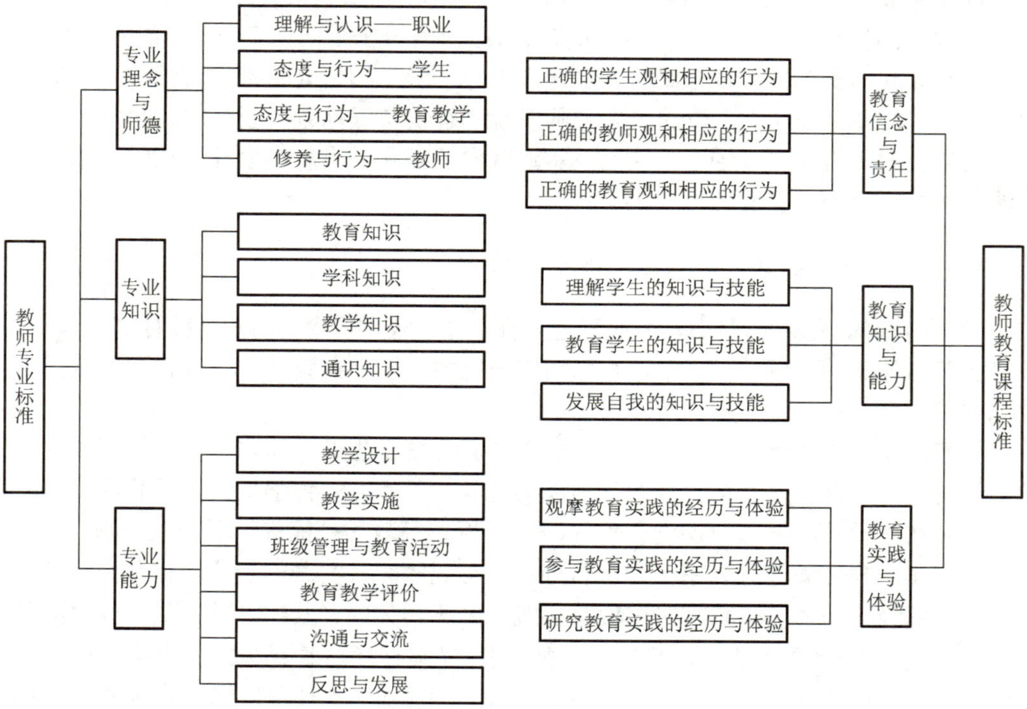

图 1-6　“两个标准”课程目标与基本内容的对应关系

度与行为；教育知识与能力中的理解学生、教育学生、发展自我的知识与技能涵盖了专业知识中通识、教育、学科、学科教学方面的知识；教育实践与体验中的观摩、参与、研究教育实践的经历与体验对应着专业能力中的教学设计、实施与评价，班级管理、沟通交流，反思与专业提升。从上述对应关系中，能够梳理出对职前教师教学技能的共同要求。

两个标准对教师教学技能的要求凸显出明显的层次，基本理念陈述的是宏观要求，基本内容/基本目标描述的是中观要求，专业能力/课程设置刻画的是具体要求。

（一）基本理念对教学技能的宏观要求

教师专业标准基本理念的学生为本和能力为重两个方面，以及教师教育课程标准基本理念的育人为本和实践取向的两个方面提出了对教学技能的宏观要求。其中，能力为重与实践取向涵盖教学前、教学中、教学后的所有教学技能，如表 1-1 所示。

表 1-1 基本理念对教学技能的宏观要求

标准名称	理念内容	涉及的教学技能
教师专业标准（试行）	学生为本	教学设计、教学组织、教学研究
	能力为重	教学设计、说课、教学实施、教学研究
教师教育课程标准（试行）	育人为本	教学实施、听课评课
	实践取向	教学设计、说课、教学实施、教学研究

（二）基本内容/基本目标对教学技能的中观要求

教师专业标准基本内容的专业理念与师德、专业知识两个维度，以及教师教育课程标准的教育知识与能力、教育实践与体验两个目标领域提出了对教学技能的中观要求。其中，专业知识维度与教育实践与体验领域涵盖了教学前、教学中、教学后涉及的所有技能，如表 1-2 所示。

表 1-2 基本内容/基本目标对教学技能的中观要求

标准名称	基本内容/基本目标	维度/领域	涉及的教学技能
教师专业标准（试行）	基本内容	专业理念与师德	教学设计、教学组织、课堂提问、课堂结束
		专业知识	教学设计、说课、教学实施、教学研究
教师教育课程标准（试行）	基本目标	教育知识与能力	教学设计、课堂导入、教学评价、课堂语言、课堂板书
		教育实践与体验	教学设计、说课、教学实施、教学研究

（三）专业能力/课程设置对教学技能的具体要求

教师专业标准基本内容专业能力维度的四个领域“教学设计、教学实施、教育教学评价、反思与发展”以及教师教育课程标准课程设置的三个学习领域“学科教育与活动指导、职业道德与专业发展、教育实践”对教师课堂教学技能提出了全面、具体的要求，如表 1-3 所示。

表 1-3　专业能力/课程设置对教学技能的具体要求

标准名称	专业能力 课程设置	领域	涉及的教学技能
教师专业标准（试行）	专业能力	教学设计	教学设计、说课
		教学实施	导入、语言、组织、讲解、提问、强化、变化、结束、板书
		教育教学评价	听课评课、教学研究
		反思与发展	教学研究
教师教育课程标准（试行）	课程设置	学科教育与活动指导	教学设计、说课、教学实施
		职业道德与专业发展	课堂语言、课堂板书、教学研究
		教育实践	教学设计、说课、教学实施、教学研究

二、职前教师需要学习的教学技能

综合《中学教师专业标准（试行）》与《教师教育课程标准（试行）》对职前教师教学技能的要求，可以从教学前、教学中、教学后三个环节概括出职前教师需要训练与学习的教学技能，如表 1-4 所示。

表 1-4　职前教师需要学习的教学技能

运用环节	需要训练与学习的教学技能
教学前	教学设计技能、说课技能
教学中	基本技能：语言技能、讲解技能、板书技能、提问技能、变化技能
	调控技能：教学组织技能、导入技能、强化技能、结束技能
教学后	听课评课技能、教学研究技能

第二章　数学教学技能

（1）学习目标：理解教学技能与有效教学的关系。

（2）考核要求：理解有效教学的实施原则；理解有效教学与教学技能之间的关联；了解微格教学的国内外发展历程，掌握微格教学的实施步骤，理解数学教学技能分解的依据与内容。

第一节　有效教学与教学技能的关系

追求教学的有效性，是课堂的永恒追求。教学要有效，就要求课堂教学实现从传递中心向对话中心，从教的课堂向学的课堂的转变。对学生而言，要求提高学习效率、增进学习结果、强化学习体验。对教师而论，要求教师有效地教——促进学生学的教。

一、有效教学

学生的发展是一切教学的根本任务，理应成为有效教学追求的终极目标。有效教学包含递进关系的三个方面：教学效率、教学效果、教学效益（图 2-1）。所以，有效教学是有效地实现预期的教学目标的教学活动，其理念涵盖四个方面：其一，有效地促进学生的全面发展，特别是学生情感态度和创新思维的发展；其二，有效地改善学生的学习方式，促进学生有效学习；其三，有效地发展教师的教学效能，促进教师专业成长；其四，有效地改善教师的教学方式，完善教学准备、教学实施和教学评价。

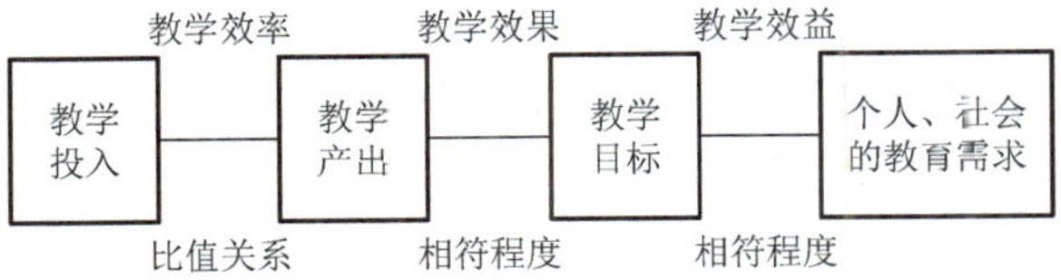

图 2-1　有效教学的三个方面

（一）有效教学的基本特点

有效教学既是一种教学理念，也是一种教学追求，更是一种教学艺术，它具有五个基本特点：理解学习者、理解学习过程、创设支持性和具有挑战性的学习环境、建立有益的学习伙伴关系、密切联系社会和文化情境。因此，实现有效教学，需要兼顾多个维度的指标内容：师生共同参与创造活动以促进学习；通过课程发展学习者的语言，提高学习者素质；学习情境化，把教学与学生的真实生活联系起来，以此创造学习的意义；挑战性的活动，教给学生复杂的思维技能，通过挑战性思维发展学生的认知技能；教学对话，通过对话进行教学。

提高教学的有效性，应秉持基于课程的教学观和基于课程的教学模式，重视课堂教学方案的设计、实施和评价。教学方案应立足教学单元进行设计，以便更好把握联系，拓展教学时空，进而整合教学资源。整合教学资源，还应关注学生带进课堂中的经验，以及在课堂中通过师生相互作用而产生的学习资源，即要关注学习的自主建构与教学的动态生成。所以，有效教学应当追求生成与预设的和谐统一，树立弹性、动态、开放的课程设计观。

教师是实现有效教学的关键，应成为课程实施的积极推进者、平等对话者和行动研究者。教师的能力应从传递力转向创造力，视野应从学科视野转向课程视野，作用应从控制者转向引领者。所以，教师有效教学的能力涉及创设支持性的课堂氛围、有效提问、清晰授课、有效指导、促进参与、课堂监控、培养高品质思维等方面。

（二）有效教学的一般原则

J.Brophy 围绕有效教学的核心观念，提出了十二条有效教学一般原则。

（1）支持性的课堂氛围。学生在合作、互助、充满关怀的学习集体中能够学得最好。

（2）学习机会。当大部分可用时间都分配给与课程相关的活动，而且课程管理制度强调维持学生对这些活动的参与时，学生学得最多。

（3）课程安排。课程的所有成分，都用来创设实现教学目标的综合计划。

（4）建立学习方向感。教师让学生为学习做好充分准备，给学生提供简要的结构来凸显想要达到的结果，提示令人愉快的学习策略。

（5）连贯的内容。促进并保持意义学习，内容解释清楚，强调结构的关联性。

（6）深思熟虑的对话。设计的问题确保学生的对话一直围绕核心思想展开。

（7）实践运用活动。学生需要足够的机会来实践和运用他们正在学习的东西，并接受有助于改进的反馈意见。

（8）支持学生完成任务。教师给学生提供有效参与学习活动所需的帮助。

（9）策略教学。教师教给学生学习和自我调节策略，并进行示范。

（10）合作学习。学生通常从两人结对或小组学习中获益匪浅，建构理解或通过相互帮助来掌握技能。

（11）目标导向评价。教师运用各种各样的正式和非正式评价方法，来监控学习目标实现的进展情况。

（12）成就期望。教师为学生成绩建立和遵循恰当的期望。

（三）有效教学的策略

有效教学涉及多个维度，因而需要构建多元化的有效教学策略。具体包括构建有效课堂环境的策略，有效组织和实施教学的策略，有效评价教学的策略，有效应用教学技术的策略。其中，构建有效课堂环境指营造积极的学习气氛，引导学生投入学习活动，涉及建构情感环境、思维环境和人际关系环境。组织和实施教学包括：教学的准备（教学目标叙写，教学材料处理，教学行为分类与选择，教学组织形式设计，教案设计），教学行为（呈现行为、教学行为和指导行为），课堂管理行为（课堂规则、课堂中的行为管理、课堂管理模式、课堂时间管理）。课堂评价是教学过程中了解情况，做出判断的过程，应贯穿在课堂教学始终。应用教学技术应强调如何运用技术改进学生的学习方式，突出运用技术改进学生的学习和完善教师的教学。

（四）有效教学的基本框架

教学活动极为复杂，涉及多种因素的作用，仅从教师的教学行为或某个单一的维度考察有效教学都难免失之偏颇。因此，合理的有效教学框架的建构必须采取整体的视角，将教师特质、过程—结果、课堂生态学、教师知识、教师思考等有效教学研究成果综合起来。所以，不能仅从教师做了什么、做得怎样来描述，还必须从学生的学习和发展来评价。总之，有效教学框架的建构必须兼顾教师的教和学生的学，并以学生的学为重点。基于上述理解，我们尝试提出有效教学的基本框架，如图 2-2 所示。

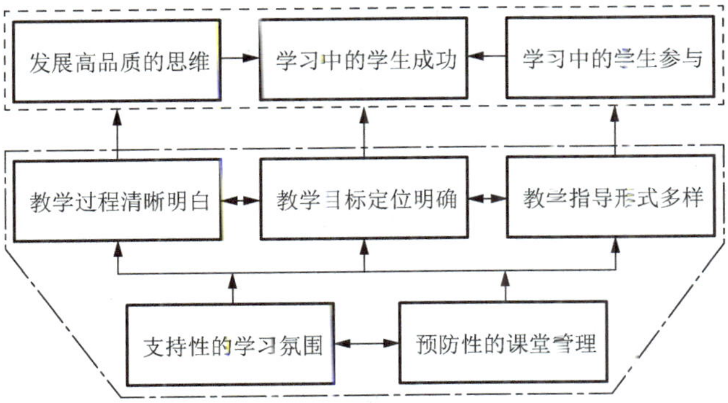

图 2-2　有效教学的基本框架

这一框架综合了教师的教学行为与学生的学习行为两个方面，将构建有效的课堂环境的策略、有效地组织和实施教学的策略、开展课堂教学评价的策略、应用教学技术的策略有机地整合在一起，突出了对学生学习的关注，关照了学生情感态度与创新思维的发展，以及学生学习方式的完善。

二、整合教学技能、实现有效教学

对有效教学涉及的教师行为作进一步分解，能够得到教师行为的不同成分所联结的教学技能。从心理结构模式看，教学技能是知识表征系统与教学操作系统的整合，是以教学操作知识为基础的心智技能与动作技能的统一。它既包括内隐的心理活动，也包括外显的行为活动，由一些既相互独立又相互联系的基本要素组成的知识——动作系统。因此，建构教学技能的结构应关注由陈述性与程序性知识组成的知识表征系统，还应关注教学操作系统的执行与监控策略层面。

据此，建构如图 2-3 所示的教师教学技能结构模型。其中，知识表征系统是基础，它是教师自身具备的知识因素，是辨认和分析各种教学情境、预测各种教学变化并由此确定教学活动的依据，还是教师分析教学目标、掌握教学过程、完成教学任务的依据。教学操作系统包括教学执行策略与教学监控策略。教学执行策略是教师进行教学的基本心理模式，由一系列的具体动作经验构成，如基本的教学技能（言语技能、板书技能等）、课堂组织技能、教学设计技能等。教学监控策略是教师在课堂中对整个课堂，包括对教师自己、学生、教学过程的调控策略，涵盖两个方面：元认知监控（主要针对教师自身）、课堂教学监控（针对学生及教学过程）。总之，课堂教学技能是一个复杂的系统，知识表征系统和教学操作系统之间的各要素相互联系、相互作用，从而实现课堂教学的整体功能。

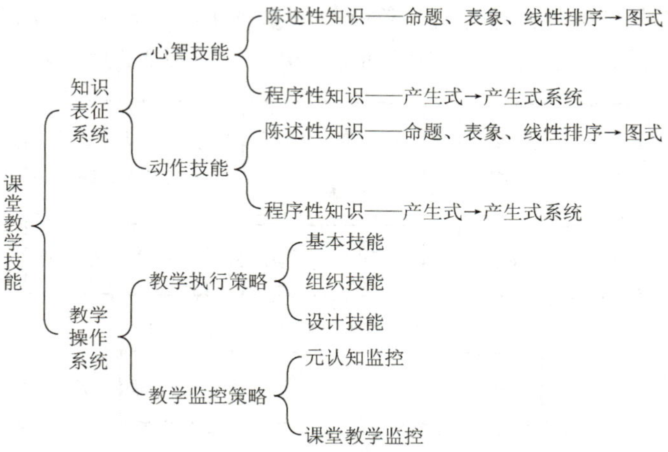

图 2-3　教学技能结构模型

结合有效教学的基本框架和教学技能的结构模式，可以将有效教学的八个领域进行分解，进而理顺有效教学和课堂教学技能之间的关系，如表 2-1 所示。

表 2-1　有效教学与课堂教学技能的关系

有效教学的八个领域	各个领域涉及的教学技能
创设支持性的学习氛围	导入技能、语言技能、提问技能、变化技能、教学组织技能
开展预防性的课堂管理	板书技能、变化技能（教态的变化）、强化技能、提问技能
教学过程清晰明白	目标设计技能、教学组织技能、讲解技能、提问技能、变化技能、结束技能
教学目标定位明确	教学设计技能、教学组织技能、讲解技能
教学指导形式多样	变化技能、语言技能、提问技能、强化技能、讲解技能、教学组织技能
学习中的学生参与	语言技能、强化技能、变化技能、提问技能、结束技能、教学组织技能
学习中的学生成功	教学设计技能、强化技能、变化技能、语言技能、结束技能、教学组织技能
学生高品质思维能力的培养	变化技能、结束技能、语言技能、强化技能、提问技能、教学组织技能

有效教学的各个领域如何与教学技能相联系呢？我们以“学生高品质思维能力的培养”为例简单予以说明。要让学生在课堂学习中投入高水平的认知活动，必须具备几个条件：能够进行独立学习与合作学习，因而需要变化师生、生生之间的相互作用方式（变

化技能）；经历有富有挑战性的活动，因而需要组织学习活动、设置问题、语言激励与强化（教学组织技能、提问技能、语言技能与强化技能）；通过交流明晰思想，因而需要提问、应答与质疑（提问技能）；有机会用所学知识解决问题，因而需要明确关键与练习实践（结束技能）。这样，我们就在有效教学与教学技能之间建立了内在的联系，通过教学技能的有机整合从而实现有效教学，并为教学技能的训练提供知识基础与目标追求。

第二节　数学教学技能概述

1958年，美国开始全国性大规模的教育改革运动，改革涉及课程设置、教育结构、教师培训、教学方法、教学管理和评价等各个领域。作为教育改革的一部分，师范教育和教学方法的改革十分活跃。根据行为主义心理学观点，利用教育工艺学方法对教师教学过程进行微观分解，将复杂的教学活动分解为各种可操作、可控制的教学技能，并用录像反馈的微格教学便应运而生。分项技能、录像反馈的教学技能训练方式，就是微格教学。随着教师行为研究的不断深入，微格教学内容与模式不断发展变化。

一、微格教学的历史演变

微格教学即“Microteaching”，“Micro”含有“微小”的意思，“teaching”指教师的教学，合在一起有“微小的教学”之意，通常译成“微格教学”“微型教学”“微观教学”“小型教学”“录像反馈教学”等。根据微格教学设计的心理学基础，可以将其历史演变划分为三个阶段：行为取向阶段、认知取向阶段、综合取向阶段。

（一）行为取向阶段

美国斯坦福大学教育系 Allen 等率先研究教师教学技能，开创了运用微格教学训练中学物理师资教学技能的先河。Allen 将微格教学定义为“一个有控制的实习系统，它使师范生有可能集中解决某一特定的教学行为，或在有控制的条件下进行学习。”英国伍斯特大学 Brown 称微格教学是一个简化的、细分的教学，学生易于掌握。于是，可控制、分项技能、逐一训练成为微格教学最基本的特征，由此形成了“斯坦福大学模式”。

微格教学随后在美国得到推广、应用和研究。美国伯克利大学 Borg 提出，若要有效地促进教学技能的发展，务必满足三个条件：为学习者提供十分清晰的教学技能定义模式；学习者有实践这些技能的机会，而且这种实践可以在相对简单和对学习者要求较少的条件下进行；学习者能够获得其实践活动的反馈，且这些反馈有助于学习者调整自己的教学行为，使之更接近技能模式的行为要求。以这三条为基础，形成了以“分技能描述、训练、反馈评价”为特征的“伯克利大学模式”。20 世纪 60 年代末，微格教学传入英国、德国等欧洲国家，20 世纪 70 年代传入日本、澳大利亚、新加坡等国家和中国香港地区，20 世纪 80 年代开始传入中国内地、印度、泰国、印度尼西亚以及非洲的一些国家。

在英国，微格教学得到了全体教师的支持，课程的每一部分都引起了教师的广泛兴趣。他们认为开展微格教学可以帮助师范生掌握处理教学问题的方法，分析有关人际交流的主要沟通因素，训练在课堂上与学生交流的方法，促进反馈评价。微格教学安排在四年制的教育学士课程内，共 42 周，每周 5 学时，师范生接受微格教学训练后，再到各中学进行教育实习。

澳大利亚悉尼大学成功地移植和改进了微格教学课程，所编著的微格教学教材和示范录像带，在澳大利亚、英国、南非、巴布亚新几内亚、印度尼西亚、泰国、加拿大、美国和中国香港的一些师范院校使用。悉尼大学的 Turney 等在坚持“细分”与“可观察的行为改进”的基础上将部分与整体结合起来，把微格教学置于教育目标引导下进行细分，并与课堂有效教学相结合。1983 年出版的教材中，培训的技能包括：强化技能、基本提问技能、变化技能、讲解技能、导入技能、结束技能、高层次提问技能等，并配有完整的录像示范资料。

行为取向以行为主义的学习观理解教学行为，即掌握教学技能的最好办法是将其分解为若干子成分，在分别掌握每个小成分后将其整合，使之相互协调、联系。因而，“斯坦福大学模式”“伯克利大学模式”“悉尼大学模式”都有共同的假设：一系列的教学分项技能能够完全组合成综合的教学能力——恪守“1+1=2”的逻辑；在教学分项技能训练中，强调行为的有效描述与集中训练，认为可控的环境有利于将训练的注意力和重心集中到教师特定行为的改变上；强调反馈评价与反复练习对教学分项技能掌握的重要性。

（二）认知取向阶段

伴随对行为主义心理学的批评、反思，质疑微格教学行为取向之声渐起。有研究者主张采用认知心理学的观点，认为教学技能由一定结构构成。美国著名认知心理学家 J. R. Aderson 在《认知心理学》一书中，以“知道什么”和“知道如何”为区别将知识划分为陈述性知识和程序性知识。不论是心智技能还是动作技能，都是不同形式的程序性知识，也要经历陈述性知识阶段。于是研究者关注师范生的认知结构，认为师范生认知结构的改变是其教学行为改变的基础，微格教学因此而转向认知取向。其中，具有代表性的是英国伍斯特大学的“社会心理学模式”和斯灵特大学的“认知结构模式”。

20 世纪 60 年代末，微格教学被引入英国之初，遭到 Stones 和 Morris 的质疑，他们认为：微格教学的目的和任务需要进一步澄清，应该将研究重心转到教学理论与教学实践的联系上。Morris 将社会心理学的相关理论引入微格教学，对教学技能进行社会心理学描述，并以社会心理学的方式进行整合训练，试图增进教学理论与教学实践的一致性，这就是“社会心理学模式”。随后，Brown 与 Hargie 将微格教学引入伍斯特大学，认为微格教学要兼顾计划、角色扮演与认知三方面的因素。其中，计划指通过研讨将教学主题分解为若干个有序的内容，基于各个内容选择恰当的教学方法；角色扮演指先对各个教学分项技能进行训练，然后整合到课堂教学中；认知指通过反馈评价使学生对教学分项技能的训练和使用产生理性认识。因此，微格教学不仅需要改变教学行为，更需要改变认知结构，要在二者的结合中提升教师的课堂教学能力，实现有效教学。

20 世纪 70 年代中期，英国斯灵特大学的 Mcintyre 等在批判“斯坦福大学模式”的基础上提出微格教学的“认知结构模式”。他认为师范生对教学活动的认知结构在其教学中起着决定性作用，因而技能训练不能仅仅满足于行为改变，而应通过微格训练改进师范生教学技能的心智结构。由于强调内部心理机制对外部教学行为的影响与调节作用，于是将微格教学的重心从外部行为转向内部认知结构，试图通过改进与完善师范生的认知结构，提高其课堂教学能力。

（三）综合取向阶段

随着人文主义思潮的兴起，人们进一步拓展微格教学的内涵，不仅关注技能训练、认知的发展，还关注情感的体验与升华，以达成行为、认知与情感的综合化发展。

微格教学发展的历史映照出心理学发展的进程，也反映了人们对教育的思考越来越深邃与宽广。随着教师专业发展的人文性、综合化与实践性转向，微格教学将在继承中发展。

二、微格教学在我国的发展

1973 年，香港中文大学教育学院运用微格教学方法培养师范生。在实践的基础上，80 年代初开始对进修的在职教师开展微格教学培训实验，发现微格教学对在职教师同样有很大帮助。

上海教育学院于 1986 年开始将微格教学用于在职教师培训，取得了很好的效果。北京教育学院的部分教师也开始了对微格教学的学习和研究，并开展了实践探索。1989 年三四月间，在北京教育学院举办了两期“微格教学研讨班”，全国有 70 多所教育学院的教师参加学习和研讨。从此，微格教学开始在全国各地推开。1991 年 6 月至 7 月受国家教委外贸贷款办公室委托，在北京举办了“世界银行贷款项目院校教师教育与微格教学讲习班”，聘请了澳大利亚悉尼大学教育学院的 Turney 与 Eltis 两位教授任主讲，介绍了师范教育中微格教学课程的地位、微格教学的基本教学技能分析与实践。1992 年 1 月，同样性质的讲习班在原北京师范学院举办，聘请了英国诺丁汉大学的 Brown 等三位专家为我国高师教育工作者介绍微格教学课程在师范教育中的应用，促进了微格教学在国内高等师范教育中的发展。1992 年 2 月，全国教学研究组织——“世界银行贷款中学教师培训项目”微格教学协作组在海南教育学院正式成立，协作组挂靠在北京教育学院，并定期出版《微格教学研究》专刊。1992 年 12 月，由北京教育学院与四川教育学院联合举办的全国首期微格教学高级研讨班在成都举行，会议讨论了微格教学的理论与实践问题。一些院校已开发出各具特色的微格教学示范录像带，开始编写适应不同层次教育工作者的培训教材和分学科的微格教学教材。1994 年 4 月，在海南琼山召开了微格教学现场会暨全国微格教学研究会 1994 年年会。1997 年 4 月，在湖南常德召开了全国微格教学协作组 1997 年年会，云南教育学院的况梦佛教授分析了美国在微格教学实践方面的新方法。1998 年 10 月，全国微格教学协作组年会在云南教育学院召开，来自美国的微格教学创始人 Allen 教授作了《关于微格教学新旧模式对比》的报告，展示了新型微格教学的实习与评价模式。至此，我国微格教学的研究与实践，经过十多年的探索，已渐趋成熟。

需要提及的是，北京教育学院在反思和批判国外微格教学模式的基础上，结合我国的文化背景对微格教学进行了相关研究。通过对微格教学的总结、反思与建构。他们将微格教学看成一个理论与实践相统一的过程，提出了教学行为、认知结构、情感因素按技能方式同步发展的训练模式；对教学技能的概念进行了心理学意义的探讨；为保证技能的教学功能，研究了各项教学技能的教育学、心理学基础；提出了建立教学技能模式的任务分析法。他们希望通过在微格教学中形成学生行为、认知与情感的统一，提升学生对教学活动的全面认识。

三、微格教学的基本理念

进入 21 世纪，教师专业发展的理念发生了重大变化，微格教学的理念应相应地跟着变化：微格教学的目标定位走向综合运用，微格教学的训练实施追寻对话建构，微格教学的训练形式追求丰富多样，微格教学的评价关注课堂情境。

（一）课堂场景中的综合运用

教师专业发展呈现出鲜明的综合化特征，要求教师专业知识、专业能力与专业精神融为一体。其中，教师的教育智慧是关键的催化剂。众多研究表明，教师教育智慧仅仅通过知识传授和技能训练难以获得，而是需要扎根于生动的教育实践，产生于教育实践中的探究与反思，来源于自我发展的愿景与努力，萌发于教育实践经验的总结与提升。可见，教师的教育智慧具有个性化与综合化特征，是教师的专业知识、专业能力与专业精神在真实教学情境中的综合性表现，是一种实践性智慧。因此，微格教学中形成的教学分项技能，要迁移到其他教学情境中，必须根植于教学技能生存的土壤——真实的课堂场景。

教师专业素养的综合性特征，要求微格教学目标定位于课堂场景中的综合运用能力。不仅关注教师专项技能的获得与熟练，更关注相关技能的认知成分与情感成分的发展及其对于真实教学情境的亲和性，在实践中达成行为、认知与情感的交融。因而，确立微格教学目标时，应基于发展师范生教师综合职业素养的目的，设计教学分项技能的学习目标。

（二）课堂场景中的对话建构

教学活动是一种多因素相互作用的复杂活动，胜任教学活动需要综合的教师职业素养。单纯的技能训练或认知发展无法达成教师教育智慧的生成。

建构主义认为，知识是学习者在一定的社会文化背景下，借助教师、学习伙伴的帮助，利用必要的学习资源，通过意义建构而获得。情境脉络、协商、对话和意义建构是建构主义学习观的基本要素。学习的过程由知识传递走向意义建构，学习成为对话性实践，个体通过与世界、他人、自己的对话达成意义重建。微格教学应走向对话，因为通过对话，学生不仅获得了理论知识，改变了教学行为，更重要的是在这种改变过程中获得了教学技能的价值与意义，体现了人作为主体的可能与价值，彰显了微格教学的合理性。因此，微格教学既要在实践中关注教学技能与真实教学情境的“适应性”，又要在学习共同体中通过完成教学技能的内化过程，还要在反思与批判中生成教育信念。

（三）多元场景中的多样选择

微格教学自产生之日起，便采用同侪（peer）、封闭、录像的教学形式进行训练，加上班额大、师资缺、设备缺，每个同学只能进行一两次录像训练。

信息技术、网络课程、融媒体、自媒体等的出现，使微格教学形式的多样化变得可能。可以整合课程，将微格教学、数学教学论、教育见习、教育实习等课程进行整合，在各门课程中渗入微格教学的内容与方法，让学生在不同语境、不同层次下认识、体验和实践教学技能。可以利用即时通信、网络等技术手段，拓展微格教学的时空。通过QQ 群、微信群、教师教育精品资源课、自主学习平台等形成自主、合作、共享的教学氛围。可以吸引多主体参与，增强师资力量。选聘有一定教学经验的优秀学生承担小组“导师”，鼓励中小学合作单位教师参与微格教学指导等。

（四）课堂场景中的返璞归真

培养智慧型教师，必须在实践取向下重构微格教学评价标准与评价方式。因而微格教学的评价应立足于教育实践活动，形成基于实践、在实践中、为了实践的评价理念与方式。

第一，重塑评价理念，坚持“实践是检验真理的唯一标准”。第二，微格教学中加强现实资源的渗入，构建实践性评价平台。在微格教学之前，让学生多见习，充分体验真实的课堂教学情境；利用多媒体观看该教学技能在真实课堂中的设计与实施；聘请有丰富教学经验的教师进行讲解与演示，等等。第三，与中小学建立合作关系，如成立教师专业发展学校，在真实课堂中检验师范生教学技能的练习效果。

四、微格教学的实施步骤

微格教学的实施一般采取如图 2-4 所示的基本步骤。

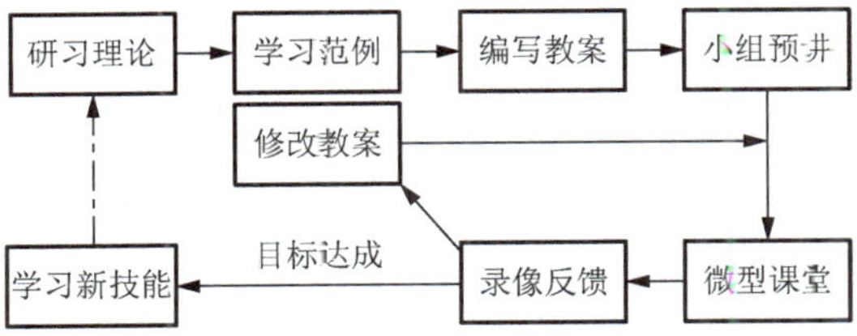

图 2-4　微格教学实施的步骤

（一）研习理论

教学技能的形成要经历从陈述性知识到程序性知识的发展历程，因此要学习相关的理论与方法，不仅要解决如何做的问题，更要思考为什么这样做的原因，这样才能突破简单模仿的困局。同时，确定所要训练的具体技能，深入分析所练技能的要素与对应的行为模式。在学习教学技能的功能与行为模式时，要结合案例，让师范生理解行为模式与教学情境的关系。

（二）学习范例

结合理论学习，观看所练教学技能的示范录像，以便师范生对所练技能的感知、理解和分析。范例一般以正例为主，也可以分析反例。除了录像外，示范者还可以是中学教师，或指导教师。从有利于师范生反复观看的角度，还是应以录像示范为主。范例学习时，指导教师要引导师范生从课堂教学的整体视角分析某一教学技能的运用特点及注意事项。

（三）编写教案

每次训练集中一项技能，以便于师范生掌握。微格教学教案不同于一般的教案，它围绕所训练的技能选取课堂教学的一个片段进行设计。微格教学教案的要素包括：课题名称，教学技能名称，教学技能训练目标，详细预设教师的教学行为、教学技能要素、学生的学习行为、教学进度时间分配，把教师的活动、教学技能要素、学生的活动分别填写在教案中（教案的基本结构如表 2-2 所示）。对于教师的教学行为，还要说明该行为是所训练技能的哪一种要素。为了更好地理解所训练教学技能的价值，并为后面的教学技能整合——教学技能综合训练做准备，应要求所有的同学先选择中小学数学的一节课内容，备好完整的 45 分钟课。每次进行技能训练时，从一节课中截取能够体现所训练教学技能一个连续的片段进行讲课。这样，能逐步让师范生从整节课的目标要求出发，去思考所训练的教学技能怎样为实现整体目标服务，从而将知识表征系统与教学操作系统整合起来。

表 2-2　教案的基本结构

<table>
<tr><td colspan="5">班级________姓名________学号________训练时间________
课题名称______________________　技能名称______________________</td></tr>
<tr><td>教学目标</td><td colspan="4"></td></tr>
<tr><td>时间分配</td><td>教师行为</td><td>教学技能</td><td>学生行为</td><td>备注</td></tr>
<tr><td></td><td></td><td></td><td></td><td></td></tr>
</table>

（四）小组预讲

将全班同学以每 5～8 人为一组分组，设组长 1 人，组织本小组活动。完成上面三步以后，以小组为单位自选地点或在微格教室预讲，每次讲课时间为 5～10 分钟。讲完后组长组织评课，先由讲课人介绍设计目标、主要教学技能、教学过程安排等，然后由其他同学评议，最后由组长小结，并将总结交给指导教师。

（五）微型课堂

在微型教室里，同一小组的师范生轮流扮演教师角色、学生角色、评价员角色。讲课者为教师，听课者既是学生，又是评价者。有一名指导教师监督实施，一名摄像操作员负责记录。

（六）录像反馈

回放录像，教师角色扮演者自我分析，指导教师与其余同学一同评议。评议时每位同学依据评价单，提两条优点及一条建议，最后由指导教师小结。要求训练效果较差的同学修改教案，并重新录像，再评议。

（七）学习新技能

当一个小组中的每一位师范生都达到了所训练教学技能的基本要求，理解了所练教学技能的要素，掌握了该教学技能的行为模式时，就可以进入下一个教学技能的学习环节。

五、数学教学技能的分解

教师在课堂中运用的教学技能是复杂的，因此需要将复杂的教学技能分解为一系列微小的、可训练、能习得的技能。对教学技能的分解，是实施教学技能训练的关键。而分解的维度不同，则形成不同的模式。

“斯坦福大学模式”出现最早，它包括：刺激的变化、导入、概括、沉默和非语言暗示、学习者参与学习的强化、提问的频率、提问的深度、高质量的问题、发散性的问题、留意对方的发言和行为的态度、解释和实例的作用、讲解、预定计划的反复、沟通的完成。该模式以行为为中心进行分解，划分的技能较多，尤其是提问分解得非常细致。

苏联的彼得罗夫斯基立足于信息加工的认知理论，从逻辑层面进行分解，提出的技能有：信息传递、引起动机、促进发展、定向。该模式过于抽象、操作性不强。

日本东京大学井上光洋提出的教学技能：教学设计技能、课堂教学技能（实施的技能、评价的技能、管理技能、决策技能、其他技能）、学校管理技能、普通教学技能、明确课题实质的教学技能。这一划分，将课堂教学技能置于学校教学的整体视野下考察，有利于更好地理解教学技能的背景。

李克东沿着教学设计→教学实施→课外指导→教学研究的主线，将教学技能划分为五大类：教学媒体使用技能、课堂教学技能、组织和指导课外活动的技能、教学设计技能、教学研究技能。

胡淑珍按照教学工作体系，将基本的教学技能分解为四大类：教学设计、教学技能

（授课技能、课堂管理技能、试卷编制技能）、指导学生学习和活动的技能、教学研究技能。这种划分兼顾了表层行为技能与深层的个性心理品质职业化的内容。

基于上述分析，结合数学学科的特点，我们从实现有效教学的要求出发，根据教学前、教学中、教学后，将数学教学技能分解为三大类：教学前教学技能（教学设计技能、数学说课技能）；教学中教学技能（语言技能、导入技能、组织教学的技能、讲解技能、板书技能、提问技能、变化技能、强化技能、结束技能）；教学后教学技能（听评课技能、教学研究技能）。

六、数学教学技能的训练要突出建构过程

由知识的建构特点可知，要使教学技能有效地得以建构，一要激发学生的主体性，二要注意建构的多重性，三要促进技能的内化。因此，数学教学技能的建构过程可设计如下。

（一）创设情境

1. 上镜表演

微格教学伊始，安排各组同学依次在微格室作两分钟左右的表演或自我介绍，内容自选，然后让学生在愉快的气氛中观看评论。这样做，一方面可以提高学生对微格教学的兴趣，另一方面可以消除学生面对摄像镜头的紧张的心理，为扮演角色时的正常发挥打下良好基础。

2. 角色换位

强化学生的教师心理、激发学生的从教欲望，帮助学生实现心理换位。有效实现角色转换，是进行技能建构的心理基础。因而，在微格教学及相关课程中，一方面要求指导教师把师范生当成平等的教师看待；另一方面要求师范生把自己当作教师，从教师的角度观察、思考问题。此外，指导教师应常和学生谈教师地位的变化，谈教师的喜乐甘甜，谈青年教师的成长，谈名师的成名轨迹，谈毕业后的同学工作中的酸甜苦辣等，强化学生立志做一名好教师的志向。

（二）亲历体验

1. 组织第一轮试教

各组自定课题，订好计划，并按计划开展试教，要求每讲完一人，先自评，后他评，组长记录好。指导教师尽可能到各组查看，多看，多听，少讲。最后各组分析，总结试教情况，并由组长安排做好小结。

2. 引导学习与思考

根据自己的了解，结合各组小结，指导教师帮助学生分析首次试教过程中存在的问题，着重引导学生自己找原因，一起探索改进的办法，最终促使学生达成共识：要讲好

课，必须系统训练各项教学技能。为此，一要认真学好教学技能的基本理论；二要大胆尝试，把理论化为实践；三要积极交流，相互合作；四要积极反思，不断完善。

（三）抓住关键

技能建构的关键在于教学设计技能的训练。因为教学设计技能的形成，需要引导学生把数学的方法、思想、观念与现代教育观、学生观建构成他们认知结构的一部分，并训练成内部心智技能，因此是其他技能有效形成的基础。另外，该项技能涉及编制教学目标、分析与处理教材、选择课型教法、设计教学过程、设计板书、编制教案等众多环节，学生训练容易顾此失彼，甚至收效甚微。对此宜化整为零，各个击破。

1. 同步学习，分段训练

把教学设计技能涉及的六个环节安排成与学科教学论的学习大体同步的三个训练阶段。

第一阶段：学习编制教学目标、分析处理教材；

第二阶段：结合学科教学论的学习与其他技能的训练，练习选择课型与教法以及板书设计；

第三阶段：随着学科教学论学习的深入，其他技能的大致形成，在重温编制教学目标与分析处理教材的基础上，集中攻克设计教学过程、编制教案两个环节，为技能全面综合训练做好准备。

2. 重点突破，全面推进

教学设计技能中的编制教学目标与设计教学过程，是学生最难建构的两环，必须重点突破。下面以编制教学目标的训练来说明如何突破。首先，降低起点，帮助定向。让学生根据提纲自学教学目标的分类方式，同时给他们一节教材与相应的课标要求，对照着学；其次，指导教师启发讲解知识技能目标、过程与方法目标、情感态度与价值观目标，并提供范例展示编制过程；再次，要求学生依据课标、教材，按照内外结合法陈述教学目标，完成作业，导师批阅点评后再练；最后，分组讨论，归纳应用内外结合法陈述教学目标的常用动词与陈述方式。

（四）逐项训练

按照一定程序依次训练：组织教学技能、语言技能、导入技能、讲授技能、提问技能、板书技能、变化技能、强化技能、结束技能。对每一技能的学习，一方面要体现数学思想方法，如在语言技能训练中运用数学思想方法，在变化技能训练中运用数学思想方法等；另一方面要体现现代数学教学观念，如在导入技能训练中体现知识发现过程，在提问技能训练中体现思维活动过程，在结束技能训练中体现知识系统化过程，在讲解技能训练中体现知识的综合运用等；再一方面要体现现代学生观，如在教学设计技能的训练中体现学生的自主性、独立性与合作性等。训练的程序为：自学技能理论与评价量表→小组交流心得→撰写微格教案→看示范录像→导师作启发报告→修改教案→试教→结合评价量表采用“2+1”模式评课→重教→小组总结得失，提出注意要点。

（五）突出重点

逐项训练时，对于综合性强、涉及基本观念且具有较强迁移性的技能，应该作为重点予以练习，以达到优化建构的目的。由于讲授技能的构成要素包括讲授结构、讲授语言、使用例证与变式、进行强调、形成链接、获得反馈。所以，讲授技能具有综合性（是讲述、讲解、讲读、讲评、讲演的综合）、协同性（与导入、板书、演示、提问、组织教学、结束、强化等技能的协调运用）、连贯性与开放性。因而讲授技能是需要重点训练的内容。训练时，从其构成要素入手，有针对性地练习讲述技能、讲解技能、讲读技能、讲评技能与讲演技能。

（六）转换角度

教学技能的建构，必须按照整体原理的要求，不仅让学生掌握每一技能的内容与要领，更重要的是培养他们具备将每个技能灵活组合、相辅运用、融会贯通的综合运用能力。为此，转换训练角度，将微格教学的训练项目按知识内容划分为：数学概念教学、数学命题教学、数学解题教学、数学思想方法教学与数学复习教学。在训练过程中，注重教学内容，强调思维过程，协调运用前面已经掌握的分项技能搞好这一阶段的各项训练。如概念教学技能训练，根据概念的引出、抽象、界定、巩固与运用等环节综合运用导入技能、提问技能、讲解技能、强化技能、变化技能与结束技能等，注意技能之间的协调与配合。最后，以教学设计技能为平台，尝试大综合，重点在于利用局部技能实现整体教学功能。

（七）见习实习

由于微格教学采用的是同侪训练法，所以训练过程中涉及的课堂交流等环节必然带有“虚假”的因素，致使经建构而形成的技能天然地带有“温室花朵”脆弱的特性。要弥补这一缺陷，只有让学生感受实战。一方面，在技能建构过程中，穿插安排见习活动，让学生获得更多的感性认识，进而对技能建构进行更有成效的理性思考与探索。另一方面，利用实习，让学生建构的技能接受真正的洗礼。要求学生，课前认真设计好教学过程，并充分考虑如何发挥各项技能对完善整个教学过程的积极作用；课中努力实践教学技能的组合、协调与贯通；课后通过教学后记反思技能运用的得失。通过实习，全面检查学生技能建构的成效，找出训练中的不足，并在实习过程中开展针对性的训练，或在实习结束后找指导教师进行矫正练习。最终使学生经建构而形成的教学技能能很好地适应中小学数学教育教学的需要。

第二部分　教学前数学教学技能

第三章　数学教学设计技能

（1）学习目标：掌握数学教学设计技能。

（2）考核要求：理解数学教学设计的核心问题、基本思路与基本理念；能设计数学教学的三维目标；会分析数学教学内容与学生特点；会编写数学教案，能对数学教案进行评价。

第一节　什么是数学教学设计技能

简单地讲，教学设计就是通常所说的备课，是教师结合课程标准和学生实际，把课程目标转化为教学目标，安排教学环节使目标得以实现的过程。特级教师白金声曾对此做过精彩的比喻："在备课上多花点时间，如根上浇水；在讲课上增加学生负担，似叶上施肥。"可见，备好课是上好课的先决条件。

课堂教学是由教师、学生、课程、目标4个要素组成的一个系统（图3-1）。在这个系统中，存在着多对矛盾：学生与教学目标之间的矛盾、学生和课程内容之间的矛盾、学生与教师之间的矛盾、教师和课程内容之间的矛盾、教师和教学目标之间的矛盾、教学目标和课程内容之间的矛盾等。在这些矛盾中，学生的现实水平与教学目标之间的差异所构成的矛盾，是教学系统的核心矛盾，它决定着数学教学过程的性质和层次，规定和影响着其他矛盾的存在和发展。

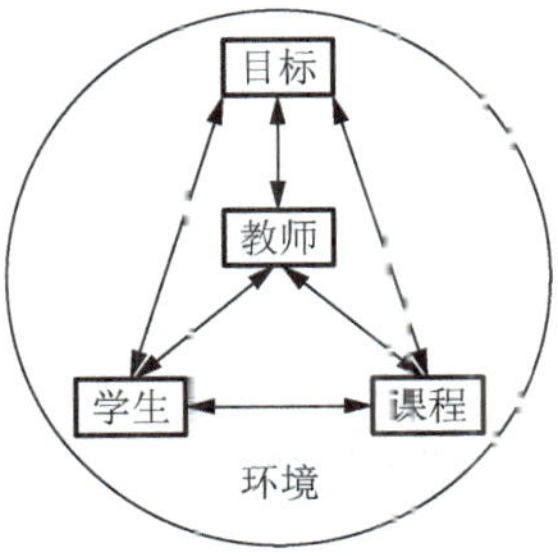

图3-1　课堂教学基本要素

一、数学教学设计技能的内涵与核心

数学教学设计技能，是指教师根据学生的认知发展水平和数学课程培养目标，制订具体教学目标，选择教学内容，预设教学过程，为学生的学习创设优良环境的行为方式。数学教学设计应突显学生在教学过程中的主体地位，体现激发其学习动机、架设新旧知识之间的桥梁、暴露解决问题的思路、揭示解决问题的思想方法的过程，帮助他们建构良好的知识结构。

数学教学设计技能涉及诸多方面，最核心的是：去哪里，怎么去，到了没有。也就是说，数学教学设计要解决三个核心问题。其一，实现什么目标。确立数学教学目标，要根据课程标准要求，依据学生认知发展水平和已有知识经验，结合具体数学内容，并以知识与技能、过程与方法（数学思考、问题解决）、情感态度与价值观三个维度加以呈现。其二，怎样实现目标。根据教学目标、数学教学内容、学生认知特点、风格，预设教学环节。其三，评价目标的达成度。设计问题、练习与作业，安排交流、反馈、总结，透视学生学习情况。

二、数学教学设计的基本思路

教学是引起、维持和促进学生学习的活动，因而教育心理学家从学生的学习结果出发，去探讨教学设计问题。如，加涅把学生学习的结果分为五类：言语信息、动作技能、智慧技能、认知策略、态度。这样，我们可以从言语信息（陈述性知识）、动作技能（操作性知识）、智慧技能（程序性知识）、认知策略（策略性知识）、态度（价值观与心理倾向等内隐性知识）等五个方面来设计教学目标，以及评价学习结果。因而，数学教学设计的基本思路：以学生学习前的知识经验为出发点，以数学教学目标为导向，以学生的学习过程为平台，以学生学习的类型、结果为评价依据（图 3-2）。

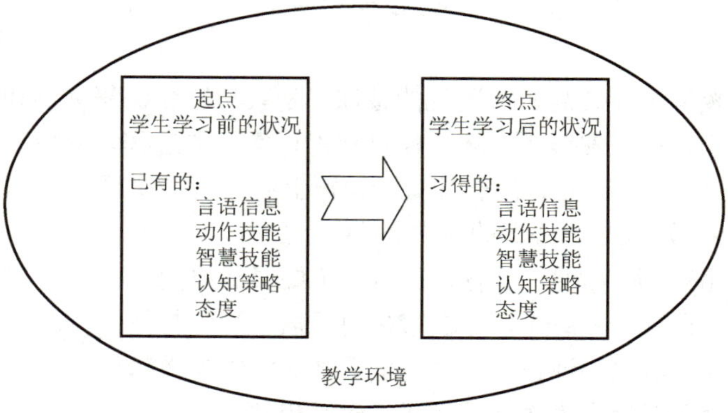

图 3-2　教学设计思路图

三、数学教学设计的基本理念

依据《义务教育数学课程标准（2011 年版）》和《普通高中数学课程标准（实验）》的要求，基于学习结果的目标设计与评价取向，确定数学教学设计的基本理念为：

第一，以教促学，努力追求“教是为了不教”的最终目标；

第二，全面发展，体现三维目标设计；

第三，提高效率，落实教学目标；

第四，协调平衡，实施系统设计。

第二节　数学教学设计技能的内容

数学教学设计要综合考虑教学系统中的教学目标、教学内容、学生情况、教师情况。

整合这些要素的具体设想，就成为教学设计的基本思路。因此，数学教学设计技能的内容，包括数学教学目标分析、教学内容分析、学生分析以及数学教案编写四个方面。

一、数学教学目标分析

教学设计的第一步是制定教学目标，即确定教学任务完成时要达到的要求或标准——对学生学习结果的预期。教学目标有着导学——指导学生学习，导教——指导教学方法、技术、媒体的选择和运用，导评——指导教学结果的测量与评价的功能。所以，制订恰当的教学目标对于教学实施有着至关重要的影响。

对于数学教学目标，若考虑实现周期的长短，可分为长期目标、中期目标与短期目标。以《义务教育数学课程标准（2011 年版）》为例，义务教育数学课程的目标体系如图 3-3 所示，总目标即是长期目标，学段目标即是中期目标，章目标、单元目标与课时目标属于短期目标。三者之间的关系为：长期目标需要以中期目标的实现为基础，中期目标需要以短期目标的实现为根基。就短期目标而言，章目标是长时目标，单元目标是中时目标，课时目标为短时目标，章目标依托单元目标，单元目标依托课时目标。因此，章、单元、课时目标的制订要仔细考虑中期目标与长期目标的落实，中期目标的制订要兼顾长期目标的落实与短期目标的达成。

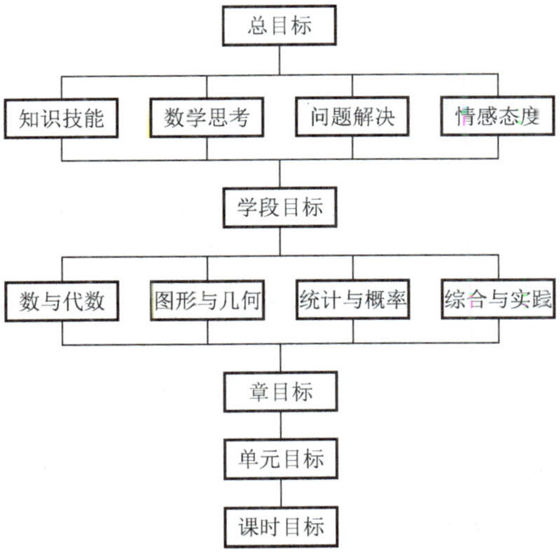

图 3-3　义务教育数学课程的目标体系

（一）长期目标——总目标

长期目标是某一课程内容学习结束后所要达到的目标。因而，长期目标也就是义务教育阶段数学课程的总目标：通过义务教育阶段的数学学习，学生能达到以下目标。

（1）获得适应社会生活和进一步发展所必需的数学的基础知识、基本技能、基本思想、基本活动经验；

（2）体会数学知识之间、数学与其他学科之间、数学与生活之间的联系，运用数学的思维方式进行思考，增强发现和提出问题的能力、分析和解决问题的能力；

（3）了解数学的价值，提高学习数学的兴趣，增强学好数学的信心，养成良好的学习习惯，具有初步的创新意识和科学态度。

总目标分知识技能、数学思考、问题解决、情感态度四个方面具体阐述（表 3-1）。

表 3-1　总目标分类及阐述

知识技能	● 经历数与代数的抽象、运算与建模等过程，掌握数与代数的基础知识和基本技能 ● 经历图形的抽象、分类、性质探讨、运动、位置确定等过程，掌握图形与几何的基础知识和基本技能 ● 经历在实际问题中收集和处理数据、利用数据分析问题、获取信息的过程，掌握统计与概率的基础知识和基本技能 ● 参与综合实践活动，积累综合运用数学知识、技能和方法等解决简单问题的数学活动经验
数学思考	● 建立数感、符号意识和空间观念，初步形成几何直观和运算能力，发展形象思维与抽象思维 ● 体会统计方法的意义，发展数据分析观念，感受随机现象 ● 在参与观察、实验、猜想、证明、综合实践等数学活动中，发展合情推理和演绎推理能力，清晰地表达自己的想法 ● 学会独立思考，体会数学的基本思想和思维方式
问题解决	● 初步学会从数学的角度发现问题和提出问题，综合运用数学知识解决简单的实际问题，增强应用意识，提高实践能力 ● 获得分析问题和解决问题的一些基本方法，体验解决问题方法的多样性，发展创新意识 ● 学会与他人合作交流 ● 初步形成评价与反思的意识
情感态度	● 积极参与数学活动，对数学有好奇心和求知欲 ● 在数学学习过程中，体验获得成功的乐趣，锻炼克服困难的意志，建立自信心 ● 体会数学的特点，了解数学的价值 ● 养成认真勤奋、独立思考、合作交流、反思质疑等学习习惯 ● 形成坚持真理、修正错误、严谨求实的科学态度

总目标的四个方面构成三个维度：知识技能、过程与方法（包含数学思考与问题解决）、情感态度与价值观。这四个方面不是相互独立和割裂的，而是一个密切联系、相互交融的有机整体。在教学设计和教学活动组织中，应同时兼顾这四个方面。这些目标的整体实现，是学生受到良好数学教育的标志，它对学生的全面、持续、和谐发展有着重要的意义。数学思考、问题解决、情感态度的发展离不开知识技能的学习，知识技能的学习必须有利于其他三个目标的实现。

值得注意的是，长期目标的实现周期很长，通常是一门课程，或一个学习领域，或一个核心概念的教学所不懈追求的。例如，“学会独立思考，体会数学的基本思想和思维方式”“增强应用意识，提高实践能力”“发展创新意识”“学会与他人合作交流”“建立自信心”“养成认真勤奋、独立思考、合作交流、反思质疑等学习习惯”等，就是整个义务教育数学课程追求的长期目标；“感受随机现象”则是概率与统计教学所追求的长期目标；“建立数感、符号意识”则是义务教育算术与代数教学所追求的长期目标。

确立长期目标时，应当建立它与所授内容之间的实质性联系，将长期目标设立于教学目标之中，结合进教学内容里面，镶嵌在教学过程内部。就提高合情推理能力这一长期目标而言，它不可能在一天，几天，甚至几个月内完成，但它又是一个实实在在的、需要不断落实的数学教学目标。事实上，所有的义务教育数学内容都有培养学生合情推理能力的作用，不论是探索数学对象之间的数量关系，还是探讨图形蕴涵的性质，或是猜想数学结论等。关键应在教学设计中，把培养学生的数学合情推理能力列为明确的教学目标，同时结合相应的数学内容与教学活动，使这一目标得到具体落实。

（二）中期目标——学段目标

中期目标，在义务教育数学课程标准中表现为学段目标：第一学段（1～3 年级），第二学段（4～6 年级），第三学段（7～9 年级）。学段目标同样从三个维度、四个方面进行展开。

以初中阶段为例，第三学段的课程目标如下。

1. 知识技能

（1）体验从具体情境中抽象出数学符号的过程，理解有理数、实数、代数式、方程、不等式、函数；掌握必要的运算（包括估算）技能；探索具体问题中的数量关系和变化规律，掌握用代数式、方程、不等式、函数进行表述的方法。

（2）探索并掌握相交线、平行线、三角形、四边形和圆的基本性质与判定，掌握基本的证明方法和基本的作图技能；探索并理解平面图形的平移、旋转、轴对称；认识投影与视图；探索并理解平面直角坐标系及其应用。

（3）体验数据收集、处理、分析和推断过程，理解抽样方法，体验用样本估计总体的过程；进一步认识随机现象，能计算一些简单事件的概率。

2. 数学思考

（1）通过用代数式、方程、不等式、函数等表述数量关系的过程，体会模型的思想，建立符号意识；在研究图形性质和运动、确定物体位置等过程中，进一步发展空间观念；经历借助图形思考问题的过程，初步建立几何直观。

（2）了解利用数据可以进行统计推断，发展建立数据分析观念；感受随机现象的特点。

（3）体会通过合情推理探索数学结论，运用演绎推理加以证明的过程，在多种形式的数学活动中，发展合情推理与演绎推理的能力。

（4）能独立思考，体会数学的基本思想和思维方式。

3. 问题解决

（1）初步学会在具体的情境中从数学的角度发现问题和提出问题，并综合运用数学知识和方法等解决简单的实际问题，增强应用意识，提高实践能力。

（2）经历从不同角度寻求分析问题和解决问题的方法的过程，体验解决问题方法的多样性，掌握分析问题和解决问题的一些基本方法。

（3）在与他人合作和交流过程中，能较好地理解他人的思考方法和结论。

（4）能针对他人所提的问题进行反思，初步形成评价与反思的意识。

4. 情感态度

（1）积极参与数学活动，对数学有好奇心和求知欲。

（2）感受成功的快乐，体验独自克服困难、解决数学问题的过程，有克服困难的勇气，具备学好数学的信心。

（3）在运用数学表述和解决问题的过程中，认识数学具有抽象、严谨和应用广泛的特点，体会数学的价值。

（4）敢于发表自己的想法、勇于质疑，养成认真勤奋、独立思考、合作交流等学习习惯，形成严谨求实的科学态度。

中期目标起着承上启下的作用。只有将中期目标与长期目标中的四个方面相参照，才能将长期目标植根于中期目标，并通过中期目标与短期目标建立的联系，使长期目标得到落实。

（三）短期目标——章、单元、课时目标

短期目标是某一章、某一单元、某一课时课程学习过程结束时所要达到的目标。短期目标与特定的知识分支、组块密切相关，具有较强的逻辑关联。通常，一章内容大致分为 3 个单元，每个单元一般不超过 5 个课时，因此，短期目标的时间跨度为 1 课时到 15 课时。章目标要落实在单元，单元目标要落实在课时，因此对于短期目标的分析，我们主张单元备课，课时落实。

例如：“平行四边形的判定（第 1 课时）”的教学目标如下所示。

知识技能：经历平行四边形判定条件的探索过程，理解并掌握平行四边形常用的判定方法；理解证明与举反例是判断一个数学结论是否成立的基本方法。

数学思考：通过观察、实验、猜想、验证、推理、交流等数学活动，发展合情推理能力与动手操作能力。

问题解决：通过平行四边形判定条件的探索，积累从事数学活动的经验，感受数学思考过程的条理性及解决问题策略的多样性，发展实践能力与创新意识。

情感态度：在操作、观察、猜想、分析等过程中，进一步形成主动探索、质疑和独立思考的习惯。

对“平行四边形的判定”的教学目标稍作分析，可以发现短期目标的确立一要体现中长期目标的要求；二要体现三维目标的四个方面；三要描述学习过程。

1. 短期目标的角色

短期目标在教学过程中常常身兼数职：它是通过当前的教学活动就应实现的目标；它还是实现中长期目标的一个环节。比如，掌握“二元一次方程组解法”，是七年级代数教学的一个短期目标，是把握“降维方法”这一中期目标的要求，还是培养“化归思想”这一长期目标的重要环节。

因此，确立短期目标时，既要考虑自身的自足性，还应注意它与中长期目标的关联。所以，设计数学教学活动要努力体现数学的教育价值：数学教学不仅仅让学生获得一些数学知识、技能和方法，更重要的是促进学生的发展：感悟思想、提升策略、增进能力、健康人格。

2. 数学教学目标的四个方面

数学教学目标，从知识技能、数学思考、问题解决、情感态度四个方面设定。

1）知识技能

知识技能是对基础知识、基本技能的要求，包括陈述性知识（数学事实、数学概念、数学原理）、程序性知识（数学操作技能及对数学事实、数学概念、数学原理的运用）。对知识技能的刻画分为四个层次。

了解（知道、初步认识）：从具体实例中知道或举例说明对象的有关特征；根据对象的特征，从具体情境中辨认或者举例说明对象。例如，知道三角形的内心和外心。

理解（认识、会）：描述对象的特征和由来，阐述此对象与相关对象之间的区别和联系。例如，会用长方形、正方形、三角形、平行四边形或圆拼图。

掌握（能）：在理解的基础上，把对象用于新的情境。例如，能用数表示物体或事物的顺序和位置。

运用（证明）：能综合使用已掌握的对象，选择或创造适当的方法解决问题。例如，证明定理：两角分别相等且其中一组等角的对边相等的两个三角形全等。

了解、理解、掌握都是针对某一具体数学知识而言的，运用则强调综合运用多种数学知识解决问题。对知识技能刻画的四个层次可以概括为两类：一类刻画建构数学知识意义的水平：了解、理解；另一类刻画数学知识迁移运用的水平：掌握、运用。陈述知识技能目标，要运用相应的行为动词：了解、知道、初步认识；理解、认识、会；掌握、能；运用、证明。

2）数学思考

数学思考是对策略性知识的渗透或提炼、数学思维能力与思维方法培养方面的要求，包括：形成与发展数感、符号意识、空间观念、几何直观、数据分析观念、运算能力、推理能力、模型思想、数学思想方法。数学思考涵盖以下关键词。

数感主要是指关于数与数量、数量关系、运算结果估计等方面的感悟。建立数感有助于学生理解现实生活中数的意义，理解或表述具体情境中的数量关系。

符号意识主要是指能够理解并且运用符号表示数、数量关系和变化规律；知道使用符号可以进行运算和推理，得到的结论具有一般性。建立符号意识有助于学生理解符号的使用是数学表达和进行数学思考的重要形式。

空间观念主要是指根据物体特征抽象出几何图形，根据几何图形想象出所描述的实际物体；想象出物体的方位和相互之间的位置关系；描述图形的运动和变化；依据语言的描述画出图形等。

几何直观主要是指利用图形描述和分析问题。借助几何直观可以把复杂的数学问题变得简明、形象，有助于探索解决问题的思路，预测结果。几何直观可以帮助学生直观地理解数学，在整个数学学习过程中都发挥着重要作用。

数据分析观念包括：了解在现实生活中有许多问题应当先做调查研究，收集数据，通过分析做出判断，体会数据中蕴涵着信息；了解对于同样的数据可以有多种分析的方法，需要根据问题的背景选择合适的方法；通过数据分析体验随机性，一方面对于同样的事情每次收集到的数据可能不同，另一方面只要有足够的数据就可能从中发现规律。数据分析是统计的核心。

运算能力主要是指能够根据法则和运算律正确地进行运算的能力。培养运算能力有助于学生理解运算的算理，寻求合理简洁的运算途径解决问题。

推理能力的发展应贯穿在整个数学学习过程中。推理是数学的基本思维方式，也是人们学习和生活中经常使用的思维方式。推理一般包括合情推理和演绎推理，合情推理是从已有的事实出发，凭借经验和直觉，通过归纳和类比等推断某些结果；演绎推理是从已有的事实（包括定义、公理、定理等）和确定的规则（包括运算的定义、法则、顺序等）出发，按照逻辑推理的法则证明和计算。在解决问题的过程中，合情推理用于探索思路，发现结论；演绎推理用于证明结论。

模型思想的建立是学生体会和理解数学与外部世界联系的基本途径。建立和求解模型的过程包括：从现实生活或具体情境中抽象出数学问题，用数学符号建立方程、不等式、函数等表示数学问题中的数量关系和变化规律，求出结果并讨论结果的意义。这些内容的学习有助于学生初步形成模型思想，提高学习数学的兴趣和应用意识。

数学思想方法是对数学知识的本质认识，是从某些具体的数学内容和对数学的认识过程中提炼上升的数学观点，以及从数学的角度提出问题、解决问题的过程中所采用的各种方式、手段、途径。

陈述数学思考目标时，需要运用以下行为动词，界定如下。

经历（感受、尝试）：在特定的数学活动中，获得一些感性认识。如尝试发现和提出问题。

体验（体会）：参与特定的数学活动，主动认识或验证对象的特征，获得一些经验。如结合具体情境，体会有理数加减法的意义。

探索：独立或与他人合作参与特定的数学活动，理解或提出问题，寻求解决问题的思路，发现对象的特征及其与相关对象的区别和联系，获得一定的理性认识。如探索平行四边形的判定条件。

对于数学思考目标，要结合数学内容、教学过程及上述行为动词加以叙写。

3）问题解决

问题解决是对发现问题、提出问题、分析问题和解决问题，探索创新，交流合作与反思意识方面的要求，包括：增强应用意识，提高实践能力，培养创新意识。问题解决涵盖以下关键词。

应用意识有两个方面的含义，一方面有意识地利用数学的概念、原理和方法解释现实世界中的现象，解决现实世界中的问题；另一方面，认识到现实生活中蕴涵着大量与数量和图形有关的问题，这些问题可以抽象成数学问题，用数学的方法予以解决。在整个数学教育的过程中都应该培养学生的应用意识，综合实践活动是培养应用意识很好的载体。

创新意识的培养是现代数学教育的基本任务，应体现在数学教与学的过程之中。学生自己发现和提出问题是创新的基础；独立思考、学会思考是创新的核心；归纳概括得到猜想和规律，并加以验证，是创新的重要方法。创新意识的培养应该从义务教育阶段做起，贯穿数学教育的始终。

陈述问题解决目标时，要运用相关的行为动词：经历、感受、尝试、初步学会、初步形成；体验、体会；探索、发现、综合运用、掌握。对于问题解决目标，要结合数学内容、教学过程以及上述行为动词加以叙写。

4）情感态度

情感态度刻画学生在数学学习活动过程中的情绪体验，对数学活动、数学对象的心理倾向，以及对数学的总体看法与基本信念，包括形成数学的好奇心、数学学习信心、数学学习习惯、科学态度与全面的数学观等。

陈述情感态度目标时，要注意运用行为动词：经历、感受；体验、体会；感悟。情感态度目标，要结合数学内容、教学过程以及相应的行为动词加以叙写。由于情感态度与价值观属于内隐知识，无法通过传授直接获得，只能结合具体学习过程获得，通过内心的感受过程间接获得。所以，教师在设计教学过程时，应以知识技能为基础，以数学思考与问题解决为途径，在引导学生参与数学学习活动的过程中，为其情感态度的发展创设适宜的环境，把知识技能的学习、思想方法的感悟、思维能力的培养提升与情感态度的潜移默化结合起来。

需要注意的是，教学目标的确立还与数学内容的组织以及学生的已有知识经验密切相关。

二、数学教学内容分析

钻研、梳理教材，就是数学教学内容分析。教材，是教师“教”和学生“学”的重要资源，是用于教学的一切载体，包括教科书、教学辅助材料。教师“用教材教”，但不是“教教材”。为此，教师要以课程内容的创造性使用为前提，深度开发教材资源，实现教材功能的优化。这就需要对教学内容进行全面分析。

数学教学内容分析，有三个层次。一是内容背景分析：了解数学知识产生的背景、展开主线、与其他学科及现实世界的联系，特别要关注数学知识与学生现实经验的联系，深入挖掘数学教育价值。二是基本要求分析：理清数学内容蕴涵的思想方法、基础知识的深广度、基本技能的水平及数学能力发展的侧重点等；三是结构系统分析：了解教材内容知识结构（整体结构与章节结构），弄清本课内容与相关内容的上、下位或并列关系。要注意结构系统中的基本理论及其内蕴的通性和通法；明确一节课的主攻方向以及教学中的困难所在。因内容背景分析与创设数学教学情境联系紧密，放在后面探讨，本节仅讨论对教学内容的基本要求分析、结构系统分析与重点难点分析。

（一）分析数学思想方法

《普通高中数学课程标准（实验）》指出，理解基本的数学概念、数学结论的本质，了解概念、结论等产生的背景、应用，体会其中所蕴涵的数学思想和方法，以及它们在后续学习中的作用。《义务教育数学课程标准（2011 年版）》提出，获得适应社会生活和进一步发展所必需的数学的基础知识、基本技能、基本思想、基本活动经验。因而，分析教材蕴涵的数学思想方法是研究教材的重要工作。

数学思想是对数学知识、数学规律的理性认识，是从某些具体的数学内容和对数学的认识过程中提炼上升的数学观点，带有普遍的指导意义，是建构数学和用数学解决问题的指导思想。例如：化归思想、模型思想、极限思想、随机思想、最优化思想、函数与方程思想等。数学方法是从数学的角度提出问题、解决问题的过程中所采用的各种方式、手段、途径。因此，数学思想与数学方法有区别，但也有联系。数学思想的具体运用成为方法，将数学方法抽象概括成策略性的原理就是数学思想。从宏观到微观，可以将数学思想方法分为：基本和重大的数学思想方法、与一般科学方法相应的数学方法、数学中特有的方法、中学数学解题方法。四种划分之间不存在明显的界限，一般统称为数学思想方法。

数学思想方法属于策略性知识，寓于具体数学知识之中，研究教材时，要深入分析教材，理清教材内容展开的线索，挖掘教材内在的数学思想和方法。

例如，《函数的单调性》内容的展开脉络如下。

● 借助图像直观感知函数图像的上升或下降，把图像的升降特点精致为函数值随自变量的变化而增大或减小的情况；

● 具体考察某一段上升或下降的函数图像：自变量变化特点、函数值变化特点、自变量变化与函数值变化之间的关联——同步增减或反向增减；

● 将某一区间自变量的变化与函数值的变化之间的关联用语言描述，再用数学符号加以刻画；

● 提出函数单调性、增减函数的概念；

● 利用图像判断、利用解析式证明函数的单调性。

因此，《函数的单调性》的教学需要渗透并揭示数形结合的思想——图形的直观启示与符号的逻辑抽象之间的转换与互译，或者说是数学的图形语言、文字语言与符号语言之间的转换。具体的方法涉及比较法、恒等变形。

例如，《消元法（解二元一次方程组）》蕴涵的数学思想方法分析如下。

● 消元法的本质在于通过消元减少未知数，把二元一次方程组化为已学过、能解决的一元一次方程；

● 消元法作为一种数学方法，要求学生掌握一定的程式或步骤，其中关键的知识点和方法是：通过恒等变形，利用代入消元法与加减消元法解决问题；

● 消元法实质是运用化归思想解方程（组），揭示了方程组（高维）与方程（低维）之间的转化联系：运用消元法化二元一次方程组为一元一次方程。

因此，《消元法（解二元一次方程组）》的教学需要渗透、揭示的数学思想方法是化归思想；具体的方法是代入消元法、加减消元法。

数学思想方法的“渗透”“提炼与揭示”，是指教学设计时对数学思想方法的把握。对数学思想方法的处理，一是渗透，二是提炼并揭示。如果学生对某一数学思想方法有了较丰富的感知，教学时应对其加以揭示，明确告知学生；如果学生对某一数学思想方法感知不多或该思想方法比较抽象，晦涩难懂，则教学时应择机渗透，体现对其的分析，突出实质。

（二）分析基础知识、基本技能的深广度

教材中基础知识、基本技能的深广度一般通过例题、习题得以折射，而且例题、习题反映了学生应达到的知识技能要求。因此，分析教学内容时，需要深入分析例题与习题的深度、广度。

1. 例题、习题的作用

钟善基把中学数学的例题、习题，按其作用分为七类：①单纯用于学生明确与巩固新学习概念的本质属性和命题中的条件、结论的题目；②单纯用于学生熟悉新学习的公式、法则、作图法的使用对象与使用条件以及运用技能的题目；③单纯用于学生运用新学到的概念、公式以及命题的论证题；④新旧知识结合运用的论证题；⑤新旧知识结合运用的计算题和作图题；⑥综合运用各种知识进行解答的题目；⑦为后继新课教学做准备的题目。

例题还可以成为引入新知识的具体实例，或者成为新知识展开的隐含线索，或者成为新知识的一部分。例如，北师大版普通高中课程标准实验教科书数学 4（必修）第三章三角恒等变形§2 二倍角的三角函数例 5 利用二倍角公式证明：

$$\sin\frac{\alpha}{2}=\pm\sqrt{\frac{1-\cos\alpha}{2}};\cos\frac{\alpha}{2}=\pm\sqrt{\frac{1+\cos\alpha}{2}};\tan\frac{\alpha}{2}=\pm\sqrt{\frac{1-\cos\alpha}{1+\cos\alpha}}=\frac{\sin\alpha}{1+\cos\alpha}=\frac{1-\cos\alpha}{\sin\alpha}$$

就体现了知识展开的脉络。

习题往往还体现为课本内容的延伸与拓展，对于发展学生的探究能力有重要作用。例如，人教版义务教育课程标准实验教科书《数学（九年级·上册）》第二十二章一元二次方程 22.1（一元二次方程）习题 22.1 拓展探索第 8 题与第 9 题如下。

8. 你能想出下列方程的根吗？若能，写出方程的根，并说出你是怎样想出的。

（1）$(x-2)^2=1$；（2）$9(x-2)^2=1$；（3）$x^2+2x+1=0$；（4）$x^2-6x+9=0$。

9. 如果 2 是方程 $x^2-c=0$ 的一个根，那么常数 c 是几？你能得出这个方程的其他根吗？

2. 例题、习题的研究

学生通过学得和习得掌握知识。因此，例题、习题就成为教师了解、掌握学生学习情况的一把尺子。用好这把尺子，要求教师认真研究教科书中的例题、习题，将教材中的全部例题、习题演算一遍，细心体会每一道例题与习题的目的、作用与要求，探讨每一道例题、习题的背景和最优解法。

研究例题、习题，要将其置于数学学习的整体过程加以考察，让例题、习题变得立体丰盈，充满灵动。研究习题有助于实现以下目的。

（1）把握习题目的要求。教科书习题有三类：练习——围绕新课内容，突出说明新概念的实质和直接应用新知识进行解答的题目，目的是让学生切实理解与掌握数学基础知识，初步获得运用新知识的基本技能；习题——突出“双基”，目的是让学生巩固所学的基础知识，能熟练应用这些知识解题并形成一定的技巧，体现对基本概念、基本定

理、基本方法的应用；复习题——比前两类习题涉及的知识面更广、更富于变化，带有一定的灵活性、技巧性、综合性，目的是让学生进一步掌握所学知识，发展其运算能力、思维能力与空间想象能力，以及灵活运用知识的能力。研究习题时，要注意具体要求、解题关键、解题技巧，要分析哪些是学生可以独立完成的，哪些需教师启发，哪些应选作例题讲解示范。

（2）明确习题重点。研究习题，既应考虑对课堂学习的巩固，也应顾及对课堂学习的反馈。选题要典型、有代表性、突出重点。习题内容兼顾基础性与发展性，将基础知识、基本技能的巩固与思维能力的发展放在重要位置。

（3）确定习题解答方式。教师应研究习题的处理方式，使学生能够用不同的方式进行解答：口答、板演、复习提问、书面作业，自学阅读、独立探究、思考讨论、小组合作等。

（4）衡量习题分量。对于课堂作业、课外作业，都应严格控制数量，以保证学生在一定的时间内能够完成，为学生的理解与思考留下空间。对不同学习能力的学生可设立选做题，以满足不同的需要。

（5）研究作业的度。要注意习题设置的层次性、多样性，做到“五留五不留”：留适时适量的作业、留自主性作业、留选择性作业、留实践性作业、留养成性作业；不留超时超量作业、不留节日作业、不留机械重复性作业、不留随意性作业、不留惩罚性作业。

（6）优化作业设计。最大限度地丰富学生的课余生活，发展学生的个性。

此外，还要根据课标和学生的需要自编、改编或选编一些题目，尤其是自编一些过渡题、引申题、关联题和综合题。

（三）分析数学应用、创新意识培养的切入点

教科书中的例题、习题刻画的是对学生基础知识、基本技能的要求。而数学思维能力，尤其是数学的应用意识与创新意识的培养载体，却更多地隐含在教科书内容的编排脉络中。为此，《普通高中数学课程标准（实验）》提出：“发展学生的数学应用意识——高中数学课程应提供基本内容的实际背景，反映数学的应用价值。高中数学课程应力求使学生体验数学在解决实际问题中的作用、数学与日常生活及其他学科的联系，促进学生逐步形成和发展数学应用意识，提高实践能力。”《义务教育数学课程标准（2011 年版）》提出，体会数学知识之间、数学与其他学科之间、数学与生活之间的联系，运用数学的思维方式进行思考，增强发现和提出问题的能力、分析和解决问题的能力；了解数学的价值，提高学习数学的兴趣，增强学好数学的信心，养成良好的学习习惯，具有初步的创新意识和科学态度。进而从问题解决侧面进一步强调，初步学会从数学的角度发现问题和提出问题，综合运用数学知识解决简单的实际问题，增强应用意识，提高实践能力；获得分析问题和解决问题的一些基本方法，体验解决问题方法的多样性，发展创新意识。

1. 探寻培养数学应用意识与能力的平台

学校数学来自现实世界，并应用于现实世界；学生要借助熟悉的现实世界探索、发现数学结论。因此，在教材分析的过程中，要着意挖掘各种有利于培养学生数学应用意识、数学应用能力的资源。实验教材在编写过程中要特别注意学生的生活经验，关注现实世界中的问题，从现实世界中引入新知，使抽象的数学知识具有丰富的现实背景，努力提供生动、活泼、“生活中的数学”的现行材料与环境。

以北师大版普通高中课程标准实验教科书数学（必修1）为例，教科书在每一节都渗透了数学应用，专门设立“函数的应用”章节，凸显数学建模——§2 实际问题的函数建模，设置：实际问题的函数刻画；用函数模型解决实际问题　函数建模实例：怎样烧开水最省燃气以及“课题学习：个人所得税的计算”和“探究活动：同种商品不同型号的价格问题”。以第二章函数为例，前三节有着大量和现实世界密切联系的问题（表3-2）。因此，应在学习、钻研教材的基础上，将学生学习与现实世界相联系，让学生交流生活中遇到的“实实在在的数学”；使用教材时，不拘泥于教材中呈现的具体素材，根据学生实际和教学需要，挖掘学生身边的数学资源。通过诸如设计生活水平调查“对照恩格尔系数表，了解家庭生活水平”的数学活动，让学生尝试从数学的角度观察、思考、分析并解决问题，进而获得用数学知识成功解决实际问题的喜悦，提升数学应用意识。

表 3-2　数学应用与现实世界的联系

节次	现实问题的背景
§1 生活中的变量关系	高速公路里程、汽车行驶、储油罐、电器销售、电梯乘坐、调制糖水、地球绕太阳公转、抛铅球、水文观测、十字路口汽车流量、物理与化学中的函数例子、生活中函数实例
§2 对函数的进一步认识	热力学温度、不同气压下水的沸点、匀速直线运动、海拔与气温、灌溉渠的面积与水深、一天昼夜温度的变化、心电图、信函邮寄计费、物体运动、数学测试选择题答案、入学考试某试题的分数、班级同学与姓名的对应、国家与首都的对应、班级同学与体重的对应、班级同学与出勤的对应、新药试验、煤气使用情况、长途电话自动网、出租车计费、生活中的映射、书的条形码、长途电话区号、学生与学号、学生与身高、DNA 及指纹检测
§3 函数的单调性	非典新增病例变化统计图、喷水池的水流规律

2. 挖掘促进探究与创新意识形成的载体

《普通高中数学课程标准（实验）》强调，高中数学课程设立数学探究等学习活动，为学生形成积极主动的、多样的学习方式进一步创造有利的条件，以激发学生的数学学习兴趣，鼓励学生在学习过程中，养成独立思考、积极探索的习惯。高中数学课程应力求通过各种不同形式的自主学习、探究活动，让学生体验数学发现和创造的历程，发展他们的创新意识。《义务教育数学课程标准（2011年版）》强调，除接受学习外，动手实践、自主探索与合作交流同样是学习数学的重要方式；学生应当有足够的时间和空间经历观察、实验、猜测、计算、推理、验证等活动过程。

高中数学课程标准实验教科书专门设立探究性课题学习。北师大版普通高中课程标准实验教科书数学1（必修）设立了“课题学习：个人所得税的计算”和“探究活动：同种商品不同型号的价格问题”。义务教育数学课程则设立“综合与实践”领域，如人教版义务教育课程标准实验教科书数学（七年级·下册）每一章都设立了数学活动、课题学习，或实验与探究栏目。分析教材内容时，要用心揣摩数学内容的呈现方式，深入探讨数学内容的逻辑关联，将逻辑线索与学生探究线索相比照，引导学生将某些数学结果推广、深化，或者考察不同数学内容的联系与类比。

挖掘促进学生探究、创新意识养成的载体，一是要从教材提供的案例和背景材料中发现和建构数学探究课题。例如，立体几何初步，可以以教室空间的点、线、面关系为载体，引导学生在直观感知的基础上，探究空间点、线、面的位置关系与度量关系。这种水平的数学化——由现实原型逐步过渡到数学模型（数学概念、数学原理）的过程，应该成为学生探究性课题学习的主要形式。二是要从教材设置的启发性、挑战性问题中发现和建构数学探究课题。三是要在知识的运用与巩固环节，设置数学联结探究问题。如，为强化一元二次方程判别式、根与系数关系的应用，设计一题多解探究课题：①已知 $x^2-6x+m=0$ 的一个根为 -4，求另一个根及 m 的值；②已知 $\alpha^4+\alpha^2-1=0$，$\beta^2+\beta-1=0$ $(\alpha^2\neq\beta)$，求 $\beta-\alpha^2$ 的值；③ k 取何值时，一元二次方程 $2x^2-(4k+1)x+(2k^2-1)=0$ 有两个不相等的实根、两个相等的实根、没有实根；④若二次函数 $y=2x^2-(4k+1)x+(2k^2-1)$ 的图像与 x 轴的两个交点在原点的同侧，试求 k 的值。这样将一元二次方程根的判别式及三个等价关系、根与系数的关系、两根同号与异号应具备的条件串在一起，强化了知识联系。探究活动结束时，要设置总结内容（运用波利亚的元认知提问），提升学生探究能力，促进创新意识。

（四）分析数学内容的重构过程

荷兰著名数学家、数学教育家弗赖登塔尔曾说过，没有一种数学思想如当初刚被发现时那样发表出来。一旦问题解决了，思考的程序便颠倒过来，把火热的思考变成冰冷的美丽。《普通高中数学课程标准（实验）》指出，高中数学课程应该返璞归真，努力揭示数学概念、法则、结论的发展过程和本质。通过典型例子的分析和学生自主探索活动，使学生理解数学概念、结论逐步形成的过程，体会蕴涵在其中的思想方法，追寻数学发展的历史足迹，把数学的学术形态转化为学生易于接受的教育形态。《义务教育数学课程标准（2011 年版）》强调，课程内容不仅包括数学的结果，也包括数学结果的形成过程和蕴涵的数学思想方法。课程内容的选择要贴近学生的实际，有利于学生体验与理解、思考与探索。课程内容的组织要重视过程，处理好过程与结果的关系；要重视直观，处理好直观与抽象的关系；要重视直接经验，处理好直接经验与间接经验的关系。

张奠宙指出："我们主张火热的思考，正是为了欣赏冰冷的形式化美丽。我们要研究的是如何在冰冷的美丽与火热的思考之间找到平衡点，做到既有形式的表达更有火热的思考。"如果把数学本质看成一枚硬币，演绎性，即"形式化"是其一面；经验性，即蕴涵思维活动的"经验化"是另一面。因此，分析数学内容就是要探找冰冷的美丽——数学的形式化表达（学术形态），与火热的思考——数学的经验化思考（教育形态）之间的平衡点：重构数学知识的形成过程。

北师大版普通高中课程标准实验教科书数学 1（必修）第三章指数函数与对数函数§4 对数 4.1 对数及其运算（第一课时），教材内容按如下步骤呈现。

（1）创设现实情境——提出问题：2000 年我国国民经济生产总值为 a 亿元，如果按平均每年增长 8.2%估计，那么经过多少年国民经济生产总值是 2000 年的 2 倍。假设经过 x 年能达到要求，则问题化为如何求方程 $1.082^x = 2$。我们经常遇到这类已知底数和幂的值，求指数的问题，这就是本节要学习的对数问题。

（2）直截了当定义对数，并结合指数函数的值域、单调性说明 $\log_a N$ 是唯一的。

（3）探究指数式与对数式的关系、对数的性质。

（4）介绍常用对数、自然对数。

（5）变式训练巩固对数：指数式与对数式的互化、求对数式的值。

本节课教学目标是：经历由指数得到对数的过程，理解对数的概念；熟练地进行对数式与指数式的互换。按照课内容的呈现方式进行教学，能否实现"理解对数概念"的目标呢？实现这个目标，要解决两个问题：一是为什么要学习对数？二是如何引入对数？课本情境引出的是指数方程，为了求解指数方程引入新知识：对数。因此，课本情境偏离了教学目标，仅起到引入新课的作用，没能在整个学习过程中起到激发、推动、维持、调整学生的认知情感和实践活动的作用。

怎样才能让学生理解引入对数的必要性？这需要追溯数学发展的历史长河，追寻数学家探索对数问题的火热思考。16 世纪前半叶，欧洲人像印度人和阿拉伯人一样，把实用的算术计算放在数学的首位。为了简化天文、航海方面所遇到的繁杂数值计算，试图将乘除法归结为加减法。德国数学家 Stifel（约 1487～1567）已经认识对数的基本思想，他在《整数算术》（1544）中指出几何级数：1，r，r^2，r^3 …的各项与其指数所构成的算术级数 0，1，2，3，…的各项互相对应：几何级数中两项相乘得出的项，它的指数等于算术级数中相应两项之和；几何级数中两项相除得出的项，其指数等于算术级数中相应两项之差。但 Stifel 没有利用两数列间的这一联系引进对数。苏格兰人 Napier（1550～1617）在 1594 年左右、瑞士钟表匠 Bürgi（1552～1632）在 1600 年左右发明对数的时候就受到了几何级数的项和算术级数的项之间的这种对应关系的启发。

基于历史分析，对于本节内容的设计可以按下述环节重构。

（1）创设来源于数学内部的情境——给出如下两个对应的数列。

b	1	2	3	4	5	6	7	8	9	10	11	12	13	…
N	2	4	8	16	32	64	128	256	512	1024	2048	4096	8192	…

引导学生依次探索下述问题。

（i）能找出两个数列之间的对应关系吗？（引导观察、概括出对应关系 $N = 2^b$。）

（ii）根据对应关系 $N = 2^b$，你能提出几个数学问题？（激发问题意识，提出两类问题：已知 b 求 N 和已知 N 求 b。）

（iii）在实际生活中，你能找到类似的问题吗？（为本课内容提供现实背景，建立与学生已有知识经验的联系。）

（2）引导学生建构新的运算——主动创造新的运算。

（i）新运算与指数运算密切相关，两者的关系是什么？（在给定 a 的条件下，已知 b 求 N 和已知 N 求 b 是一对互逆的运算；从对应关系分析，在给定 a 的条件下，指数运

算是从 b 到 N 的一个对应关系，新运算是从 N 到 b 的一个逆对应。）

（ii）指数运算中规定底数 $a>0$ 且 $a\neq1$，因而在新运算中也沿用这一规定。（引导探讨为什么能够沿用这一规定。一方面，对于 $N\in\mathbf{R}$，是否都有 b 与之对应？另一方面，若存在 b 与之对应，这样的 b 唯一吗？借助于指数函数的图像进行分析，得出：对于 $N\in\mathbf{R}^+$，都有唯一的 b 与之对应。从而得到：将要定义的新运算是可行的，由于逆运算是一种逆对应关系，不妨称新运算为对数运算。）

（iii）科学地创设对数运算的符号。

浅层模仿。模仿算术运算，创造一个运算符号“Θ”表示对数运算。这样，对数运算就可以表示为 $b=a\Theta N$ 或 $b=N\Theta a$。（以数学史为教学的指南。奥地利数学家 Stolz 等曾用 $N\log a$ 表示以 a 为底 N 的对数。）

深层剖析。（以学习历程为指南。逆运算的符号之间总有相似之处，如（+，−）、（×，÷。）因此，作为对数运算的符号，应该与指数运算 a^b 有相近之处，但不能写成 a^N，否则容易误解。于是，创造出符号 aN，其中 a 是下标。但 a^N 与 aN 容易混淆，为了凸显指数运算与对数运算的对应特性，借助函数的英文单词表述：人们用 $\exp a^b$ 表示指数运算，因而用 $\log a^N$ 表示对数运算。）

（3）定义对数与对数运算。

（4）创新体验。重新审视课题引入时的两个数列，利用数列的对应关系，归纳发现对数的性质：

b	1	2	3	4	5	6	7	8	9	10	11	12	13	…
N	2	4	8	16	32	64	128	256	512	1024	2048	4096	8192	…

这两行数字，第一行表示 2 的指数，第二行表示 2 的对应幂。引入对数后，第二行表示真数，第一行表示以 2 为底的真数的对数。如果要计算第二行中两个真数的乘积，可以通过第一行对应的对数之和来实现。如计算 32×256，先计算 $\log_2 32+\log_2 256=5+8=13$，第一行中 13 对应第二行中的 8192，于是 $32\times256=8192$。

（5）对数内容蕴涵的数学思想。其一，算法思想——高中数学课程的一条重要线索；其二，化归思想——RMI 原则。

实现数学知识的学术形态向教育形态的转换，关注火热的思考与冰冷的美丽的平衡，兼顾数学的形式化与经验化的侧面，目的在于帮助学生建构对数学的本质理解。以经验化、火热的思考、教育形态作支撑，学生才能理解数学的形式化，才能欣赏数学冰冷的美丽，才能把握数学知识的学术形态，才能真正理解数学的本质。

（五）分析教学重点、难点和关键

教学过程充满着节奏与韵律，节奏的形成与韵律的产生与教学内容中的重点与难点密切相关。学生在教师引导下平缓地由情境走入数学，紧张地建构数学的意义和内容之间的联系，舒缓地反思、总结、梳理知识的产生过程，并强调重点，使得教学活动的推进呈现一种灵动的美。

分析数学教学内容，要根据教材地位、作用与教学目标，确定一堂课的重点所在。

确立了重点，才能明确教学的主攻方向，使教学更加系统、科学。所谓重点，就是教材中贯穿全局，带动全面，起核心作用之点，它由教材内容在知识结构中的地位、作用确定。首先，确立重点应“由大到小、由粗到细”。例如在“三角恒等变形”这一章中，第一节“两角和与差的三角函数”是重点，第一节中 1.1“两角差的余弦函数”是重点，1.1 中“两角差的余弦公式的推导”是重点。这样层层分析，就使重点更加明确，便于教学时掌握。其次，判断数学内容的地位与作用时，可从这样几个方面来考虑：相对于教材的有关部分来说，它是不是核心，是不是以后学习的基础，是不是有广泛的应用？如果上述三个方面至少有一个是肯定的，那该内容就是重点。通常教材中概念的定义，定理、公式、法则及其推导和运用，各种技能的培养和训练，解题的要领和方法，图的制作与描绘，都有可能确立为重点。备课时，重点内容重点备——花时间、精力重点研究，剖析重点内容的来龙去脉；重点内容反复备——在反复备课中加深体验，进一步吃透重点内容；重点内容联系备——挖掘重点内容与相关知识的联系，全方位审视重点内容；重点内容渗透备——重点内容最初出现在某个章节里，但在其他章节往往有进一步的应用，要渗透这种应用；重点内容集体备——集思广益，对重点内容的教学全面把握；重点内容创新备——学习他人，创新提升。

分析数学教学内容时，还应根据内容的前后联系、教学目标和学生实际，确定一堂课的难点所在。难点指学生接受起来比较困难的知识点，即是教材中理解、掌握或运用上的困难之处。难点由学生的已有水平和新内容要求的水平决定。对于中学数学整体而言，学生的数学学习存在五个认识上的难关：一是算术向代数的过渡；二是代数到几何的过渡；三是常量数学向变量数学的过渡；四是有限到无限的过渡；五是必然向随机的过渡。这些难关既有新知识的引入，又有思维方法的转变，更有新观点的形成。对于中学数学具体内容来说，凡是知识比较抽象，结构比较复杂，本质属性比较隐蔽，需要用新观点和新方法处理的内容都是难点。例如，函数概念、复数等都是难点。突破难点的主要方法是分散难点，各个击破。一是找寻难点内容的生长点。难点往往与学生已有知识经验的联系比较隐蔽。二是利用多元表征呈现难点。难点主要以抽象的符号、晦涩的文字表征为主。因而寻求难点内容的视觉化表征：情境、操作、模型、图形、图表等，激活学生已有经验，成为化解难点的有效手段。三是采用形式多样的练习突破难点。

需要注意的是，教材中的重点内容与难点内容未必重合：有的既是重点又是难点，这就要精心设计，力求突出重点的同时，突破难点；有的是重点但并不困难，注意知识衔接过渡即可；有的是难点但不是重点，同样要充分注意。

突出重点，突破难点所涉及的核心内容，就是关键——对掌握某一部分知识或解决某一个问题能起决定性作用的内容。掌握了这部分知识，整个问题就迎刃而解。例如，证明两角差的余弦公式，若采用两点之间的距离公式推证，则熟悉单位圆上点的直角坐标表示是关键；若采用向量法推证，则揭示向量的数量积所蕴涵的角的余弦关系是关键。

三、数学教学学情分析

分析学生情况，是为了找准教学的出发点，从而预测他们在学习过程中可能遇到的困难，在知识技能方面可能存在的缺陷，为教学方法的选择提供依据。

研究学情可以从五个方面着手。一是分析学生的知识技能与能力水平。了解学生对已学基础知识的掌握与基本技能的熟练程度，特别是与新学内容直接相关的部分更应细致分析。二是了解学生的个性特征与思维特点。调查学生对待数学课的态度和个性特点，班级整体的学习水平、思维活跃状况，学生数学学习的个体差异等等。三是分析学生的学习动机。利用“预习卡”调查学生的学习需求，并依学生个性特点与认知水平确定教学目标。四是调查学生的学习资源。凡能与学生的学习建立联系，并以适合的方式开展学习的一切有价值的信息，都是学习资源。五是研究学生的学习方式。了解学生的学习风格，丰富其学习方式：有意义的接受学习、有意义的发现学习；独立探索、小组合作；阅读自学、集体讲授；听课模仿、应用创新等。

学生的基本状况是教学工作的出发点，了解学情才可能建构以学生为本的课堂学习活动，才能激发学生的学习动机，把握学生的认知冲突，关注学生的个体差异，将学生视为课程资源，进行有效教学。

四、数学教学教案编写

分析目标、任务、学情之后，就进入教案编写环节了。教案编写要兼顾长期目标、中期目标与短期目标，因而要遵循“由大到小、由粗到细”的原则。“由大到小”指先备学期，再备单元，最后备课时，编写课时教案。“由粗到细”指备课的深度，即钻研教材至少三次：开学前通读教材（粗读）；重读一个单元（细读）；再研读一节课（精读）。学期教学计划、单元教学计划、教案编写则是“由大到小、由粗到细”备课过程三个不同阶段的对应物。

学期教学计划，是一学期教学进度表（包括考试、考查），主要依据课标编写，也可体现各校数学备课组的现实要求。学期进度表一般包括进度安排与说明：

周次	日期	教学内容	执行情况	说明

表中的“教学内容”，应尽量详细列出每一节的课题（或复习、测验、考试、讲评等），标明章节页码。新教师应按课时顺序一节一节在进度表上编写授课题材，这样就对将要开展的教学工作成竹在胸。教学进度表可以粘贴在备课本的扉页上。“执行情况”栏简要填写教学任务的完成情况，以及教学反思。在“说明”部分，须指出所制定的计划的特点，哪些地方与课标要求不一致，并说明原因。同时，对差生的补课与优生的指导也应在该栏目简要地做出规划。

单元教学计划，是在学期教学计划的基础上，将各个单元的教学安排进一步具体化。集体备课体现在这一环节，主要讨论、计划某一单元划分几个课时，总体要求是什么，补充什么例题、习题及单元测验等。在完成学期计划的前提下，允许在单元计划中采取不同的处理方法，如单元教学法。

教案编写实际上是课时教学计划的制订与编写，基本程序如图 3-4。教案要反映通过教学要达到的目标、实现目标的步骤以及是否实现目标的评价，主要包括两项内容：一是说明这堂课的目标要求，二是拟订教学过程中各个环节的推进计划。教案的最后可以记录教学反思——记载这堂课的教学经验与问题。教案编写好之后，在上课之前可以按照教案进行试讲，必要时请有经验的教师给予指导。

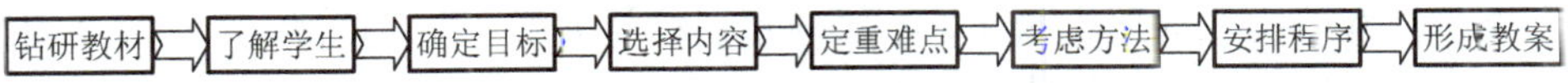

图 3-4　教案编写基本程序

由于前面已讨论教学目标、教学内容、学生分析，所以下面简要探讨怎样选择教学方法与手段，以及如何安排教学过程。

（一）教学方法、手段的选择

在数学教学情境中，教师要依据教学目标、教学内容、学生认知水平与教学环境，将不同的教学方法整合成一定的教学模式，达成理想的教学效果。从诸多的数学教学方法中遴选可能获得最佳教学效果的方法，应遵循一定的策略：一要有助于教师整体把握；二要有助于教师实际操作。具体要考虑数学教学的目标；数学内容的特点；数学教学环境；学生学习的准备状态；教师的素养条件；数学教学方法的功能、适用范围和使用要求等。对于教学方法的选择，巴班斯基强调，在教学过程中，应当更好地注意把各种教学方法——口述法、直观法和实践法，复现法和探究法，归纳法和演绎法，在教师领导下独立钻研的方法，刺激学习的方法，以及考查和自我检查的方法有效地结合起来；在选择方法时，应当广泛地利用教学的技术手段、直观教具、实验室仪器、教学分发材料、学习玩具等；需要把全班的、小组的和个别的教学组织形式很好地结合起来。

由于教师的课堂行为包括呈示、对话与指导，因而可以依据这三类行为将数学教学方法加以分类。与“呈示”对应的教学方法：讲授、直观演示、实践操作等；与“对话”对应的教学方法：谈话法、讨论法等；与“指导”对应的教学方法：自学辅导、发现法、问题教学法等。这样，就可以根据教师主要教学行为的转换而选择相应的教学方法，并组合为一定的教学模式。

此外，选择数学教学方法还要考虑以下问题。一是要确立“教是为了不教”的基本观念。在运用呈示类教学方法时，要重视启发、诱导；在运用对话类教学方法时，要给予学生充分的话语机会与话语空间；在运用指导类教学方法时，要让学生进行自主学习、合作学习与探究学习。二是要与学生的学习方法相结合。教学方法包括教师教的方法和学生学的方法，教师要以教学方式的转变促进学生学习方式的完善。三要体现开放性与灵活性。课堂是一个变动不定的复杂场所，充满了不确定性与可变性，教师应根据教学需要和学生实际，恰当地采用呈示性、对话性、指导性等方法，做到兼容并蓄、取长补短。教学设计时要为学生的参与留足时空。

教学手段属于教学的环境条件，指某种物体、工具、材料或媒介，即师生在教学中相互传递信息的工具、媒体或设备。《普通高中数学课程标准（实验）》强调：“高中数学课程应提倡实现信息技术与课程内容的有机整合（把算法融入数学课程的各个相关部分），整合的原则是有利于学生认识数学的本质。高中数学课程应提倡利用信息技术来呈现以往教学中难以呈现的课程内容，在保证笔算训练的前提下，尽可能使用科学型计算器、各种数学教育技术平台，加强数学教学与信息技术的结合，鼓励学生运用计算机、计算器等进行探索和发现。”这为教学手段的现代化指明了方向。

（二）教学过程的预设

数学教材有着内在的逻辑顺序，各部分知识相互关联；学生的学习以已有知识经验为基础，建构新知识的意义与认知结构。因此，预设教学过程就应把教材的逻辑线索与学生的认知过程相结合，使教材的逻辑结构与学生的认知结构相匹配，从而给学生的认知结构进一步丰富的契机。

一节课包含的主要教学活动依次有以下方面：①复习思考。纠正练习中的错误，或巩固前面所学内容，为新知识的引入做准备。基本方式有提问、板演、教师或学生小结。②创设情境。即新课引入：从现实世界——生活、学习、生产、科学实验等情境导入，从数学内部——归纳式导入、演绎式导入、类比式导入、数学文化导入。③探究新课。学习新知，有次序、有层次地深入课题核心，揭示概念、公式、法则、定理的来龙去脉，把握本质、理解数学思想方法、积累数学活动经验。④运用新知。例题、习题的选择与顺序安排。⑤反思小结。总结新课，引导学生反思学习得失、将新知纳入已有认知结构或调整原认知结构以适应新知，突出本节课的重点，概括数学思想方法等。⑥课外延伸。布置书面作业、实践作业、阅读作业等。

预设教学过程，需要斟酌教学内容与处理方式。例如，北师大版普通高中数学课程标准实验教科书数学 2（必修）中，教材扉页、第一章引言、第一章第一节的开场白，为立体几何的入门教学提供了丰富的题材。具体地，教材的扉页：“空间图形欣赏”，包括“神舟”五号发射成功、遨游太空、水立方、卢浮宫、碳 60 分子结构、生物大分子的基石——氨基酸、中华世纪坛、北京西客站、植物园、遗传信息库——DNA 双螺旋结构、居室一、居室二，同时附上一段文字：“一般地说，复杂的空间图形是由近似于柱、锥、台、球等简单的空间图形组成的，请注意上图中这些简单图形所起的作用。”；第一章《立体几何初步》的引言，包括美丽的街头一角、本章的目标要求、数学家陈省身的话；第一节“简单几何体”的开场白：“我们生活空间里有各式各样的几何体，请看下面的图形。”这就要求教师对这些素材进行取舍，并进一步挖掘符合自己设计理念的素材内涵。另外，尽管教材中提供的素材很多，教师需要扩充学生熟悉的生活经验材料，特别是教室、家居、学生活动等。这样才能使教学过程与学生的知识经验尽可能建立联系，帮助他们建构对数学的理解。

第三节　数学教学设计技能练习原则与要点

目标分析、内容分析、学情分析、教案编写是数学教学设计的核心内容。不过，数学教学还受到数学教学传统、一般教学原则的影响，这些影响汇聚为数学教学原则。因而，数学教学原则成为数学教学设计技能练习的基本原则。此外，练好数学教学设计技能还要把握练习要点。

一、数学教学设计技能练习原则

数学是模型，学习数学是学习数学化的过程；数学是形式体系，学习数学是学习形式化的过程；数学是问题解决，学习数学是学习发现、提出、分析和解决数学问题的过程；数学是思维模式，学习数学是学习数学思想方法的过程。因此，数学教学设计要遵循学习数学化原则、适度形式化原则、问题驱动原则、渗透数学思想方法原则。

学习数学化，就是学会用数学的观点考察现实，运用数学的方法解决问题。学习数学化原则，是指教学设计时，要突出所教内容的数学本质，凸显横向数学化或纵向数学化的过程，从而显示课程的数学价值。

形式化是数学的特征，包括符号化、逻辑化、公理化三个层面。适度形式化原则，是指教学设计时，要突出所教内容的数学本质，追求形式化与经验化的平衡，为学生插上“直觉与逻辑”的两翼。

“问题是数学的心脏”，数学问题是数学发展的原始动力。问题驱动原则，指教学设计时，要突出问题引导，设置问题链并使之成为学生学习活动的主线。

数学思想方法是一种隐性的数学知识，要在反复体验和实践中才能逐渐认识、理解，并内化为个体认知结构。渗透数学思想方法原则，指教学设计时，借助数学内容之间的联结、变换，创设学生领会数学思想方法的时空。

二、数学教学设计技能练习要点

数学教学设计技能的练习，需要把握以下要点。

1. 把握教学目标的陈述方法

教学目标陈述模式为教学对象在一定条件下，完成某些行为，达到一定的水平。因此，陈述教学目标，要体现教学目标的四个要素：行为主体——学生；行为动词（了解、理解、掌握、应用；经历、体验、探索等）；行为条件（对学习情境、工具、实践、空间等的规定）；表现程度（行为的速度、准确性、质量）。例如，《长方形的面积》教学目标——知识技能：（学生）能借助透明方格胶片或带有方格的面积图，说明长方形面积等于它的长乘宽的理由；对给出的长方形和实物，能正确计算它们的面积。

2. 把握教材知识结构

数学教科书属于知识中心式中的学术理论浓缩型的教材，其知识体系比较严密。教材知识结构由现实情境、基本概念与基本原理、知识应用、内在联系构成。每节课的知识结构中，有重点学习的内容，也有相对较难的内容。

3. 把握课的结构

课的结构指课的组成及顺序、时间分配，是课堂教学的组织形式。一堂课的组成一般包括：组织教学、复习检查、教学新知、巩固新知、结课五个部分。这五个部分对应于教学过程的感知、理解、巩固、运用、检查的顺序。各组成部分的时间分配在保证完成教学任务完成的前提下，可适当灵活机动。一般地，组织教学 2～3 分钟，复习检查 4～6 分钟，教学新知 20～25 分钟，巩固新知 8～12 分钟，结课 3～5 分钟。

4. 把握教学模式

根据教学内容，可以将数学教学模式分为三类：数学概念教学模式（数学概念的形成、数学概念的同化、数学概念的顺应等教学模式）；数学命题的教学模式（数学公理、定理、公式、法则等教学模式）；数学问题解决的教学模式（通过创设情境，引导学生运用已有知识创造性地解决问题的教学模式）。教学模式是讲授法、讨论法、活动法、发现法、探究法等教学方法的有机组合。

附录 1　（1）数学教学设计一《不等式的应用》

1）教材分析

（1）教材地位和作用。

不等式的应用是《不等关系与基本不等式》一章的重要内容，是中学数学知识的重要交汇点，在高等数学中应用广泛。它以不等式的性质、不等式的解法、均值不等式为基础，与函数、方程等知识相结合，在概括知识体系与培养学生综合运用能力方面有着重要的价值。

（2）教学内容。

不等式的应用是广泛的，一节课不可能全部展开，考虑到均值不等式既是教材的重点又是难点，因此选择利用均值不等式证明不等式与求最值两类问题作为本节的内容。数学知识的应用包括在数学中的应用和在实践中的应用，本节课探讨均值不等式在数学内部的应用，通过对设计的一组问题的探讨、练习与反思，强化均值不等式的运用，从而优化学生不等式运用的知识结构，使有关的基础知识在梳理与应用中得到深化、系统化。

（3）教学重点、难点、关键。

重点：理解均值不等式的应用条件，灵活运用均值不等式；难点：均值不等式应用中的变形与应用条件的检验；关键：引导学生理解变形的目的与实质。

2）教学目标

（1）掌握均值不等式，能根据问题条件的需要灵活运用均值不等式解决相关问题。

（2）通过对相关知识的梳理，以及正例同化与反例顺应，优化认知结构，进一步发展恒等变形与转化化归的能力，发展思维的灵活性与创新性。

（3）经历知识的系统化过程，感受数学知识的内在联系，领悟数学知识的生长规律；经历师生、生生交流、合作与探究、批判与反思，增进理性思维的发展，并获得成功的体验。

3）教学方法

学生已学过不等式的性质、解法、均值不等式，但对知识之间的联系缺乏系统整理，对于均值不等式应用过程中的恒等变形的把握，以及对于应用均值不等式求最值应注意的条件关注不够。因此，本节课采用“教师引导、变式教学”的教学方法，在教学中重点突出以下几个方面。

（1）重视认知结构的优化：通过画均值不等式的概念图，以及对概念图的比较、反思，引导学生将相关知识系统化，增加结点、连线，丰富层次。

（2）通过正例同化与反例顺应，帮助学生调整认知结构；注意将学生的独立思考与探究、交流与反思等探索活动贯穿于课堂教学的全过程，突出学生的主体地位。

（3）采用变式教学——问题变式，通过过程性变式与概念性变式的结合发展学生的数学思维。

4）教学过程

运用“大容量、高密度、快节奏”的复习课模式：将所学内容用一组数学题串起来，由浅入深、层层推进。用十几道数学题，覆盖大片知识点，同时展现数学解题的技巧，使课堂教学充满数学的灵气和魅力。教学的具体环节如下。

（1）揭示知识联系（图 3-5）。

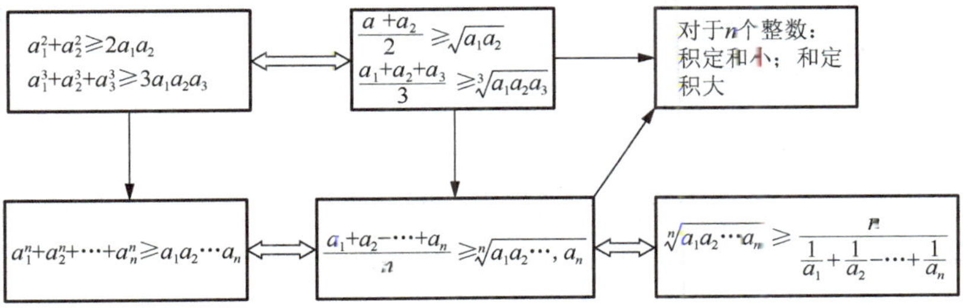

图 3-5　不等式知识联系

学生画均值不等式概念图，并展示，交流讨论，丰富概念图。

（设计意图：引导学生总结梳理与均值不等式相关的知识结构，通过交流讨论，帮助学生完善知识结构。）

（2）通过正例同化。

例 1　如果 $a,b\in\mathbf{R}^+$，且 $a\neq b$。求证：$a^3+b^3>a^2b+ab^2$。

例 2　已知 a,b,c 都是小于 1 的正数，求证 $(1-a)b,(1-b)c,(1-c)a$ 中至少有一个不大于 $\frac{1}{4}$。

（设计意图：利用上述两例，结合一题多解，促进学生加深领会基础知识、基本技能、基本方法，并引导他们把专题知识结构同化到原有的认知结构中去。）

（3）利用反例顺应。

例 3　求 $y=\frac{2}{\sin^2 x}+\frac{8}{\cos^2 x}$ 的最小值。

（设计意图：通过例 3 剖析错解、引出正解的教学策略，把学生置于原有认知结构与新问题矛盾的冲突之中，引导他们顺应新问题、新体会，调整原有认知结构从而达到新平衡。）

（4）运用练习强化。

练习题共三组，每组四道：第一组作为当堂练习，即时讲评；第二组为课堂作业，教师部分口头提示；第三组为自习作业，学生简答思路。

（设计意图：安排难易适当、有梯度的题组，利用变式教学引导学生在完善认知结构的同时回味、消化、强化所学知识。）

5）教学设计反思

上述教学设计，基本符合教学要求、学生实际，反映了新课程的基本理念。而且，教学过程设计比较具体，可操作性强，能保证教学目标的实现。但有两个环节容易产生变数：一是对知识结构梳理；二是利用反例顺应。这两个环节也是引导学生进行高水平认知活动的重要环节，对于学生的不同想法，教师只应引申和明确，不能限制学生的思路，要给教学的动态生成以充分的空间和时间。

（2）数学教学设计二《等比数列的前 n 项和（第 1 课时）》

1）教学目标

（1）理解并掌握等比数列前 n 项和公式的推导过程、公式的特点，在此基础上能初步应用公式解决与之有关的问题。

（2）通过对公式推导方法的探索与发现，领会特殊到一般、类比与转化、分类讨论等数学思想，培养观察、比较、抽象、概括等逻辑思维能力和逆向思维的能力。

（3）通过对公式推导方法的探索与发现，优化思维品质，渗透事物之间等价转化和理论联系实际的辩证唯物主义观点；激发学习数学的积极性，锤炼遇到困难不气馁的坚强意志和勇于创新的精神。

2）学情分析

（1）学生在学习本节内容之前已经学习等差数列，知道等差数列的前 n 项和的公式由来；熟悉等比数列的通项公式，知道等比性质。

（2）学生具备一定的数学思想方法，能够与等差数列的求和公式的推导过程联系，形成类比迁移，而且在情感上也具备了学习新知识的渴求。但是学生对等比数列的前 n 项和的推导方法——错位相减法比较陌生，思维上存在障碍。并且学生考虑事情缺乏全面性，在推导过程中容易忽略公比的情形。

3）教学重点、难点

（1）教学重点：等比数列前 n 项和的公式的推导过程以及应用。

（2）教学难点：等比数列前 n 项和的推导过程中“错位相减法”的发现以及运用；不同推导过程所蕴涵的思想方法的理解。

4）教学方法与手段

（1）教学方法：采用启发和探究-建构教学相结合的教学模式。

（2）教学手段：利用多媒体和 PowerPoint 软件进行辅助教学。

5）教学过程

（1）创设情境，提出问题。

【漫画演示】西游记后传之猪八戒的高老庄——话说猪八戒自从西天取经之后，就回到了高老庄，成立了高老庄集团，自己也摇身一变成了总经理，但是好景不长，他的公司因为经营不善出现了资金短缺，于是他便想向师兄孙悟空借钱。

猪八戒：猴哥，能不能帮帮我？

孙悟空：没问题！我每天给你投资 100 万元，连续一个月（30 天）。

猪八戒：师兄你太好了，那……我何时还你钱？

孙悟空：咱俩谁跟谁呀！我给你投资的钱就不用还了，你就意思意思，第一天给我1元，第二天给我2元，第三天给我4元……以后就每天给我的钱是前一天的两倍，一直给我30天，我们就算两清了，你看如何？

猪八戒：第一天1元换100万元，第二天2元换100万元……哇，发财了！

猪八戒：猴哥，你可别反悔呀！

孙悟空：那……我们可以签一个合同嘛！

说着就起草了一份合同。

猪八戒正想签字，可转念一想，发现不对劲了，这猴哥本来就精明，做了生意之后就更精了，他会不会又在耍我？

此时教师问：同学们，如果你是猪八戒的参谋，你认为他签不签这个合同呢？

教师具体提问：

① 假如你是高老庄集团企划部的高参，请你帮八戒分析一下，按照悟空的投资方式，30天后，八戒能吸纳多少投资？又该返还给悟空多少钱？

② $S_{30}=1+2+2^2+\cdots+2^{29}$（观察数字特征，引出课题）

在教师诱导下，学生根据自己掌握的知识和经验，很快建立起等比数列的数学模型，写出猪八戒应该付出的钱的总数为：$1+2+2^2+\cdots+2^{29}$，并与$100\times10000\times30=3\times10^7$进行比较.带着这样的问题，学生会动手算了起来，他们想到用计算器依次算出各项的值，然后再求和。这时教师对学生的思路给予肯定。

当学生跃跃欲试求这个数列的和的时候，课题的引入水到渠成。教师再由特殊到一般、具体到抽象的启示，正式引入课题“§1.3.2 等比数列的前n项和”。

（2）师生互动，探究问题。

在肯定学生思路后，教师接着问：1，2，2^2，…，2^{29}是什么数列？有何特征？可归结为什么数学问题呢？

探讨1：设$S_{30}=1+2+2^2+\cdots+2^{29}$，记为（1）式，注意观察每一项的特征，有何发现？（学生会发现，后一项都是前一项的2倍）

探讨2：如果把每一项都乘以2，就变成了它的后一项，（1）式两边同乘以2则有，$2S_{30}=2+2^2+2^3+\cdots+2^{30}$，记为（2）式。请比较（1）、（2）两式，你有什么发现？

经过比较、研究，学生发现：（1）、（2）两式有许多相同的项，把两式相减，相同的项就消去了，得到：$S_{30}=2^{30}-1$。教师指出：这就是错位相减法。并要求学生回顾全过程，反思：为什么（1）式两边要同乘以2呢？

然后师生回到故事中的问题，大家可以计算出两种方式猪八戒得到的和应付的钱分别为3.0×10^7和1.07×10^9，显然猪八戒不该签这个合同。

（3）类比联想，解决问题。

教师顺势引导学生将结论一般化，设等比数列$\{a_n\}$的首项为a，公比为q，如何求S_n？这里，让学生自主完成，并叫一名学生上黑板，并对个别学生指导。

在学生探究完成后，计算再问：由$(1-q)S_n=a_1-a_1q^n$得$S_n=\dfrac{a_1-a_1q^n}{1-q}$，对不对？这

里的 q 能不能等于 1？等比数列中的公比能不能为 1？ $q=1$ 时是什么数列？此时 $S_n=?$（这里引导学生对 S_n 进行分类讨论，得出公式，同时为后面的例题教学打下基础。）

再次追问：结合等比数列的通项公式 $a_n=a_1q^{n-1}$，如何把 S_n 用 a_1，a_n，q 表示出来？（引导学生得出公式的另一形式。）

（4）讨论交流，延伸拓展。

在此基础上，教师提出：探究等比数列前 n 项和公式，还有其他方法吗？

我们知道，$S_n=a_1+a_1q+\cdots+a_1q^{n-1}=a_1+q(a_1+a_1q+\cdots+a_1q^{n-2})$。

能否利用这个关系而求出 S_n 呢？

根据等比数列的定义，联想到等比性质 $\dfrac{a_2}{a_1}=\dfrac{a_3}{a_2}=\cdots=\dfrac{a_n}{a_{n-1}}=q$，能否求出 S_n？

思考 1：提取公比 q

$S_n=a_1+a_1q+a_1q^2+\cdots+a_1q^{n-1}=a_1+q(a_1+a_1q+\cdots+a_1q^{n-2})=a_1+q(S_n-a_1q^{n-1})$。

$\therefore (1-q)S_n=a_1-a_1q^n$。

思考 2：利用等比定理

$\dfrac{a_2}{a_1}=\dfrac{a_3}{a_2}=\cdots=\dfrac{a_n}{a_{n-1}}=q$，$\therefore \dfrac{a_2+a_3+\cdots+a_n}{a_1+a_2+\cdots+a_{n-1}}=q=\dfrac{S_n-1}{S_n-a_n}$，$(1-q)S_n=a_1-a_1q^n$。

（5）辨析质疑，深化概念。

例 1　口答：在公比为 q 的等比数列 $\{a_n\}$ 中

（1）若 $a_1=\dfrac{2}{3},q=\dfrac{1}{3}$，则 $S_n=$____________；（2）若 $a_1=1,q=1$，则 $S_n=$____________。

例 2　判断：

① $1-2+4-8+\cdots+(-2)^{n-1}=\dfrac{1\times(1-2^n)}{1-2}$。　　（错）

② $1+2+2^2+\cdots+2^n=\dfrac{1\times(1-2^n)}{1-2}$。　　（错）

③ 若 $c\neq0$ 且 $c\neq1$，则 $c^2+c^4+c^6+\cdots+c^{2n}=\dfrac{c^2(1-(c^2)^n)}{1-c^2}$。　　（错）

（6）变式训练，巩固提高。

例 3　求等比数列 $\dfrac{1}{2},\dfrac{1}{4},\dfrac{1}{8},\dfrac{1}{16},\cdots$ 的第 5 项到第 10 项的和．

方法 1：观察、发现：

$$a_5+a_6+\cdots+a_{10}=S_{10}-S_4=\frac{\frac{1}{2}\left(1-\left(\frac{1}{2}\right)^{10}\right)}{1-\frac{1}{2}}-\frac{\frac{1}{2}\left(1-\left(\frac{1}{2}\right)^{4}\right)}{1-\frac{1}{2}}=\frac{1}{2^4}-\frac{1}{2^{10}}=\frac{63}{1024}。$$

方法 2：此等比数列的连续项从第 5 项到第 10 项构成一个新的等比数列：

首项为 $a_5=\dfrac{1}{2^5}$，公比为 $q=\dfrac{1}{2}$，项数为 $n=6$。

$$S_6=\frac{\frac{1}{2^5}\left(1-\left(\frac{1}{2}\right)^6\right)}{1-\frac{1}{2}}=\frac{1}{2^4}-\frac{1}{2^{10}}=\frac{63}{1024}。$$

变式 1： 求等比数列 $\frac{1}{2},\frac{1}{4},\frac{1}{8},\frac{1}{16},\cdots$ 的 $2n$ 项中所有偶数项的和。

解： $S=\frac{\frac{1}{4}\left(1-\left(\frac{1}{4}\right)^n\right)}{1-\frac{1}{4}}=\frac{1}{3}\left(1-\left(\frac{1}{4}\right)^n\right)$。

变式 2： 求和 $S_n=1+a+a^2+\cdots-a^{n-1}$。

解： $S_n=\begin{cases}n, & a=1,\\ \frac{1-a^n}{1-a}, & a\neq 1。\end{cases}$

（7）总结归纳，加深理解。

① 小结：以问题的形式出现，引导学生回顾公式、推导方法，鼓励学生积极回答，然后老师再从知识点及数学思想方法两方面总结。

② 思考：2016 年 9 月 15 日“天宫二号”发射成功，某通信公司立即发出短信：“请你把“天宫二号”发射成功的消息转发给10位朋友，并且注明您是第 x 位接收此消息的……”假定这家公司发出的10条短信中的 x 值均为1，以后每一位收到短信后将 x 值都增加1，再将短信发出。据统计，所发短信中 x 的最大值为10。试问通过这家公司最多发了多少条短信?

（8）课后作业，分层练习。

① 书面作业：

必做题：课本 P28 练习 1、课本 P29 练习 2。

选做题：“远望巍巍塔七层，红光点点倍加增，共灯三百八一一，请问尖头几盏灯？”这首中国古诗的答案是多少?

② 研究性作业：查阅“芝诺悖论”，并从数列求和的角度加以解释。

（参考网站：http://www.lyge.cn/lygdj/ztwz/shuxue /x2/042.htm）

6）教学设计说明

（1）情境设置生活化。

本着新课程的教学理念，考虑到高一学生的心理特点以及初、高中教学的衔接，让学生初步了解“数学来源于生活”，采用动漫故事的形式创设问题情景，意在营造和谐、积极的学习气氛，激发学生的探究欲。

（2）问题探究活动化。

教学中本着以学生发展为本的理念，充分给学生想的时间、说的机会以及展示思维过程的舞台，通过他们自主学习、合作探究，展示学生解决问题的思想方法，共享学习成果，体验数学学习成功的喜悦。通过师生之间不断合作和交流，发展学生的数学观察能力和语言表达能力，培养学生思维的发散性和严谨性。

（3）辨析质疑结构化。

在理解公式的基础上，及时进行正反两方面的“短、平、快”填空和判断是非，练习例1和例2，通过总结、辨析和反思，强化了公式的结构特征，促进学生主动建构，有助于学生形成知识模块，优化知识体系。

（4）巩固提高梯度化。

例3及变式1、变式2由教科书中的例题改编而成，并进行适当的变式,可以提高学生的模式识别的能力，培养学生思维的深刻性和灵活性。

（5）思路拓广数学化。

从整理知识提升到强化方法，由课内巩固延伸到课外思考，变“知识本位”为“学生本位”，使数学学习成为提高学生素质的有效途径。以生活中的实例作为思考，让学生认识到数学来源于生活并应用于生活，生活中处处有数学。

（6）作业布置弹性化。

通过布置弹性作业，为学有余力的学生提供进一步发展的空间。介绍相关网站让学生查阅有关资料，有利于丰富学生的知识，拓展学生的视野，提高学生的数学素养。

附录2　数学教学设计评价表

评价项目		评价内容	评价结果			得分
			A	B	C	
基本项目	目标设计	1. 目标设置符合课程标准要求，符合教材、学生实际，体现三维目标，表述规范，兼顾中长期目标的实现	10	8	6	
		2. 目标清晰地反映了知识类型与学习结果的要求	5	4	3	
	教材处理	1. 创造性地使用教材，突出重点，突破难点，抓住关键	10	8	6	
		2. 教学内容体系完整，有条理，层次清晰	10	8	6	
		3. 教学内容体现了数学与现实世界的联系	5	4	3	
	教法选用	1. 有助于教学目标的实现	5	4	3	
		2. 促进学生理解与记忆，有助于学生数学思维能力、学习能力、创新精神和实践能力的发展	10	8	6	
	媒体选用	1. 利用媒体的不同特点实现呈示、概括、突出重点、直观启发等功能	5	4	3	
		2. 便捷，表现性好，体现一定的过程性与交互性	5	4	3	
	过程设计	1. 教学过程设计体现了教材逻辑联系与学生认知线索的结合，注重数学思维能力的培养	10	8	6	
		2. 教学环节设置完整、科学、合理，体现课标对教学方式的要求	10	8	6	
		3. 注重教学反馈，关注学习成功	10	8	6	
		4. 体现预设与生成的平衡	5	4	3	

第四章　数学说课技能

（1）学习目标：通过练习，把握数学说课的内容与方法。

（2）考核要求：了解说课的类型，说课与备课、上课的区别和联系；理解说课的特点与说课的评价标准；掌握说课的内容与方法；把握说课练习的要点，能对数学说课进行评价。

第一节　什么是说课技能

说课，由于其固有的特点和教学研究的功能，被教育界广泛承认并接受。目前在全国各地，各级、各类的说课活动开展得相当活跃。在基础教育课程改革中，说课作为一种新型、高效的教学研究方式和极为有效的教学研究活动，以良好的预测教学、优化过程、反思实践和推广经验的功能，与听课、评课一起构成校本教研活动的核心。

说课技能，指教师以教育教学理论为指导，在精心备课的基础上，面对同行、专家或教学研究人员，主要以口头语言结合辅助手段阐述某一课题的教学设计，并与听者一起就课程目标的达成、教学过程的安排、重点难点的把握以及教学效果的评估等方面进行预测与反思，共同探讨改进和优化教学设计的教学行为方式。换言之，说课是教师以语言为主要表述工具，在备课的基础上，面对同行、专家，系统而概括地解说自己对具体课程的理解，阐述自己的教学观点，表述自己执教某课题的教学设想、方法、策略以及组织教学的理论依据等，然后由大家进行评说的研讨活动。可见，说课是对课程的理解、备课的解说、上课的反思。

因此，说课的主体是教师，说课的客体也是教师；说课不仅仅是讲述，还可以置疑、讨论；说课不是教师的独白，而是教师之间的互动；说课对课堂教学的预设具有针对性、目的性；说课的目的是提高教学效率，促进教学研究；说课可以在课前，也可以在课后。通常，说课包括解说——说课者陈述“教什么”、“怎么教”与“为什么这样教”，评说——听课者评议、交流与研讨。

一、说课、备课、上课辨析

说课、备课与上课三者之间既有区别也有联系。由于通常意义下的说课指课前（课时）说课，因此三者之间的关系为：备课→说课→上课。说课以备课为基础，对备课进行理论概括与反思，是对上课预设的深入思考、理论诉求与自省。因此，说课介于备课与上课之间，是对备课的陈述与理论思考。对于课后说课，三者之间的关系为：备课→上课→说课。此时，说课既是对备课预设的理论概括，也是对教学实施的总结与反思，是对预设与生成动态平衡的解说与思考。

（一）说课与备课

说课与备课都为上课服务。说课是备课后的交流研讨——对备课的解说与评说，因而说课与备课的主要内容相一致：备课中的“教什么”与“怎么教”，就是说课中的“教什么”与“怎么教”。说课与备课的主要活动过程也相近：研究课程标准、教材、学情，选择教学模式，设计教学程序。

说课与备课的区别有以下几点。一是含义不同。备课是教师个体独立进行的一种内在的教学活动，表现为教师与文本、教师与自己的对话、阐释过程，结果是达成教学目标的方法步骤，是将学科知识结构转化为学生认知结构的实施方案；说课是教师集体进行的一种外显的教学研究活动，属于群体化的教研活动。对教学问题的研究与反思的程度，说课要比备课更深入、透彻、细致。二是对象不同。备课一般是教师独立进行教学设计，不直接面对其他教师；说课则是教师直接面对同行，说明自己的备课以及备课的思考。三是目的不同。备课的目的是明确教学目标、找准新知识的生长点、分析学生的认知水平，从而有序、高效组织教学活动，促进学生不断发展、全面发展、和谐发展；说课则是为了帮助教师进行教学反思，改进和优化教学设计，以促进教师自身的专业发展为目的。四是要求不同。备课要突出教学活动的科学、合理安排，为上课提供操作性强、条理清晰的教学程序，只要求写出“教什么”和“怎么教”；说课不仅要说明“教什么”和“怎么教”，还要结合教育教学理论剖析“为什么要这样教”。五是教案不同。备课教案包括教学内容、教学目标、教学重点难点与关键、教法与学法分析、教学过程、板书设计等；说课教案包含教材分析、教学目标分析、学情分析、教法与学法分析、教学媒体分析、教学过程分析、教学效果与反思分析等。

（二）说课与上课

说课与上课都是外显的、动态的交流活动。说课中展示的教学程序、教学内容、教学方式、教学媒体等都会在上课中充分体现。如果是课后说课，那么说课时对教学活动的反思，主要是针对上课中教学活动进行的。

说课与上课的不同有以下几点。一是要求不同。上课要解决的主要问题是“教什么”“怎么教”；说课既要解决“教什么”“怎么教”，还要说明“为什么这样教”。二是对象不同。上课的对象是学生；说课的对象是具有一定教学研究能力的同行。上课是把备课的预设与学生的学习过程相结合，力图达成预设与生成的平衡过程；说课是把对备课的思考与其他教师相交流，力图实现经验共享的过程。三是时间不同。上课的时间通常为40到45分钟；说课的时间一般是15分钟左右，即为一节课时间的四分之一到三分之一。四是场所不同。上课在教室或多媒体教室中进行；说课因面对同行教师，人数可多可少，少则二三人，多则数千人。

（三）说课的定位

通过分析说课、备课、上课的关系，可以确立说课的定位：说课是介于备课和上课之间的一种集体性教学活动。对备课而言，说课是一种教学改进、优化活动；对上课而言，说课是一种更为缜密的科学准备过程。因此，说课不是备课，不能按教案来说；说课不是讲课，不能将听说课的同行视作学生，不能把对教学过程的安排及其思考视为教学组织的过程；说课不是“背课”，也不是“读课”“念课”，既不能按照说课教案一字不差地背，也不能按照说课教案一字不差地读或念；要突出“说”，述说设计思路，有重点、有层次，有理有据、清晰明了地分析说课内容的各个要素，力求严密新颖，有独特的个性。

二、说课的类型

因说课活动的目的、要求不一样，可以把说课分为不同的类型。基于先后顺序，说课分为课前说课与课后说课；基于优化课堂的目的，说课分为预测性说课和反思性说课；基于教学业务考核、选拔，说课分为评比型说课与研讨型说课；基于教学研究，说课分为专题性说课和示范性说课；基于说课主体，说课分为授课者说课与评课者说课。本章探讨的说课主要指课前说课、预测性说课。

三、说课的要素

说课既然是一种教学研究活动，必然具有教学研究的基本特征。一是具有群体性，说课由众多教师、同行参与。二是具有交流性，无论是同行还是教学研究人员都会在评议说课中切磋教学技艺、交流教学经验。三是具有研究性，交流的内容都是经过研究的结果。四是具有可操作性，说课内容及其要求明确、具体、科学，具有规范性；说课不受时间、地点、教学进度的限制，具有灵活性；说课是最接近教师的教学理论在教学中的应用，具有可验证性；说课是一种简单易行且带有普遍意义的教研活动，具有参与性。

上述特征表明，说课的要素体现在以下两个方面。一是分析。分析如何展示“课”中各个要素，在点明课题之后分三个层次进行分析。首先分析教学背景：陈述学习需要（分析学生起点、学习目标）、剖析教学任务、描述教学环境；其次分析教学展开：制订教学策略、实施教学策略、选择和运用教学媒体；最后分析教学设计和教学结果评价。二是交流。通过“说课”及“说课”后的交流，彼此进入一个相互学习、共同提高的过程。两个要素中，分析是基础，是手段，直接为交流服务；交流是过程，是目的、是探索，是分析要实现的目标。教师之间通过交流，可以分享教学设计的典型智慧——说课者对教学目标的设计、对教学总体意图的分析、对教学过程的设定以及对典型环节的安排；通过交流，评课者还可以对说课者的教学机制进行评价——通过设置诸如“请你谈谈这样设计的依据”“如果学生在学习中遇到了这样的情况……请你说说你的解决办法”等问题来判断教师的教学机制。因此交流是说课的关键要素。从本质上看，说课是教师将自己教学设计的思维活动从隐性变为显性的过程，即将自己关于课题设计的个人行为转化为群体性的学术讨论。通过交流，实现“五说五明”：说教学的整体思路，明确教学的指导思想；说教学目标，明确教学目标的制定依据；说教学的重点难点，明确教学的主攻方向；说教学程序，明确教学结构；说教法学法，明确教路、学路。

说课过程中如何进行交流？要弄清楚交流方式就要深入探究“听的方式”和“评的方式”。对上述问题进行梳理，发现说课交流存在四种基本的对话方式。一是自我对话，面对给定课题，参与者深入思考：①我教过这个内容吗？以往的成功与不足之处有哪些？②设计该课题的教学，我的总体意图是什么？怎样设计教学目标？怎样安排教学过程与设计典型的教学环节？学生参与数学认知活动的基本线索如何安排？怎样利用各种课程资源？二是文本对话。认真研读说课稿，仔细斟酌教学目标的界定、教学程序与主要环节的安排、教学策略的实施、教学重点难点的处理、学法指导与教法运用等。深入反思说课稿背后所体现的课程观、数学观、教学观、学生观、评价观以及信息技术观。面对说课稿，要进一步追问：我设计的理念是什么，有新意吗？学生的数学思维展开的广度和深度怎样，有实效吗？我对数学与社会的关系关注了多少，有文化韵味吗？我对学生的数学现实了解多少，为学生的学服务了吗？三是言语对话。说课时，说课者面对同行，要经常用目光与听说课的教师进行交流，同时伴以身体语言，必要时可以运用PPT或多媒体课件以展示教学设计的不同侧面。说课的过程中，要通过媒体的变化、语言的变化、教态的变化，尤其是数学变式教学的运用，将听者的注意力牢牢引向说者创设的教学设计与思考之中。四是评价对话。说课者结束后，要聆听听课者的评价，并进一步交流。听课者的评价重点应放在教学设计上，客观评价设计的科学性、可行性、艺术性、创造性。

第二节　数学说课技能的内容

数学说课从哪里开始？从告知所说的课题开始。所说的“课”的性质、类型、对象、范围等在点明课题的时候首先应予以明确。如果课题是“函数的单调性”，应当指出“今天说课的内容是北师大版普通高中课程标准实验教科书数学1·必修第二章函数第三节函数的单调性，这一节共安排2课时，今天说的内容为第一课时，这是一节概念课”。

由于教学是一个“准备—实施—目标达成”的完整过程，而说课主要体现为分析的过程，因而在点明课题之后可以将说课内容从三个方面进行分析（图4-1）。一是为教学准备阶段而进行的教学背景分析，包括陈述学习需要、分析教学任务、描述教学环境。二是教学展开分析，包括解说教学策略、呈现教学实施、选用教学媒体，主要解释怎么教，为什么这么教。三是教学效果分析，即他人与自我评价（教学反思），也就是对本课教学设计所引起的教学效果的预测或评价，以及对自己教学设计的评价与反思。如何展开这三个方面的分析呢？

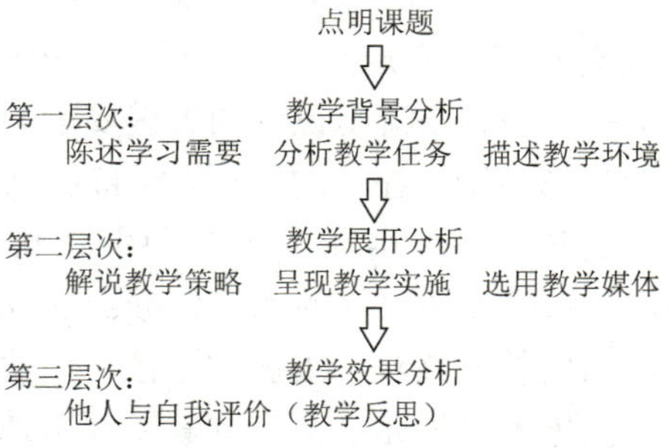

图4-1　说课的三个层面

一、教学背景分析

教学实施必然要考虑从哪里出发，到何处去，前行的平台是什么，有怎样的环境条件，即考虑学生起点、教学目标、教学内容、教学条件。其中，学生起点与教学目标反映了学习需要、教学内容（即教学任务）、教学条件（即教学环境）。学习需要、教学任务、教学环境构成教学的基本背景。下面按照数学说课的一般顺序依次介绍说教材、说教学目标、说学情、说教学环境。

（一）说教材——分析教材

数学教材是课程标准的具体化，是教学的载体。因此，说课一般先说教材。分析教材，是为了揭示教学内容的联系、范围、深度、重点，揭示教学内容的相互关系，为教学顺序的安排奠定基础。分析教材，不仅应分析数学概念、性质和思想方法，还应分析知识的发生和发展；不仅应分析重点和难点，还应该知道原因；不仅应分析显性知识，还应关注过程性知识与体验性知识。所以，教材分析包含分析教材地位与作用，教学内容的组织特点，教学的重点、难点与关键。

1. 分析教材地位与作用

在研读课程标准的基础上，通读教材，将说课内容置于课程体系之中，以界定其在本单元、本章、本册，乃至本学段中的地位、作用、逻辑关系与意义，以及与其他单元、课程或学科的联系。对教材的地位与作用的分析，可以直接用语言组织，也可以用框图加以明示。

例如，“§5 不等式的应用”教材地位与作用分析。

“§5 不等式的应用”是“不等关系与基本不等式”这一章的重要内容，是中学数学知识的重要交汇点，在高等数学中应用广泛。它以不等式的性质、不等式的解法、均值不等式为基础，与函数、方程等知识相结合，在概括知识体系与培养学生综合运用能力方面有着重要的价值。

例如，“2.2 等差数列的前 n 项和”教材地位与作用分析（图 4-2）。

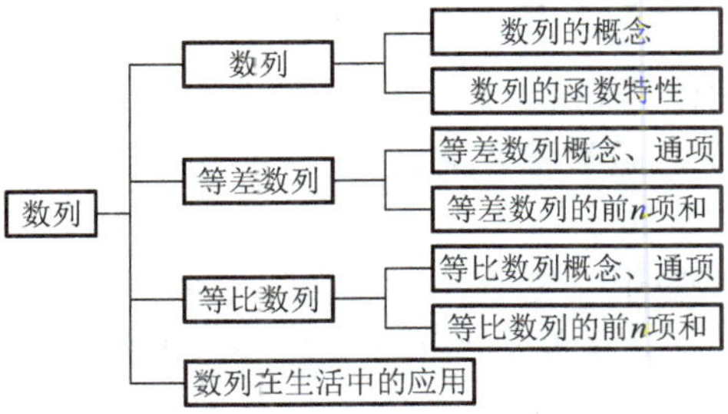

图 4-2　数列的教材地位与作用分析

例如，“§3 函数的单调性”教材地位与作用分析。

学生对于函数单调性概念的学习分三个阶段：学习一次函数、二次函数、反比例函数时利用图像初步感知增减性；学习函数单调性的严格定义，从数与形两方面理解单调性概念；利用导数为工具研究函数的单调性。因此，高一单调性的学习，既是初中学习的延伸与深化，又为高三学习奠定基础。

函数单调性是继函数概念后学习的第一个函数性质，也是第一个用数学符号语言刻画的概念。函数单调性与函数的奇偶性、周期性一样，都是研究自变量变化时，函数值的变化规律；学生学习这些概念，都要经历直观感受、文字描述与符号刻画三个阶段，即从图像观察开始，以函数解析式为依据，经历用符号语言刻画图像语言，用定量分析解析定性结果的过程。所以，函数单调性的学习为函数其他性质的学习提供了方法依据。

函数单调性是学习不等式、极限、导数等知识的重要基础，是解决数学问题的常用工具，是培养学生抽象概括能力、推理能力与渗透数形结合思想的重要素材。

2. 分析教学内容的组织特点

教学内容的组织特点分析包括教学内容，教学内容的组织编排，或阐述教材的编写特点。

例如，“§5 不等式的应用”教学内容的组织特点分析。

不等式的应用是广泛的，一节课不可能全部展开，考虑到均值不等式既是教材的重点又是难点，因此选择利用均值不等式证明不等式与求最值两类问题作为本节的内容。数学知识的应用包括在数学中的应用和在实践中的应用，本节课探讨均值不等式在数学内部的应用，通过对设计的题组问题的探讨、练习与反思，强化均值不等式的运用，从而优化学生不等式运用的知识结构，使有关的基础知识在梳理与应用中得到深化、系统化。

例如，“§4 二次函数性质的再研究（第一小节）”（北师大版数学 · 必修 1）教学内容的组织特点分析。

二次函数是作为全面介绍函数的一个具体例子。在 4.1 节中，教材从三个有着递进关系的问题开始：解决二次函数图像的开口问题；解决二次函数的平移问题；解决配方问题。在教师引导和学生动手的基础上，围绕上述三个问题，每走一步抽象概括一次，从而让二次函数的问题明晰一次。

3. 分析教学重点、难点与关键

教学重点通常由教材内容确定，是教学内容的核心，是教学的主攻方向；难点是教材中学生学习的困难所在，是教学要突破的地方；关键是突出重点，突破难点的相应措施。

例如，“§5 不等式的应用”的重点、难点与关键分析。

本节课的教学重点是深入理解均值不等式的应用条件，灵活运用均值不等式；难点是均值不等式应用中的变形与应用条件的检验；关键在于引导学生理解变形的实质。

（二）说教学目标——分析教学目标

在充分理解数学课程标准要求、教学内容、学生年龄特征与学生已有知识经验的基础上，合理地陈述学习需要，确立本节课的教学目标。分析教学目标要立足于三个维度：

知识与技能、过程与方法、情感态度与价值观。要注意的是，义务教育阶段数学教学目标的三个维度，具体化为四个方面：知识技能、数学思考、问题解决、情感态度。

例如，“§5 不等式的应用”教学目标分析。

（1）知识与技能：掌握均值不等式，能根据问题条件的需要灵活运用均值不等式解决相关问题。

（2）过程与方法：通过对相关知识的梳理，以及正例同化与反例顺应，优化认知结构，进一步发展恒等变形与转化化归的能力，发展思维的灵活性与创新性。

（3）情感态度与价值观：经历知识的系统化过程，感受数学知识的内在联系，领悟数学知识的生长规律；经历师生交流、生生交流、合作与探究、批判与反思，增进理性思维的发展，并获得成功的体验。

例如，“11.3.3 一次函数与二元一次方程（组）”教学目标分析。

（1）知识技能：理解一次函数与二元一次方程（组）　关系，会用图像法解二元一次方程组。

（2）数学思考：经历一次函数与二元一次方程（组）关系的转化探索及简单实际问题的解决过程，体会数形结合的数学思想方法，学会用函数的观点去认识问题。

（3）问题解决：能综合应用一次函数、一元一次方程、一元一次不等式、二元一次方程（组）解决简单实际问题。

（4）情感态度：在探究活动中养成严谨的科学态度和勇于探索的科学精神，在师生、生生的交流活动中，学会与人合作，学会倾听、欣赏和感悟，体验数学的价值，建立自信心。

（三）说学生——分析学情

分析学情，要分析学生知识的准备状态，了解他们学习新知识前已具备相关知识的掌握程度；要了解学生的能力储备状态，主要是在学习中已具备的认知加工和元认识能力；要预先判断学生对新知的关注和接受程度及学生的学习方式。

例如，“§1 集合的含义与表示”教学学情分析。

学生的认知水平——进入形式运算阶段，能够从具体事物中抽象出数学结构；学生的已有经验——能够处理一组对象及对象之间的关系，具备从一定范围内考察对象的经验；学生的学习资源——生活中接触大量的集合原型，对作为整体对象的自然数、整数、有理数、实数集熟悉，在方程、不等式中感知过解集的概念；学生的学习动机——对于刚刚揭开的高中学习生活，学生充满着期待，学习动机强烈、兴趣浓厚；学生的学习方式——经过义务教育阶段的学习，学生对各种学习方式有着相当的体验。对这一内容，可以采用情境感知→归纳→抽象概括→描述概念→概念辨析→概念运用与巩固的“概念形成”学习方式。

（四）说教学条件——分析教学环境

教学环境会影响教学策略的选择与运用，因而应简要分析教学环境。教室的物理环境、师生之间的相互关系、学生的学习心理和教师的教学心理状态，都是教学环境的组成部分。新课程要求教学在一种民主、平等、开放的氛围中进行，并充分利用现代信息技术，因而说课时要分析这些要求。

二、教学展开分析

教学背景分析清楚之后，进入教学展开分析层面。展示预设的教学过程，关注课堂“教—学”活动结构，为实现教学目标采取方法手段与策略。具体呈现：教师如何引发学生动机、如何展开教学内容、如何安排教学程序、采取何种手段反馈并强化学习结果。因此，教学展开分析包括教学策略的制订、教学媒体的选用、教学策略的实施。

（一）说教学方法——确定教学策略

确定教学策略，即选择与组合教学方法，确立课堂教学组织的基本形式。制订教学策略，一是要选择适合于学生认知差异、适应不同知识类型和认知过程的教学组织形式和教学手段，二是要充分考虑探究学习、合作学习等学习方式的合理运用。总之，确定教学策略就是确定教法与学法。

教法与学法是教师组织教学和学生开展学习的两种不同活动的体现，两者相辅相成、相互促进。教为主导，学为主体。说教法与学法，就是说教师的“教法”如何服务于学生的“学法”。

例如，“§5 不等式的应用”教学方法分析。

学生已学过不等式的性质、解法、均值不等式，但对知识之间的联系缺乏系统整理，对于均值不等式应用过程中的恒等变形的把握，以及对于应用均值不等式求最值应注意的条件等关注较少。因此，本节课采用“教师引导、变式教学”的教学方法，在教学中重点突出以下几个方面。

（1）重视认知结构的优化：通过画均值不等式的概念图，以及对概念图的比较、反思，引导学生将相关知识系统化，增加结点、连线，丰富层次。

（2）通过正例同化与反例顺应，帮助学生调整认知结构；注意将学生独立思考、探究、交流与反思等探索活动贯穿于课堂教学全过程，突出学生的主体地位。

（3）采用变式教学——题组训练，通过过程性变式与概念性变式的结合发展学生的数学思维。

例如，“§3 函数单调性”教学方法分析。

教法：采用“引导—探究”教学方法，具体如下。

（1）创设情境。利用学生熟悉的实际生活问题引入课题，激活学生原有知识经验，调动学生参与的积极性。

（2）启发引导。通过设问、质疑、分析、归纳、概括等，促使学生清晰思维、严谨的推理，学会书面表达。

（3）直观启思。应用多媒体动态呈现函数图像及其变化，直观启示函数单调性概念的形成过程。

学法：采用“观察、思考、分析、探索”学习方法，具体如下。

（1）通过观察、归纳、概括、抽象，理清函数单调性概念的抽象过程。

（2）利用图形的直观启迪，通过正、反例的构造，达成对单调性概念的理解。

（二）说教学媒体——选用教学载体

课堂学习是学生信息加工的过程，媒体在其中的作用不可低估，教材、板书、幻灯片、课件等都是交流的重要载体。教学媒体的选用，主要依据学习任务、学习者、教学管理、经济、技术这五个因素加以考虑。由于板书容量较大，能长时间呈现和存储课堂信息，所以可以对板书的设计加以陈述。

例如，“二、点到直线的距离”教学媒体的选用与板书设计分析。

考虑到本节课公式推导与例题求解思路较多，因而教学媒体以板书为主，多媒体和实物投影仪为辅。利用多媒体将数学问题形象、直观显示；利用实物投影仪展示学生的不同解题方法；主板书则设计如图4-3所示。

课题：点到直线的距离	（一）公式推导过程
点到直线的距离公式	问题1　如何求点$P(2, 0)$到直线$x-y=0$的距离？ 问题2　如何求点$P(4, 2)$到直线$x-y-2=0$的距离？
◆运用公式的注意点	问题3　如何求点$P(x_0, y_0)$到直线$Ax+By+C=0$的距离$(A^2+B^2\neq 0)$？
◆课堂小结	（二）典型例图
方法一　利用定义的算法框图	例1　　例2　　例3
方法二　利用直角三角形的面积公式的算法框图	（三）课后作业
方法三　利用平面向量的算法框图	

图4-3　主板书设计

（三）说教学过程——实施教学策略

实施教学策略，就是展开教学过程，表现为教学活动推移的时间序列：教学过程的发起、展开与结束。教学过程将教学内容、教学目标、教学方法与学法指导融于一体。这部分是说课的重心所在，在这部分必须依次说清楚教（学）什么，怎么教（学），为什么这样教（学）。通过这一过程的分析，才能看清说课者独具匠心的教学设计，进而探寻教师的教学思想、教学个性与教学风格。只有通过对教学过程设计的阐述，才能使听者判断教学过程的安排是否合理、科学。说教学过程，应突出教学环节、内容安排、设计意图。教学环节是教学过程的骨架，内容安排是教学过程的血肉，设计意图则是教学过程的灵魂。

例如，“§5 不等式的应用”教学过程设计分析。

运用“大容量、高密度、快节奏”的复习课模式：将学习过的内容用一组数学题串起来，由浅入深、层层推进。利用十几道数学题，覆盖大片知识点，同时展现数学解题技巧，使课堂充满数学的灵气和魅力。教学实施的具体环节如下。

1. 揭示知识联系

学生画均值不等式概念图，并展示，经交流讨论，丰富所画概念图。

（设计意图：引导学生总结梳理与均值不等式相关的知识结构，通过交流讨论，帮助学生完善知识结构。）

2. 利用正例同化

例 1　如果 $a,b\in\mathbf{R}^{+}$,且$a\neq b$，求证：$a^{3}+b^{3}>a^{2}b+ab^{2}$。

例 2　已知 a,b,c 都是小于 1 的正数，求证 $(1-a)b,(1-b)c,(1-c)a$ 中至少有一个不大于$\dfrac{1}{4}$。

（设计意图：利用上述两例，通过陈题新法、一题多解，激发学生加深领会基础知识、基本技能、基本方法，并引导学生把专题知识结构同化到原有的认知结构中去。）

3. 运用反例顺应

例 3　求 $y=\dfrac{2}{\sin^{2}x}+\dfrac{8}{\cos^{2}x}$ 的最小值。

（设计意图：通过例 3 剖析错解、引出正解的教学策略，把学生置于原有认知结构与新问题矛盾的冲突之中，引导他们顺应新问题、新体会，调整原有认知结构从而达到新平衡。）

4. 设计题组强化

练习题共三组，每组两道：第一组作为当堂练习，即时讲评；第二组为课堂作业，教师部分口头提示；第三组为自习作业，学生简答思路。

（设计意图：安排难易适当、有梯度的题组，利用变式教学引导学生在完善认知结构的同时回味、消化、强化所学知识。）

三、教学效果分析

教学效果分析是对教学设计的说明，是对预设的教学设计在实施中的优缺点进行剖析和反思，对教学可能产生的结果进行预测。这有助于提升说课者的教学元认知，帮助其更好地进行教学反思、开展自我评价。总之，教学效果分析可以是课前的预测，也可以是课后的反思。

例如，“§5 不等式的应用”教学效果分析。

上述教学设计，基本符合教学要求、学生实际，反映了新课程的基本理念。而且，教学过程设计比较具体，可操作性强，能保证教学目标的实现。但有两个环节容易产生变数：一是对知识结构的梳理；二是通过反例顺应。这两个环节也是引导学生进行高水平认知活动的重要环节，对他们的不同想法，教师只应引申、明确，不能限制其思路，给教学的动态生成以充分的空间和时间。

第三节　数学说课技能练习原则与要点

说课，以说课者个人学养为基础，以说课方法、手段的运用为核心，以显示说课者的艺术形象和风格为追求。因此，说课者应让他人听懂你想在数学课中做什么，怎么做，为什么这么做，同时把听者吸引到你所叙说的课堂情境中。

一、数学说课技能练习原则

由于说课服务于上课，因而说课应遵循科学性原则、一致性原则、创新性原则；又由于说课重在交流，所以说课还应遵循探究性原则。

科学性原则，指说课必须保证内容正确、完整、系统。教材分析透彻准确、重点难点把握恰当、教学目标科学、教法设计合理；说课的基本内容完备。

一致性原则，指说课内容应与课堂教学保持一致，相互参照、印证。

创新性原则，指说课要突出教学理念、诠释教学思想、体现教学能力、展现教学境界、展示教学才华。应因时、因地、因人创造有效、有特色的说课方式。

探究性原则，指说课要凸显交流、研讨的特色，体现说课者与同行对数学教学设计的思考、探索，折射出课例研究的原色。

二、数学说课技能练习要点

对于说课练习，要把握以下要点。

1. 处理好课程标准与教材的关系，创造性地使用教材

准备说课教案之前，应认真学习课程标准的基本理念、课程目标（总目标、学段目标、章节目标、单元课时目标）、教学内容等，以之作为确定教学目标、重点难点、教学结构以及教法、学法的理论根据。教师需要在认真钻研教材的基础上考虑如何创造性地使用教材。只有这样，才能为课说打好基础。

2. 备说课教案时要多问几个“为什么”

认真钻研说课教学资源：数学课程标准的要求、教师教学用书、知识背景材料、数学例题与习题、教具模型、数学课件、相关数学教育教学报刊等。在此过程中，着力于理清“教什么，为什么”“怎么教，为什么”“为什么这样教”等问题。只有这样，才能让教学设计意图不断清晰，从而透彻理解所教内容，将所教内容与学生生活、学习经验建立联系。

3. 说课时注意详略得当，突出“说”，切忌“读”和“背”

说课的内容涉及新课导入、概念讲解、公式推导、定理证明、法则运用、问题解决、归纳小结等，因此要突出重点、抓住关键，展示独到的处理方法。因此，说课时应注意取舍，做到详略得当，突出设计的基本思想，凸显对所教内容的深刻理解。时间分配上，要将三分之二的时间用于说教学过程，三分之一的时间说其他内容。说课重在分析、交流对课题的理解、教学程序的安排等，因此不能“读”，不能“念”，不能“背”。

4. 利用信息技术，增进说课魅力

借助现代信息技术，可以增加说课的表现手法，增进艺术魅力。制作课件时，要做

到整体框架清晰、结构分明；文字简明扼要、提纲挈领；重视图、文、符号的相互配合；运用超链接在课件中插入视频、学生作品。

5. 借助评价标准，提升练习水平

说课评价的重点，是评价教学设计的科学性、可行性、艺术性、创造性。科学性体现在教材分析准确、教学内容组织合理、教学目标制定科学、教学程序设计恰当；可行性是指教学设计不仅对教师本人具有可操作性和实践性，对其他执教者也可行；艺术性是指说课者的语言表达、表现能力强；创造性体现在说课者对数学教学独到的见解，对教学环节独具一格的安排，对教学策略独具匠心的理解和运用。

总之，教师在说课时，要紧紧围绕“课”，突出“说”——选准“说”法、找准“说”点、把握“说”读，最终把“课”说“活”。

附录1　（1）“§5不等式的应用”说课稿

一、说教材

1. 教材地位和作用

不等式的应用是“不等关系与基本不等式”一章的重要内容，是中学数学知识的重要交汇点，在高等数学中应用广泛。它以不等式的性质、不等式的解法、均值不等式为基础，与函数、方程等知识相结合，在概括知识体系与培养学生综合运用能力方面有着重要的价值。

2. 教学内容

不等式的应用是广泛的，一节课不可能全部展开，考虑到均值不等式既是教材的重点又是难点，因此选择利用均值不等式求最值的问题作为本节的内容。数学知识的应用包括在数学中的应用和在实践中的应用，本节课通过探讨利用一块长方形铁皮制作一个尽可能大的长方体鱼盒的问题展开教学，力图通过引导学生观察和思考，抽出其中的数学问题，并联系均值不等式予以解决，从而使有关的基础知识在理解与应用中得到深化。

3. 教学重点、难点、关键

本节课的教学重点是均值不等式的应用、对数学模型的评价；难点是数学模型的建立、完善过程以及将均值不等式用于求最值时应该注意的条件；关键在于引导学生展开探究活动。

二、说教学目标

根据本节课的内容和课程标准确定教学要求，结合学生身心发展的需要，确定教学目标如下。

（1）掌握均值不等式，能在实际背景中运用均值不等式解决问题。会根据实际情况恰当地评价数学模型。

（2）通过探究数学模型的完善过程，进行高认知水平的思考，发展数学思维能力、数学探究能力以及数学应用能力。

（3）经历师生交流、生生交流、合作与探究，在评价、反思、完善数学模型的过程中，体会数学知识运用的价值，促进批判性思维习惯的养成，并获得成功的体验。

三、说教学方法

学生已学完不等式的性质、解法、均值不等式，但对应用了解不多。在本节课前，刚学过：把一个长方形截去四角小正方形后折成一个长方体，问截去的小正方形边长为多少时长方体体积最大？这个问题对本节课的思考有一定的帮助，但思维定式带来的负面影响不可忽视。因此，本节课采用“问题驱动、启发探究”的教学方法，在教学中重点突出以下几个方面。

（1）重视内隐性素材资源的利用：利用学生的思维定式所带来的“负面效应”作为课堂教学资源，关注课堂的动态生成，强调过程性知识的学习。

（2）由学生的特点确立自主探索的学习方法。在教学过程中通过教师创设问题情境，启发引导学生进行自主探究；注意将学生的独立思考、自主探究、交流讨论等活动贯穿于课堂教学的全过程，凸显学生的主体地位。

（3）使用常规教学手段，运用多媒体辅助教学。多媒体的应用一方面为师生交流与讨论提供平台，另一方面通过演示模型的制作过程帮助学生建模并化解难点。

四、说教学过程

为了实现教学目标，把教学过程设计为如下几个阶段。

1. 创设问题情景

上课开始，教师利用多媒体展示现实问题：同学们一定去过菜场，菜场里卖鱼的地方用来盛放鱼的容器是我们常见的长方体盒，因为我经常去买菜，卖鱼的老板知道我是一位数学教师，有一次向我请教一个他认为跟数学有关的问题，今天这堂课，我们想从这个问题开始进行一些探讨，请大家看题板。他根据需要要添置一只无盖的长方体盒，用一张长 8cm，宽 50cm 的长方形铁皮，做一只无盖长方体铁皮盒（焊接处厚度与损耗不记），问这只铁皮盒尽可能大的体积是多少？（用幻灯片出示题目和长方形铁皮）他希望越大越好，下面请大家思考。

（设计意图：一是创设引起学生思考的情境，该情境无论在生活上还是在数学上都为学生所熟悉；二是提供均值不等式的实际背景，开展“数学建模”的学习活动，力求使学生体验数学在解决某些实际问题中的作用；三是刚学过的一个例题既为今天的探究问题做了铺垫，也有可能把学生的思路引向旁路，成为新的、生成的教学资源，进而为教学实施创造更为广阔的空间；四是由此引出对思维定式负效应的分析，使学生认识到对问题了解的重要性。）

2. 建立、求解模型

这一阶段具体安排以下活动。

（1）学生独立建构模型、求解。问题提出以后，给出 3～4 分钟时间由学生自主建模。教师巡视，了解学生所建立的模型与解答情况。

（2）课堂交流。让一位学生讲述自己的制作方法与相应的数学模型：$V=(80-2x)(50-2x)x$ 以及对它的求解（即截去四角小正方形做成长方体，得到的数学模型称为模型一），V 的表达式变形后得：$V=\frac{1}{4}(80-2x)(50-2x)(4x)$，由均值不等式得：$V\leqslant\frac{1}{4}\left(\frac{130}{3}\right)^3$。教师将学生的制作方法利用投影展示，并将其想法明确、引申，但不直接评价，目的在于让全体学生明确回答者的想法。通过“这就是最大值吗？”“同意他（她）的话吗？不同意？这个解法有问题吗？大家看看应该怎么办？”等问题并引导学生进行反思和再思考，并找出上述解法的错误。

（3）探究模型一的解法。模型一的建立不难，但要求出最大值，需要一定的技巧和变形能力。因为V要取得最大值，需要四个条件同时满足：一是各项为正；二是和为定值；三是各部分相等；四是与现实相吻合。对V的表达式变形后得$V=\frac{1}{4}(80-2x)(50-2x)(4x)$，要满足前面两个条件不难，但$80-2x=50-2x=4x$不成立。为此，先由学生探究模型一的解法，然后交流。如果学生探究困难，则由教师进行启发，学生或师生一起探究，通过对$V=\frac{1}{4}(80-2x)(50-2x)(4x)$变形：

$V=\frac{1}{2ab(a+b)}[a(80-2x)][b(50-2x)][2(a+b)]\leqslant\frac{1}{2ab(a+b)}\left(\frac{80a+50b}{3}\right)^3$（∗）。当且仅当满足：$a(80-2x)=b(50-2x)=2(a+b)x$（Θ）时（∗）取得等号。解方程（Θ）得到$b=2a$，或者$b=-\frac{4}{5}a$（但此时$50-2x<0$，制作方法不存在），把$b=2a$代入（Θ）得$x=10$，从而得$V_{\max}=18000(\text{cm}^3)$。由此完成对模型一的求解。

（设计意图：利用模型建立、交流、求解的探究过程，帮助学生进一步理解运用均值不等式求最值时应该注意的条件。）

3. 探究、完善模型

求解模型一后，引导学生反思：“它的体积尽可能大吗？”以此为切入点，引发新的探究。

（1）质疑，引导反思。提出问题：刚才求出的结果是不是所求的尽可能大的体积？让学生进行讨论。

（2）师生交流。通过讨论，得出结论：要使体积尽可能大，必须不浪费材料。由此引出新的探究问题：长方体鱼盒应该怎样做？这一步的目的是要引导学生走出课本例题带给学生的思维定式，并引发新一轮的探究活动。

（3）探究新的模型。围绕“是不是尽可能大？”这个中心问题，引导学生不断深入思考，得出不同的、新的方法：加高；重新裁剪铁皮，让底面方一些；理想化方法，即假设鱼盒已经做好，直接利用均值不等式求解，不断完善所建立的模型。同时教师利用动画，演示各种模型的制作方法，并组织学生求解。

（4）引导归纳。总结出不同模型中共同的要素：数学模型——均值不等式，以及利用均值不等式求解具有现实背景的最值问题应该注意的四个方面，即一正、二定、三等、四合。

（设计意图：利用模型探究、完善过程，深化学生的理解，帮助他们形成良好的认知结构。）

4. 评价模型

任何模型的建立，都有其合理性。因此引导学生对不同模型进行比较，了解其使用、制作等方面的特点，让学生体验数学在解决实际问题中的作用、数学与日常生活及其他学科的联系，这有利于促进学生逐步形成和发展数学应用意识，进而提高他们的实践能力。为此，通过下列问题引导学生进行模型评价：①刚才我们在讨论尽可能大的过程中产生了这么多结果，你最喜欢哪一种？为什么？②有没有喜欢第一种的？③如果你是卖水产的老板（或者是工厂生产），你觉得他们会采用哪种制作方法？④如果不限制形状，做成哪一种形状可能体积还要大？

（设计意图：利用模型评价过程，引导学生进行发散性思考，进而理解数学与生活之间的联系与区别。）

5. 总结反思

引导学生回顾，并由教师小结：对模型的评价；数学思想方法的渗透；实际问题背景下均值不等式的应用要点。布置课后作业。

（设计意图：总结概括知识，建立知识结构，提升应用能力。）

（2）“1.1 利用函数性质判定方程解的存在”说课稿

一、教材分析

1. 地位与作用

本节内容选自北师大版普通高中课程标准实验教科书数学Ⅰ必修第四章“函数应用”第一节“函数与方程”第1课时“利用函数性质判定方程解的存在”。

函数是中学数学的核心概念，函数与其他知识具有广泛的联系，函数的零点是其中的一个联结点，它从不同的角度，将数与形，函数与方程有机联系在一起。

本节课是在学生学习了基本初等函数及其相关性质，具备初步的数形结合的能力基础之上，利用函数图像和性质来判断方程的根的存在性及根的个数，从而掌握函数在某个区间上存在零点的判定方法，为下节“1.2 利用二分法求方程的近似解”和后续学习奠定基础。

2. 教学重点、难点

重点：了解函数零点概念，理解函数零点存在定理。

难点：理解零点存在定理。

二、学情分析

学生已学习一些基本初等函数，具备一定的看图识图能力，这为本节课利用函数图像，判断方程根的存在性提供了一定的知识基础。但高一学生在函数的学习中，常表现出不适，主要是数形结合与抽象思维尚不能胜任。具体表现为将函数孤立起来，认识不到函数在高中数学中的核心地位。例如一元二次方程根的分布问题，学生容易想到韦达定理，而不会想到观察二次函数的图像。建立函数与方程相联系的观点，提升函数应用意识，成为本节课必须承载的任务。从方程根的角度理解函数零点，学生并不会觉得困难。而用函数来确定方程根的个数和大致范围，则需要归纳、抽象。换言之，零点存在性定理的获得与应用，必须让学生感知一定的具体案例，并通过进一步的例证来证实。

定理只为零点的存在提供充分非必要条件，所以定理的逆命题、否命题都不成立，在函数连续性、简单逻辑用语未学习的情况下，学生对定理的理解常常难以深入。这就要求教师引导学生体验各种成立与不成立的情况，从正面、反面等不同的角度审视定理的条件与适用范围。

三、教学目标分析

根据本节课的教学内容以及新课标对本节课的教学要求，结合以上对教材以及学情的分析，确定以下教学目标。

1. 知识与技能目标

（1）了解函数零点的概念：能够结合具体方程（如二次方程），说明方程的根、函数的零点、函数图像与 x 轴的交点三者的关系；

（2）理解函数零点存在定理：了解图像连续不断的意义及作用；知道定理只是函数存在零点的一个充分条件；了解函数零点可能不止一个；

（3）能利用函数图像和性质判断某些函数的零点个数及所在区间。

2. 过程与方法目标

（1）经历“类比—归纳—应用”的过程，感悟由具体到抽象的研究方法，提升归纳概括能力；

（2）初步体会函数方程思想，能将方程求解问题转化为函数零点问题。

3. 情感、态度和价值观目标

提升良好的学习习惯，激发数学学习兴趣，培养严谨的科学态度。

四、教法学法分析

教法：借助多媒体和几何画板软件，采用“启发—探究—讨论”的教学模式。充分发挥教师的主导作用，引导、启发、充分调动学生学习的主动性，让学生真正成为学习活动的主体。

学法：以“问题链”为学习主线，由浅入深、循序渐进，探究新知。

五、教学过程分析

第一环节：小试牛刀、新知引入。

问题 1: 求方程 $x^2-x-6=0$ 的实数根，画出函数 $y=x^2-x-6$ 的图像；并观察他们之间的联系？

学生通过观察分析易得：方程 $x^2-x-6=0$ 的实数根就是 $y=x^2-x-6$ 的图像与 x 轴的交点横坐标。

（设计意图：以学生熟悉的二次函数图像和二次方程为切入点，观察方程和函数的联系，初步得到方程实数根与函数图像之间的关系。初步感知零点是连接函数与方程的结点。）

初步提出零点的概念：-2，3既是方程 $x^2-x-6=0$ 的根，又是函数 $y=x^2-x-6$ 在 $y=0$ 时 x 的值，也是函数图像与 x 轴交点的横坐标。-2，3在方程中称为实数根，在函数中称为零点。

问题 2：对于一般的一元二次函数和相应方程，这种关系是否成立？（几何画板动画演示）

（设计意图：由特殊到一般，利用几何画板，学生从动态的角度体会方程的根与函数的零点之间的关系。）

引出函数零点的定义：对于函数 $y=f(x)$，我们把函数 $y=f(x)$ 的图像与横轴交点的横坐标称为这个函数的零点。

方程 $f(x)=0$ 有实数根 $\Longleftrightarrow$ 函数 $y=f(x)$ 的图像与 x 轴有交点 $\Longleftrightarrow$ 函数 $y=f(x)$ 有零点。

问题 3：（学生独立完成）求下列函数的零点。

（1）$f(x)=2x+2$；（2）$f(x)=2x^2+5x+2$；（3）$f(x)=\ln x+2x-6$。

对于（1）、（2）两小题，学生容易求得函数零点，而第（3）小题学生则意识到无论从代数还是几何方法入手，在不借助计算机作图的前提下，不易求得函数零点。

（设计意图：借助这个练习题既巩固检测了学生对知识点的掌握情况，又引发学生认知冲突，引出本节课题，为新课的教学作好铺垫。）

第二环节：生活实例、创设情境。

问题 4：（观察图 4-4 中的两组画面，请你推断一下哪一组一定能说明小马已经成功过河？）

图 4-4　小马过河

不同的学生可能有不同的答案，但大部分学生会发现第Ⅰ组能说明它已经成功地渡过河，而第Ⅱ组中它就不一定渡过河。

（设计意图：从大家耳熟能详的童话故事出发，激发学生兴趣，让学生体会动与静的关系。）

第三环节：抽象实例、合情推理。

问题 5：将河流抽象成 x 轴，将小马前后的两个位置抽象为 A，B 两点。请问当 A，B 与 x 轴满足怎样的位置关系时 AB 间的一段函数图像与 x 轴会有交点？并画出函数图像。

通过类比，学生不难发现只要满足 A，B 两点在 x 轴的两侧这种位置关系就可以达到要求。同时这种位置关系可以用 $f(a)\cdot f(b)<0$ 来表示。

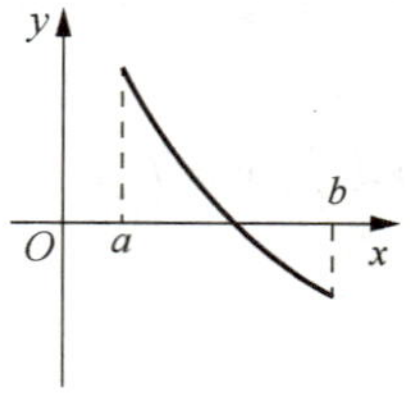

图 4-5　函数区间图

（设计意图：引导学生将现实生活中的问题抽象成数学模型，进行合情推理，同时由原来的图形语言抽象成数学语言，再转换成函数图像，培养学生的观察能力和提取有效信息的能力，体验语言转化的过程。）

第四环节：组织探究、归纳结论。

问题 6：结合图像（图 4-5），试用恰当的语言表述如何判断函数在某个区间上是否存在零点？

学生容易表述为：如果函数 $y=f(x)$ 在区间 $[a,b]$ 上有 $f(a)\cdot f(b)<0$，那么函数 $y=f(x)$ 在区间 (a,b) 内有零点。

（设计意图：结合函数零点的定义，启发学生自主发现函数零点的判定方法，培养学生自主探究和归纳创造的能力。）

问题 7：仅满足 $f(a)\cdot f(b)<0$ 可以确定有零点吗？

引导学生构造反例：$f(x)=\dfrac{1}{x}$，强调判定方法的条件——图像是连续不断的一条曲线。

（设计意图：让学生体验从现实生活中抽象成数学模型时，需要一定的修正。同时问题设计层层递进，有助于学生理解概念，学生经历总结方法，发现缺陷，完善方法的过程，有利于学生对知识的理解和掌握，也培养了学生的归纳概括能力。）

通过上述探究，学生可以自己概括零点存在定理。

一般地，我们有：若函数 $y=f(x)$ 在闭区间 $[a,b]$ 上的图像是连续不断的一条曲线，并且在区间端点的函数值符号相反，即 $f(a)\cdot f(b)<0$，则在区间 (a,b) 内有零点，函数 $y=f(x)$ 至少有一个零点，即相应的方程 $f(x)=0$ 在区间 (a,b) 内存在至少一个实数解。

第五环节：知识应用、解决疑难。

问题 8：请学生解决问题 3 中的第（3）小题：

已知函数 $f(x)=\ln x+2x-6$，试确定零点所在的区间。此区间唯一吗？

（设计意图：学生能够初步应用零点存在定理来判断函数零点的存在性问题。）

本题可以使学生意识到零点的区间是不唯一的，为下一节利用二分法求方程的近似解奠定基础。

第六环节：讨论辨析、提高认识。

结合零点的存在定理，分组讨论：

（1）函数具备了哪些条件，就可确定它有零点存在呢？

（2）若函数 $f(x)$ 在区间 $[a,b]$ 内有零点，一定能得出 $f(a)\cdot f(b)<0$ 的结论吗？

（3）如果函数具备上述两个条件时，函数零点的个数是唯一的吗？

（4）在什么样的条件下，就可确定零点的个数呢？

（设计意图：这四个问题对学生而言存在一定的挑战，但对定理的理解却至关重要，通过教师的设问让学生进一步全面深入地领悟定理的内容。同时鼓励学生相互之间合作交流，培养学生的合作学习的能力。）

讨论结束后，请学生先阐述他们的讨论结果，并引导学生分析条件的作用，结合特殊图像来帮助学生理解，将抽象的问题转化为直观的图形加以解决，体现了数形结合的思想。

在（4）中只要加上函数单调性的条件即可保证零点有且仅有一个，为利用单调性判定函数零点的个数打下基础。

问题 9：再次回到问题 3 的第（3）小题：已知函数 $f(x)=\ln x+2x-6$，试判断函数零点的个数、并说明。

（设计意图：学生从零点的存在定理出发进一步领悟，并初步利用函数的单调性判断零点的个数。）

教师可结合几何画板做出相应函数的图像分析其零点问题，让学生对函数的零点判断形成更加直观认识。

第七环节：题组训练、落实双基。

题组 1：（1）函数 $y=x^2+2x-3$ 的零点是（　　）。

A. $(-3,0)$，$(1,0)$　　B. $x=-3$　　C. $x=1$　　D. -3 和 1

（2）求函数 $f(x)=\lg(x+2)$ 的零点。

题组 2：已知 $f(x)=2(m+1)x^2+4mx+2m-1$。（1）m 为何值时，函数有两个零点？（2）若函数恰有一个零点在原点右侧，求 m 的值。

【设计意图】立足教材，选取难易适当且适量的习题，给学生提供一个完整的运用知识的平台，从而帮助学生进一步落实基本知识，提高基本技能。

第八环节：归纳小结、培养能力。

（1）一个关系：函数零点与方程根的关系：

方程 $f(x)=0$ 有实数根 $\Longleftrightarrow$ 函数 $y=f(x)$ 的图像与 x 轴有交点 $\Longleftrightarrow$ 函数 $y=f(x)$ 有零点。

（2）两种思想：函数方程思想；数形结合思想。

（3）三种题型：求函数零点、判断零点个数、求零点所在区间。

【设计意图】小结是一堂课的概括和总结，有利于优化学生的认知结构，能把课堂所学的知识与方法较快转化为学生的素质，也更进一步培养学生的归纳概括能力。

第九环节：课后作业，自主探究。

【设计意图】课后作业围绕课堂的重点，适当适量的布置，且在层次上逐层深化，帮助学生进一步理解相关的知识与方法，利于拓展学生的自主发展的空间。

最后展示板书设计（图 4-6）：

§4.1.1 利用函数的性质判定方程解的存在			
一、三个等价关系 二、零点的存在性定理 …… 三、零点存在且唯一 $f(x)$在区间$[a, b]$上连续 $f(a)$、$f(b)<0$ $f(x)$单调函数	问题1：…… 问题2：…… 问题3：……	分组讨论： （1）…… （2）…… （3）…… （4）…… 已知函数$f(x)=\ln x+2x-6$ （1）…… （2）……	多媒体演示

图 4-6　板书设计

附录 2　数学说课技能评价表

评价项目	评价内容	评价结果			得分
		A	B	C	
说教材	1. 课题与教学内容分析精当	5	4	3	
	2. 教学内容的地位与作用论述准确	5	4	3	
	3. 教学重点、难点、关键的确定合理，理由充分	5	4	3	
说目标	1. 阐述通过教学让学生在知识与技能、过程与方法、情感态度与价值观方面所能得到发展，并说明其依据	5	4	3	
	2. 教学目标明确、具体、无歧义，符合课标要求与学生实际	5	4	3	
说教学方法	1. 从教材、学情出发，选择灵活、有启发性的教法与教具	5	4	3	
	2. 教学手段或媒体的运用，有助于教学目标的优化	5	4	3	
	3. 学法指导具体，有助于学生学习并发展数学思维	5	4	3	
	4. 学法指导理论依据正确，有利于学生获得学习能力	5	4	3	
说教学过程	1. 教学主次分明，层次清晰，环节安排合理，过渡自然	10	8	6	
	2. 有驾驭教材的能力，抓住教学重点，突破教学难点	10	8	6	
	3. 教学有特色，体现了教法、学法的运用	10	8	6	
	4. 各环节教学设计依据的理论科学、合理	10	8	6	
教师基本功	1. 讲解准确，重点突出，时间分配合理	5	4	3	
	2. 板书正确、工整、美观，布局合理、设计醒目	5	4	3	
	3. 教态自然大方、和蔼可亲、富有激情与活力；语言简练、流畅，普通话规范，富有感染力	5	4	3	
总分					
点评					

第三部分　教学中数学教学技能

第五章　数学教学组织技能

（1）学习目标：通过练习，掌握数学教学组织技能。

（2）考核要求：理解教学组织技能的内涵；掌握数学教学组织技能的基本类型；明确数学教学组织技能练习要点。

第一节　什么是数学教学组织技能

《义务教育数学课程标准（2011年版）》强调，教学活动是师生积极参与、交往互动、共同发展的过程；有效的教学活动是学生学与教师教的统一，学生是学习的主体，教师是学习的组织者、引导者与合作者。《普通高中数学课程标准（实验）》指出，学生的数学学习活动不应只限于接受、记忆、模仿和练习，高中数学课程还应倡导自主探索、动手实践、合作交流、阅读自学等学习数学的方式；同时，高中数学课程设立“数学探究”“数学建模”等学习活动，为学生形成积极主动的、多样的学习方式进一步创造有利的条件，以激发学生的数学学习兴趣，鼓励学生在学习过程中，养成独立思考、积极探索的习惯；高中数学课程应力求通过各种不同形式的自主学习、探究活动，让学生体验数学发现和创造的历程，发展他们的创新意识。这些对教师的教学组织的能力提出了新的、更高的要求。

在班级授课的背景下，教师在极其复杂的课堂环境中完成教学任务。课堂教学活动具有如下特征：①动态性——教学活动中各种事件快速转换，即现即逝。教室里各种事件的交替出现，推动着教学活动向前延展并使其呈现流动的性质，教师时时刻刻都处于实际工作之中；②即时性——教师需要对课堂上瞬息万变的事件快速做出回应，延迟或沉思都会产生教学过程的真空。对学生的质询、疑问、请求等，教师要快速地回应或回答；③非连续性——正常的教学进程常常因为一些外在或内在因素的无端打断而被迫中断，进而影响到学生的学习成绩以及整个课堂秩序；④社会性——教学是一个团体行为，所以教师所做出的教学指导和管理决策所面对的大都是班集体。正是教学过程的这些特征决定了教师需要投入大量的精力进行教学组织、管理，这要求他们具备良好的课堂教学组织技能。

课堂教学需要秩序，好的课堂教学不仅教学层次清楚，而且教学过程开放灵活，既体现教师预设又很好地展示学生精彩的生成。这就要求教师既要组织教学，又要进行管理。新课程改革要求教师成为学生群体与个体参与教学过程的引导者、创造性思维的激发者、有效学习的调控者与良好学习条件的创设者、从事学习活动的组织者。

一、数学教学组织技能的内涵

数学教学组织技能，是教师在数学教学过程中，吸引、组织、引导、指导学生参与学习，管理课堂纪律，建立良好教学环境，帮助学生投入学习的行为方式。运用教学组织技能，能吸引学生注意、激发学生动机、帮助学生投入学习、鼓励学生自我约束、创设良好课堂氛围，从而实现教学目标。

教师的教学组织涉及四个要素：学生、数学内容、教学环境、教学时间。其中对学生的组织、管理最为关键，因为学生是学习的主体，也是教学服务的对象。教学组织技能的运用，就是要在课堂时空范围内，合理组织与调控上述四个管理要素，通过建立一个包含维持课堂秩序、监督学生行为、保证学生积极参与教学过程三方面协调的课堂行为系统，确保课堂教学顺利推进。

二、数学教学组织技能的功能

数学教学组织技能，是课堂教学的“支点”，是顺利推进数学教与学进程的重要保证。它不仅影响课堂教学的效果，而且与学生情感、认知、能力的发展密切相关。因此，数学教学组织技能具有下述功能。

1. 保持注意，激发兴趣

孟子曾以学奕为喻，言求学“不专心致志，则不得也”。注意与兴趣，是影响学生数学学习的重要因素。利用教学组织技能，能够完成向学生有效传授数学科学文化知识，提升思维，形成良好个性品质与情感态度的任务，同时打开学生的心灵之户，引起注意，并维持兴趣。

2. 维护秩序，创设环境

天资、秉性各异的学生组成的班集体，使得教学情境具有社会性、动态性、即时性、非连续性的特征，这些特征导致师生交互带有复杂、多层面的特点。因而管理课堂，维护良好的课堂秩序，创设良好的教学环境，帮助学生形成遵守纪律和秩序的习惯，必然成为教师教学组织的基本内容。赫尔巴特指出：“管理并不是要在学生心灵上达到某个目的，而是要造成一种守秩序的精神。如果不坚强而温和地抓住管理的缰绳，任何功能的教学都是不可能的。”

3. 锚定目标，实施活动

教学目标具有管理功能，直接影响和制约着师生双方的课堂活动，对课堂活动起着积极的导向作用。教学组织技能的运用，实质上就是教师依据设定的教学目标，组织、协调、激励、评价、改进教与学的活动，管理、督促学生的参与行为，激发师生、学生之间的互动，创造契机实现教学目标。

三、数学教学组织技能的要素

就完整的一节数学课而言，教学组织技能包括组织各阶段教学、分配教学时间、协调师生互动方式等要素。

（一）组织各阶段教学

按照一节课的先后顺序，可以划分四个阶段，每一阶段有不同的教学组织任务。

1. 预备阶段的教学组织

预备铃声一响，教师就要站在教室门口，扫视教室内的学生，示意同学安静，督促他们做好上课前的准备：取出教科书、笔记本、文具，收起与本节课无关的东西。上课铃响，教师走进教室，踏上讲台，环视学生。学生注意力集中于教师时，教师说："上课！"，班长说："起立！"，师生问候之后，教师说："请坐！"

这是正式的组织教学的前奏，也是组织教学的基础。如果教室闹哄哄的，势必影响课堂引入的教学组织。

2. 引入阶段的教学组织

引入阶段的教学组织，要点在于引起注意、激发动机、组织指引、建立联系。这一阶段，创设好的数学情境非常关键。一个恰当的数学情境，包含了抽象数学模式的必要因素和必要形式，成为数学概念的原型、故乡和源泉，成为学生认识抽象数学模式的"认知基础"，能够生动地显示相关概念的基本性质，呈现相关法则的基本结构。所以，一个恰当的数学情境，不仅能激发学生的动机，激活其原有知识经验，也能指向概念的基本性质或相关的运算法则，并在进一步的教学展开中发挥引导、导向的功能。有了教师的精心设计与组织，这种引导、导向功能就有可能引领学生走上"数学化"之路——数学再发现、再创造之路。

3. 新课阶段的教学组织

新课阶段的教学组织，包括引起并保持注意和兴趣、安排好教学结构、控制好教学节奏、维持课堂纪律等。新课阶段是教学组织的核心环节，教学组织的主要功能与作用主要体现在这一阶段。教师要依据数学教学实际进程，运用不同的教学方法组织教学，激励学生参与新知建构；力求做到张弛有度，适度变换师生相互作用方式，变换教学媒体，交替运用讲授、练习、反思；利用柔性课堂管理技术预防学生违纪行为的出现。

在这相对漫长的时间段，教师需要运用直观形象的教学手段、巧妙的提问、热烈的讨论、发散思维训练、鼓励创造性思考、开展实践操作或实验教学等方式促成教学高潮的形成，使课堂教学跌宕起伏、妙趣横生，学生思维步入高认知水平状态，师生思维撞击出撼人心魄的火花。

4. 结课阶段的教学组织

结课阶段的教学组织，包括巩固新知、总结全课、布置作业等环节。目的在于帮助学生运用新知，结合反思引导他们“把书读薄，建立联系”，建构良好的数学认知结构，利用课外作业促进学习迁移。

（二）分配教学时间

马卡连柯说过：“教育需要的不是很多时间，而是如何合理地利用很少的时间。”一堂课 45 分钟大体分割为：创设情境，激发兴趣——5 分钟；学生感知，尝试学习——10 分钟；师生互动学习——20 分钟；总结巩固，反馈回授——5 分钟；迁移练习，布置作业——5 分钟。现实中要依具体情况进行调整。

（三）协调师生互动方式

师生互动方式，即教学的组织形式，包括全班教学——师班互动；小组教学——师组互动；个别教学——师个互动；自主探究——自我互动；合作学习——生生互动。教学组织形式的选择，讲究“管而不死，活而不乱”。既尊重爱护学生，又严格管理；既热烈活泼，又秩序井然；既“动中有静，静中有动，动静结合”，又“放中有收，收中有放”，使教学运行张弛有度，富有变化，充满活力。

第二节　数学教学组织技能的类型

数学教学组织技能，为教学的顺利进行提供了保证。学生在课堂上既要通过思考探究、自学阅读与解决问题等发展认知能力，还要通过交流、合作与互动发展社会能力。学生不仅要通过思考和阅读，而且要通过经验和情感来获得知识并体验、感受知识，形成态度、沉淀观念。因此，从促进学生认知与社会性协同发展的视角去把握数学教学组织技能，就显得非常重要。教学组织涉及教学内容的组织以及教学实施过程的组织，因而可以把数学教学组织技能分为数学教学内容组织技能与数学教学实施组织技能。

一、数学教学内容组织技能

数学教学内容组织技能，包括课前组织——教学设计、课中调整。课前教学设计要求做到“五定”：定向——有明确教学目标；定量——有适中教学容量；定度——有恰当教学要求；定序——有一定教学程序；定势——有恰当先行组织者。

数学内容的组织，尤其要注意学生认知发展水平，力求立足其知识经验设计课堂教学。对于同一个内容，如果学生的情况不同，就应该采取不同的内容组织形式。下面以《二直线方程的两点式和一般式》第 2 课时《直线方程的一般式》的教学设计为例予以说明。

对于《直线方程的一般式》，从数学脉络看，是从直线方程的特殊形式到一般形式的弱抽象过程。从数学本质看，是解析几何基本思想的应用：直线与二元一次方程 $Ax+By+C=0$（A,B 不同时为零）一一对应。从教学过程看，本节有三个重点（也是难点）：一是把形（直线）与数（二元一次方程）的对应，归结为数与数的对应来处理（同解变形，方程互化）；二是说明特殊的直线方程（尤其是 $x=x_1$）是二元一次方程；三是在证明二元一次方程 $Ax+By+C=0$（A,B 不同时为零）表示直线时，注意启发证明的方向和寻找证明的思路。从知识结构图看，这一节的内容如下（图 5-1）。

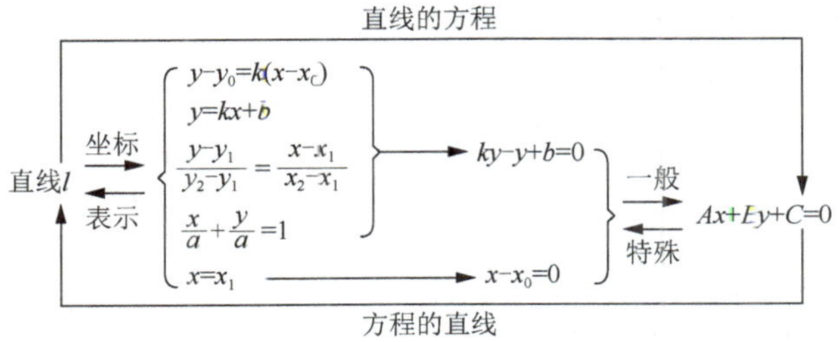

图 5-1　直线方程的一般式

根据学生学习状况的不同，可以采用不同的教学设计。

设计一：基于学生学习状况良好的教学设计

教学环节	教师活动	学生活动（预设）
创境激趣	设问：数学家笛卡儿在平面直角坐标系中研究两直线间的位置关系时，碰到了这样一个问题：平面直角坐标系中的任何一条直线 l 能不能用方程来表示？现将这个问题交给你们，你们能帮助数学家笛卡儿解决这个问题吗？	尝试：分别利用直线方程的点斜式、斜截式、两点式、截距式给出直线 l 的方程
设问导探	质疑：你们解决了笛卡儿的问题吗？	反思：四种特殊的方程未能包含与 x 轴垂直的直线：$x=x_1$
	启发探索：确定一条直线仅需两个条件，即方向、过一定点，这体现在五种不同形式的直线方程中。同样，五种不同形式的方程也包含了这一本质，能否把这一本质从五种不同形式的方程中概括出来，用统一的形式来表达？	探索：将直线方程的点斜式、斜截式、两点式、截距式概括为：$kx-y+b=0$，然后与 $x=x_1$ 比较。得到统一形式：$Ax+By+C=0$（A,B 不同时为零）（*）
	深入再探：数学家笛卡儿交给我们的数学问题已经解决了，我们能不能说方程（*）是直线 l 的方程呢？	回顾反思：还需说明以方程（*）的解为坐标的点都在直线 l 上
	启发：直线是任意给的，方程是抽象的，怎么证明呢？回顾前面的过程，能否得到什么启发？	反思探索：直接证明难，尝试将 $Ax+By+C=0$（A,B 不同时为零）化为五种特殊的直线方程
	引导综合：至此，我们能得出什么结论？	归纳：直线方程的一般形式
练习迁移	课堂练习、讲评：1.巩固直线方程概念； 2.求已知直线的方程	练习与互评：完成练习，交流评价
反思完善	布置作业：请大家小结本课内容；课外作业	学生小结并由一人板演

设计二：基于学生学习状况一般的教学设计

教学环节	教师活动	学生活动（预设）
复习提问	提问：我们学习了直线方程的四种特殊形式，请大家回顾：方程的名称、形式、条件	回忆：写出直线点斜式、斜截式、两点式、斜截式方程
引导探究	引导定向：数学发展的一个特点是在不断分化的同时又不断走向新的统一。描述直线，我们已学了四种形式，这有利于我们使用，但也使我们更多地局限于细节。现在我们考虑将它们统一起来，能否将它们化成：□ x +□ y +□ $=0$ 的形式？	尝试：学生对方程进行变形；讨论；并将结果投影：$Ax+By+C=0$（A,B 不同时为零）
	质疑：直线方程的四种特殊形式都可以写成关于 x,y 的一次方程，那么，是否所有直线的方程都是关于 x,y 的一次方程呢？	反思：未考虑到与 x 轴垂直的直线：$x=x_1$，它也是关于 x,y 的一次方程
	归纳引导：所有直线的方程都可以写成 $Ax+By+C=0$（A,B 不同时为零）（*）。不过考虑问题应从正、逆两方面进行。现在我们考察问题的另一面：任一方程（*）是否表示直线？	讨论：应该说明以方程（*）的解为坐标的点都在直线上，但图不好画。方程（*）好像与前五种形式有关
	进一步点拨：五种特殊的形式都归结为方程（*）；反过来，能否将方程（*）化为前五种形式呢?大家试试看，注意转化的条件。思考以后，再相互讨论讨论	探索：尝试将方程（*）在不同条件下化为五种特殊形式的直线方程。从而知道方程（*）总是表示直线
	综合、小结：方程 $Ax+By+C=0$（A,B 不同时为零）叫直线方程的一般式。大家从前面的学习过程中得到了什么启发？	总结：一般式和特殊形式的联系；数学思想的应用；从正、反两面考虑问题
巩固训练	课堂练习、讲评：1.写出已知直线不同形式的方程；2.将直线方程的一般式化为特殊形式，并画出图形，写出截距与斜率	练习与互评：完成练习，交流评价
布置作业	课外作业：两个思考题和若干习题	学生课外完成

设计三：基于学生学习状况薄弱的教学设计

教学环节	教师活动	学生活动（预设）
复习奠基	布置两道课堂练习：（讲评、点拨） 1. 根据图中的已知条件写出直线 l 的方程，并化为 $Ax+By+C=0$ 的形式；2. 说出下列方程是几元几次方程（包含了上题中的直线方程）	解答：分别利用直线方程的点斜式、斜截式、两点式、截距式、$x=x_1$ 写出直线 l 的方程，并回答第二题
启发探新	启发：请大家观察上述两个问题，能得到什么结论？	猜想：直线的方程都是二元一次方程。$x=1$ 是吗？
	引导观察：在回答这个问题前，请同学们看老师利用几何画板平移、旋转图中的直线，并显示直线的方程。让直线逐渐旋转到与 y 轴平行，使学生根据方程的显示观察出 $x=1$ 是二元一次方程的特例。根据刚才的演示，同学们得出什么结论？	回答：任何一条直线都是关于 x,y 的二元一次方程：$Ax+By+C=0$（A,B 不同时为零）
	逆向探究：直线的方程都是关于 x,y 的二元一次方程；反过来关于 x,y 的二元一次方程是否表示直线呢？请画出下列二元一次方程的图形	画图观察：利用描点法得到这些二元一次方程的图形都是直线
	再启发：既然这些二元一次方程的图形都是直线，那么它们都能化成已学过的几种形式。请大家化一化，化完后再认真思考：怎样来说明 $Ax+By+C=0$（A,B 不同时为零）的图形一定是直线呢？注意对分母为零情况的讨论	思考与探索：先化练习题，再尝试将 $Ax+By+C=0$（A,B 不同时为零）化为已学过的直线方程的形式
	小结：直线方程的一般形式	归纳、笔记
双基训练	课堂练习、讲评：1. 求已知直线不同形式的方程；2. 写出直线的方程，并且化成一般形式；3. 讨论 $Ax+By+C=0$ 何时表示过原点的直线？	练习与互评： 完成练习，板演
小结完善	小结、作业：请大家小结本课内容；课外作业	小结：二元一次方程与直线的一一对应关系

学生的数学现实是课堂教学设计的出发点。同样的内容，不同的对象，应有不同的教学设计。我们赞同，全局上把握学科的基本思想，内容上把握知识的基本结构，教学组织上体现教育的现代理念，教学操作上体现教师的个性风格。设计一面对数学基础扎实，思维能力较强的群体，设计了富有挑战性、探究性的问题情景，以激发学生的探究热情，增强他们的问题意识。同时鼓励学生探求问题的解法，让他们在学习过程中自主地建构新知识。设计二面对学习状况中等，有一定学习热情的群体，设计上重视思维定向，将问题设置在“最近发展区”，便于学生在心理上形成认知冲突，使他们在积极参与探索活动中主动建构新知识。设计三面对学习基础薄弱、思维发展水平相对滞后的群体，设计时借助现代信息技术，坚持“低起点、小步子”，力求循序渐进。

二、数学教学实施组织技能

数学教学实施组织技能，决定着课堂教学推进的方向。组织好教学实施过程，能够创设良好的课堂气氛，激发学生的兴趣与动机，增强学生的自信心与进取心；能够吸引并维持学生的注意，使之投入学习，提升其数学思维水平，增进其数学交流与合作能力；能够帮助学生建立良好的课堂行为准则。因此，数学教学实施组织技能包含以下三种不同但又相互支持的类型。

（一）激励性组织技能

激励性组织技能，指在教学过程中，教师利用身体移动、目光接触、语气语调和教态的变化等，结合亲切、热情的引导性语言，鼓励学生参与教学过程并积极思考，营造生动而富有激情的课堂的行为方式。

运用激励性组织技能，教师传达对学生的期望，激发其强烈的学习动机。成就动机的研究表明，对于设置了中等难度目标且全力以赴实现目标的个体来说，他们比那些只希望“天上掉馅饼”的学生要努力得多和更有坚持精神。自我效能的研究表明，那些认为自己有能力或高效能的个体更努力和更有坚持精神，他们相信自己有能力成功完成任务，而且能赢得成功带来的奖赏。归因理论表明，那些把行为归因于内在可控原因的个体，比把行为归因于外在的或不可控原因的个体要更努力和更能坚持。利用激励性组织技能，帮助学生养成如下心态和归因推断：①积极的自我效能感。效能感会通过确立目标影响动机。如果在特定领域效能感高，人们倾向于设立更高的目标，并在旧策略失败时努力寻找新策略；若效能感低，出现问题时人们可能会逃避任务或轻易放弃。②内在的可控归因。教师要让学生坚信，成功是能力和努力两个方面紧密结合的产物。将成功归因于自己努力结果的学生，具有强烈的自我效能感，这些因素会造就其坚忍不拔、持之以恒的毅力及学习的成功。如果当学生把失败归因于稳定的、不可控的原因时，他们就会对失败听天由命、沮丧、无能为力，对学习反应冷漠、无动于衷。③能力是可变的观念。教师要让学生懂得，潜在的学术能力是通过学习活动不断发展起来的。把能力看作是可以提高的学生，关注学习性目标，具备较强的能力意识与自我价值意识，倾向于设立能够提升知识技能的学习性目标——寻求理智的乐趣和相应的环境，并能建设性地应对失败。

（二）指导性组织技能

指导性组织技能，指教师通过诱导的方式促使学生投入数学学习，同时在学习过程中提供咨询、辅导和帮助的行为方式。这是一种对具体学习活动的组织，教师的教学任务没有变化，但角色变了，成为指导者、组织者与合作者。对自主学习、合作学习、探究学习进行合理、恰当指导，成为指导性组织技能的重要课题。

1. 指导自主学习

自主学习是学生依照学习计划有序、独立学习，适时评价和调节学习进度的学习方式，表现为主动、建构性的学习过程。在这个过程中，学生先确立学习目标，然后监视、调节与控制由目标和情境特征引导和约束的认知、动机与行为。教师通过帮助学生改善自主学习的动机与策略，达到学会自我学习、自我管理、自我调控的目标。因此，教师对自主学习的指导，涉及对学习动机激发、目标定位设置、学习策略运用、学习时间管理、学习结果评价几个方面的指导。

2. 指导合作学习

约翰逊兄弟认为合作学习要求具备五项条件：积极的相互依赖，面对面的互动，个体责任，人际交往和参与小组活动的技能，小组自评。所以，合作学习需要教师的有效指导——像“导游”那样为学生的合作学习提供引导与反馈。

鉴于合作学习的复杂性，教师要精心准备、全程指导。教学前——明确目标，准备好教学材料。教学初——做好有效的组织工作：告知学生学习目标与评价标准；决定小组规模；分组；合理安排教室空间。教学中——适时监控与介入学生合作学习过程：小组对任务不清楚时，教师要重新解释；小组争论声音过大时，教师要及时制止，并提供辩论与倾听的技巧；小组偏离合作主题时，教师要及时引导；小组表现不活跃时，教师要提供情感支持与鼓励；小组遇到困难无法解决时，教师要提供有助于任务完成的方法与策略。

3. 指导探究学习

普通高中数学课程标准指出，数学探究即数学探究性课题学习，指学生围绕某个数学问题，自主探究、学习的过程。这个过程包括：观察分析数学事实，提出有意义的数学问题，猜测、探寻适当的数学结论或规律，给出解释或证明。因此，探究学习是一种基于问题的学习，体现了学生通过主动探究解决问题的过程。如果说自主学习强调独立性与自控性，合作学习关注互动性和交往性的话，那么探究学习则凸显问题性和探索性。

针对探究学习的五个阶段：确定课题、制订计划、搜集资料、总结整理、交流评价，教师的指导可以采用相应的策略：引导学生确定课题、指导学生制订计划、为学生的资料搜集提供智力支持与安全保障、提供资料整理与分析的方法指导以及成果呈现方式的建议、组织好学生之间的交流评价与反思。

（三）管理性组织技能

管理性组织技能，指教师对课堂秩序的组织与课堂纪律的管理，为课堂教学的顺利推进创设有序的环境。事实上，课堂管理性组织需要很多技巧，例如，如何布置教室、如何建立课堂秩序、如何回应不良行为、如何进行鼓励强化、如何利用日常性的规章制度创造良好高效的学习氛围等。所以，管理性组织技能强调课堂的组织和管理技巧——突出预防在课堂管理中的重要作用。

1. 管理性组织技能对教师的要求

与学生建立良好的人际关系是成功管理课堂的基础。因此，教师具备一些受学生尊重和喜欢的个人素质和态度非常重要。要为成功的课堂管理奠定基础，教师必须：①赢得学生的尊重与爱戴；②可信可靠；③确保学生在学习中承担责任；④珍视和欣赏学习，而且希望学生也这样做。

如果教师具备了上述素质，那么在建立课堂管理秩序之前，还要把握基本原理：①学生极有可能遵守他们能够理解和接纳的规则；②当学生参与自己特别感兴趣的活动时，纪律问题会降到最低程度；③管理应该着眼于建立一个效果显著的学习环境；④教师的目标是帮助学生形成内在的自我控制。

2. 管理性组织技能需要的五种行为

1）按教学目标需要布置教室

无论是谁，在特定的环境里，都会受到环境的诱导与感染，从而做出某些行为。因此，作为课堂教学背景的教室的布置方式，与教学任务的实现密切相关。教室布置有很多的选择，但每一种选择都会鼓励部分学生的特定行为，而抑制他们的另一些行为。因此，在设计课堂教学背景——布置教室时，首先要明确学生要在这个背景里做些什么。

由于学生的需要以及教学内容的变化，教学目标总在发生着变化。这就要求教室布置要有一定的变化，从而适应不同的教学目标要求。无论如何，教室的物理环境传达了教师所期望的学生行为。传统“秧田式”教室布置，更适宜讲授和教师主导下的讨论，适合学生获取知识、概念与规则，更有利于学生集中注意力，更有利于教师监控和管理学生，但不太适合发展学生之间的交流合作。如果教学目标要求更多师生、生生互动、小组合作，那么教室布置可以更接近“实验室”风格。这种布置，学生更方便发表意见，参与相互的交流。因为这种安排暗示着鼓励个人之间的交流与合作。倘若教学目标同时包含独立作业与合作活动，那么教室的布置可以将“秧田式”与“实验室”进行整合，以同时满足两种要求。另外，教室布置不但要考虑与教学目标相一致，也要考虑与文化因素相符合。

2）事先制定并传达课堂规章制度

没有任何一种教室布置能适应所有学生的需要，因而建立课堂规则以调适学生行为就不可避免。科滕指出，建立课堂规则是课堂管理的重要方面。课堂规章制度向学生传达教师对知识、训练等方面的观念与价值倾向。

制定规章制度要遵循三条基本原则：①规章制度与学习氛围相一致；②规章制度必须具有可行性；③规章制度体现的是对学生课堂行为最低限度的要求。这个最低限度的要求包括：提高参与性，减少扰乱行为；增加安全保障；防止对他人、对教学活动造成干扰；倡导礼貌行为，促进人际交往。规章制度要有一定的概括性，以包容一系列具体的行为；但若过于概括，学生可能不清楚它所制约的具体行为。规章制度太多不行，也不能太少，以 6～8 条为宜。尽量用积极语气制定规章制度；有时从否定角度拟定规则也十分必要。并非所有规章制度都同等重要；特殊情况下可以增补新规定。如果教师没有解释清楚，或没有切实执行规章制度，这些制度就会失去效力；如果让学生参与规章制度的制定，这些制度将非常有效。另外，规章制度必须符合学生的文化和种族背景，避免与其父母的价值观、家庭生活方式等因素发生冲突。

3）培养良好的课堂行为规范

教室是一个异常繁忙的场所，点名，发放资料，启动与结束学习活动，课堂作业的布置、完成与批阅，分组、解散、再分组，应对学习过程中出现的各种各样问题，解决所有这些复杂情形需要一个系统的例行程序，即课堂行为规范。课堂行为规范要根据特定时间、特定要求、特定地点合理规划，以指导学生一天的学习和生活。

具备良好课堂行为规范的学生，能够最大限度地将时间投入到学习之中。事实上，形成每一种课堂行为规范都需要教师付出时间和精力。倘若在开学初就在课堂上建立起了课堂行为规范，那将节省以后的时间，并让学生感到秩序井然。因此，应该让学生有计划地学习课堂行为规范，之后监督执行并贯彻始终。

4）制定奖惩措施

惩罚可能是强有力的手段，但运用惩罚也可能意味着教师没有处理好问题。因而对可接受行为进行奖励，效果要远好于对违规行为的惩罚。面对学生，与其列举对不当行为的惩罚，不如告知各种奖励更能激发他们。不过，不同的学生喜欢的激励方式不同，要了解每个学生的兴趣、需要与期望，这样才能找到最好的奖励组合方式。

当然，奖励不可能解决所有问题。尤其是当个别学生反复出现不良课堂行为，或置教师合理要求于不顾时，惩罚就不可避免。对于违纪学生，可以选择从提醒到重度回应的不同方式进行处理：瞪他一眼；靠近他；要求他改变行为；要求他停止不良行为；调整其座位；和他讨论问题的原因；让他课后留下来；联系其家长。教师在处理纪律问题时，需时刻铭记弹性原则——决定处理方式时，既考虑违纪行为类型，也考虑行为产生背景：①如果上课讲话、不安分、离开座位、打扰他人等行为初次发生，给予温和的告诫；如果反复出现，需中度回应；若影响课堂进程，要采取强硬措施予以干涉。②逃课、辱骂同学、斗殴、不完成作业等行为，初次出现可予以中度回应；若经常出现，必须严厉制止。③作弊、抄袭、偷窃、破坏公物等行为，应予以强硬回应。

5）进行低调课堂管理

由于长时间地被限制在极为有限的空间内，部分学生容易出现诸如上课说笑、不按顺序发言、递纸条、上课走神、不按指示行事、挠（梳）头、乱写乱画、哼歌、敲桌子、晃动身体等“表层行为”。尽管这些行为不是人格问题或情绪失常，但如果不加制止就会影响教学过程的正常进行。科滕指出，将近一半的课堂时间被非教学时间挤占，而处理表层行为的时间占了大多数。对表层行为的处理，包括由柔性管理向刚性管理过渡的三个阶段：预测——提前预见并阻止表层行为的发生；转移——不良行为即将发生时得以改变；回应——行为发生后不露痕迹地果断制止，尽快结束影响课堂教学进行的破坏事件。这三个阶段如图 5-2 所示。

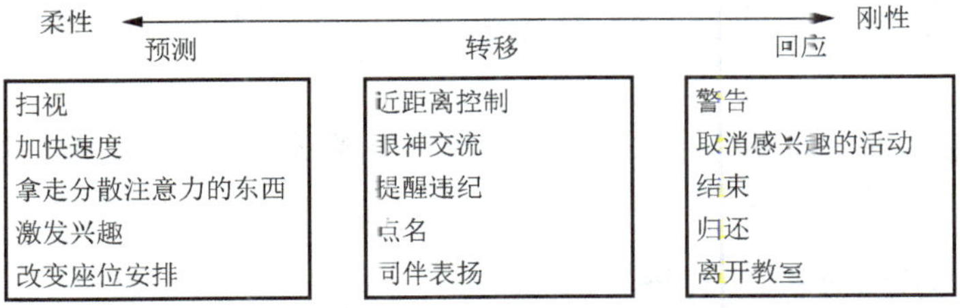

图 5-2 柔性管理向刚性管理过渡的行为表现示意图

第一阶段：预测。

预测，指教师在不中断教学过程的前提下，通过目光来回扫视，发现隐患并在问题变得更严重之前加以解决。因此，既要预知将要发生什么，还要预知何时发生，同时需要应对技巧来改变氛围，不露痕迹地阻止事态扩大和升级。在预测阶段，应对表层行为的技巧包括加快教学进度、拿走分散学生注意力的东西、提高音量、准备一些激发兴趣的活动、改变某些学生的座位等。

第二阶段：转移。

一旦发现同学发生表层行为的前兆，教师要运用转移手段。可以走向该同学，这个简单的行为就足以制止更严重事情的发生；也可以利用眼神与该学生进行交流，并伴以面部表情，如瞪眼、扬眉、摇头等予以警告；还可以使用暗示性语言，包括重申纪律、点名以及表扬同伴。

预测和转移能够不露痕迹地阻止一些影响课堂的不良行为，并给予学生纠正错误的机会，正是这样的机会让学生的自我控制能力得到提高。但是，无论教师如何勤于观察，总有一些违纪事件发生而教师未能觉察；也有一些违纪行为置教师提醒与暗示于不顾。在这样的情形下，就需要教师果断做出回应。

第三阶段：回应。

不良行为发生时，教师的首要任务便是尽快结束这种破坏事件。可以重申纪律要求，告知不良行为的性质及相应的惩罚措施；或者取消该学生感兴趣的活动；或者剥夺该学生的某项特权；或者让该学生离开教室，到办公室等候教师的处理。

下面，以一个例子说明如何实施预测—转移—回应。

学生小刚干扰课堂秩序时，教师表扬他旁边表现很好的同学："小明，你做得真好，这么认真用心地进行计算。"然后等 15 秒，看看小刚是否改正。

如果小刚继续捣乱，就说："小刚，我要警告你，完成你的计算练习，不要打扰小红。"然后再等 15 秒。

倘若小刚还是不听，就说："小刚，我已经警告过你了，现在你必须离开教室，5 分钟以后回来（或者你必须待在教室里，直到吃午饭的时候才可以离开；或者你今天不可以去阅览室看书；等等）。我过会儿再和你谈。"

如果预测—转移—回应这种柔性管理技巧运用得当，那么可以让课堂教学顺利推进。柔性管理极为重要，它给教师提供了一种比较温和的方式来帮助学生纠正错误，而不是使违纪升级。

第三节　数学教学组织技能练习原则与要点

数学教学组织属于高度综合化的技能，其运用要整合多种技能相互配合。在练习过程中，要把握以下原则及要点。

一、数学教学组织技能练习原则

学习数学教学组织技能，需要把握一些基本的原则。

1. 实现目标

学习教学组织的目的，是实现数学教学目标。因此，教师要采用适当方式呈示数学教学目标，明确教学的推进方向。目标本身具有组织与管理功能，能够直接影响和制约师生的课堂活动，对课堂教学活动发挥积极导向功能。另外，教师的组织、管理，应以教学目标的实现与否作为评价依据。

2. 反馈调节

课堂组织、管理的要求和措施要立足于学生的思想状况与学习动态，才能有针对性，才有成效。教师教学设计时要反复斟酌数学教学目标、教学策略，预见学生可能会遇到的问题，制订相应的组织与管理对策。教师在教学过程中，还要利用反馈信息调节数学教学组织活动，保证教学活动得以正常开展。

3. 强化激励

激发、激励、维持学生投入数学学习活动的积极性，是教师课堂组织与管理的基本要求。教师在课堂上创设民主、活泼的课堂氛围，促进学生积极思维，鼓励他们质疑、质询与讨论，允许他们发表不同的看法。要引导学生参与课堂组织与管理，形成集体促成的纪律。

二、数学教学组织技能练习要点

（一）加强指导性组织技能的练习

数学教学组织技能的最高追求是使学生全身心投入数学学习活动，使课堂失范的风险降到最低程度。这要求教师根据班级情况调控教学内容与教学方法；善于捕捉反馈信息，调控教学措施和进程；善于激励学生情绪，调控课堂气氛。因此，需要把数学教学内容组织与数学教学实施组织统一起来，融为一体。数学教学内容组织一端连着学生，另一端指向教学目标，中间整合进教学过程。新课程大力倡导自主探索、动手实践、合作交流、阅读自学等学习数学的方式，因此数学教学内容组织与指导性组织紧密相连。

1. 数学自主学习的教学组织

自主学习有助于学生形成自己的理解，提升推理、解决问题及批判性思考的能力。数学自主学习的教学组织要突出学生的独立学习，发展其学习与思维能力，达到“学会学习”的目标。数学自主学习要付出三大努力，因而要激发学生的学习动机，做到个别化学习与班集体学习相结合，启发、阅读、练习、反馈与反思相结合，自我检测与教师检测相结合，采用变式教学加深理解与巩固。数学自主学习的教学组织模式：启发引导——激发学习动机；阅读自学——领读、辅导阅读、独立阅读；巩固练习——教师布置分层任务、学生自主选择任务；即时反馈——自我检测与教师检测；回顾总结——课堂精练、教师总结、学生反思。

2. 数学合作学习的教学组织

合作学习能促进学生进行更复杂的认知和社会学习，增强彼此之间的积极情感，可以增强自尊，能提高合作学习的能力。在数学学习中开展合作学习的有效方式，包括基于项目的学习、基于设计的学习、基于问题的学习。运用上述学习方式，面临三种挑战：在小组内制定规范，允许个体共同工作；设计数学任务，支持有效合作学习；设计适合数学学科讨论的策略。应对第一项挑战，需要关注小组内积极的个人问责、面对面的促进互动、社会技能及小组进程。应对第二项挑战，要将学习主题问题化，设计成基于项目、设计或问题的数学学习任务。应对第三项挑战，在于通过小组合作支持个体学习：分享原始观点、通过辩论澄清不同结论的实质、解释对现象的思考、提供评论、观察他人的策略以及倾听解释。

“小组拼图”学习模式是一种较为成熟的合作学习组织模式，运用的关键在于学生要经历两次分组活动：在第一次小组活动（每个小组学习不同的内容）中，每组学生通过自学与相互交流，将自己培训成专家；第二次重新分组，在每个小组中每位同学以专家的身份向组内其他同学讲解相关知识。

3. 数学探究学习的教学组织

数学探究学习的组织，可以结合变式教学实施，下面通过一例说明。

例如：求 $\sin^2 10°+\cos^2 40°+\sin 10°\cos 40°$ 的值。首先，引导学生观察题目的整体结构、局部特征、微观联系，分析得出数学事实：①整体结构一：一个二次三角式；②整体结构二：一个二次齐次式 a^2+b^2+ab；③局部结构：由正弦值与余弦值构成的式子；④微观联系一：角度关系 40°−10°=30°；⑤微观联系二：角度关系 30°−20°=10°，30°+20°=50°。其次，提问：根据题目的整体结构、局部特征以及微观联系，你能构想怎样的解题思路？第三，探寻解题思路：二次三角式——利用降幂公式 $\sin^2\alpha=\dfrac{1-\cos\alpha}{2}$，$\cos^2\alpha=\dfrac{1+\cos\alpha}{2}$，及三角函数积化和差公式 $\sin\alpha\cos\beta=\dfrac{1}{2}[\sin(\alpha+\beta)+\sin(\alpha-\beta)]$；二次齐次式——将 a^2+b^2+ab 配方：

$$a^2+b^2+ab=\left(a+\frac{b}{2}\right)^2+\left(\frac{\sqrt{3}b}{2}\right)^2=\left[\frac{\sqrt{3}(a+b)}{2}\right]^2+\left(\frac{a-b}{2}\right)^2=a^2+b^2-2|a||b|\cos 60°(\text{或}120°)$$

配方后可利用勾股关系或利用余弦定理构造图形求解；互余关系——利用 $\cos 40°=\sin 50°$ 将原题化为二次正弦式；利用角度关系 40°−10°=30°，结合三角函数积化和差与和差化积公式；利用角度关系 30°−20°=10°，30°+20°=50°，化余弦为正弦，再进行角度组合。第四，总结并反思解题思路的形成过程与具体的转化技巧。可见，组织数学探究学习并不神秘。可以结合生活世界自主设置探究性课题，将课内与课外结合起来，特别要在平常的教学过程中给学生创设探究机会。

在课堂教学中融入数学探究学习方式，需要相应的教学模式支持。对于探究教学而言，教学策略为“教师指导、学生探究”；教学评价基于“培养探究意识与创新能力”；教学程序要体现“困惑、猜想、验证、总结与拓展”的过程。因而，数学课堂探究教学的一般模式由设置情境、提出猜想、验证猜想、评估分析、交流拓展等几个阶段组成，如图 5-3 所示。

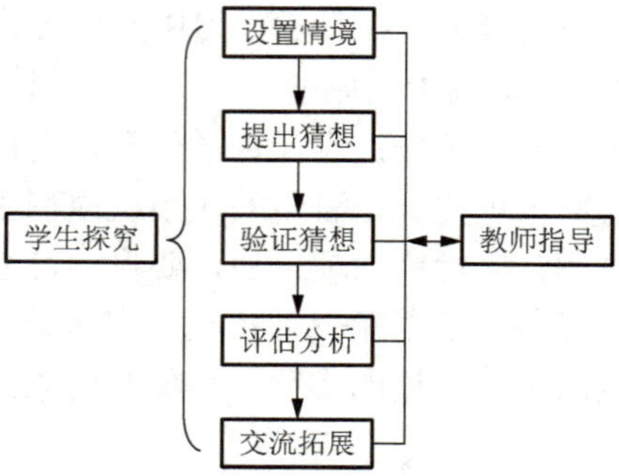

图 5-3　数学课堂探究教学的一般模式

（二）优化激励性组织技能的练习

教师运用语言、体态等技能，传递适合的期望，达到激发学生内在动机的目的，是激励性组织技能运用的关键。因为动机与目标定向、兴趣与情感、自我认知都有关系。由于自我认知包括能力观、自我效能感、自我价值，因而自我认知是影响学生动机水平的重要因素。

成败归因、能力观、自我效能与自我价值之间有着密切的关系。倾向于重视成就并把能力看作是可以提高的学生，为了提高技能和能力而关注学习性目标，能力意识与自我价值意识强，一般将成功归因于自己努力的结果，具有强烈的自我效能感，所有这些因素造就了他们坚忍不拔、持之以恒的毅力及学习的成功；倾向于重视表现并把能力看作是无法改变的学生，为了免遭失败而关注表现性目标，缺乏强烈的自我意识以及独立于成绩的自我价值，对自己聪明程度的感知往往与最近的考试相一致，没有形成一致的自我效能感，所有这些因素造成了他们极少努力、确立非常低或极高的目标；倾向于把失败归结为能力低并认为能力是固定不变的学生，最终接受自己缺乏能力，自我价值和自我效能意识遭到破坏，可能变得情绪低沉、缺乏兴趣、无能为力。

发展积极的自我认知、激发学习动机的基本策略如下。

（1）通过示范对学习的好奇与兴趣，传递教师欢迎的期望与归因，把学生的表现焦虑降到最低，将学习动机发展为学生的一般性素质；

（2）经常性地表现出高涨的热情，适时制造一种紧张气氛，引导学生对所学课程充满热情，形成适当的学习期待；

（3）通过诱发好奇心或制造悬念，引发学生认知失调或认知冲突，使抽象的内容变得个性化、具体化或熟悉化，引发对任务的兴趣或欣赏；

（4）通过呈示学习目标和提供先行组织者，筹划有助于学生形成和应用强有力观念的问题和活动，示范与任务相关的思维和问题解决方式，引发学生对学习策略的元认知意识，传授意志控制策略，以支持学生的学习努力；

（5）运用契约和刺激系统，发现并建立学生的兴趣，帮助他们形成并维持对学业的较为积极的态度，调动他们的学习动机。

（三）强化管理性组织技能的练习

由于数学教学技能练习的场景，完全异于现实的课堂生活。为弥补这一缺陷，可以运用案例分析以帮助学生理解管理性组织技能，体会技能后面隐含的管理理念。案例分析的基本程序：呈现案例；学生讨论；教师总结。

【案例 1】李老师讲完对数函数的图像和性质，准备归纳对数函数性质的时候，发现有的学生注意力不集中，在开小差，于是他采取了如下方法：

师：请大家告诉我，刚才我讲了什么？

生：（一些学生抬起头，一些学生仍然做着自己的事。）

师：我再说一遍，请大家告诉我，刚才我讲了什么？

生：（全部安静，注意力均转向教师。）

师：请×××同学回答我的问题。

生：……

师：你刚才没有注意听讲，所以回答不出来。下面请×××同学回答。

生：刚才老师讲了对数函数的几条性质。

师：对，刚才我讲了对数函数的几条性质，下面我要讲性质的应用。请大家注意听讲，这一内容讲完后，我将提问……

请分析：李老师运用的“提问法”是否合适？

【案例 2】万老师在讲三角函数的积化和差，发现后排的刘××在睡觉。她没有停下教学来叫醒他。而是借布置思考题“三角函数积化和差公式有什么特点？这组公式为什么叫作三角函数积化和差公式”的机会，边讲边走进他的身边，轻轻将刘××拍醒，然后回到讲台。当时同学们都在思考万老师的问题，竟然没有发觉刚才发生的插曲。

请分析：万老师运用的课堂管理技能体现了什么特点？其优越性在哪里？

附录　数学组织教学技能评价表

班级　姓名　学号　训练时间 课题					
请您听课后对以下项目进行评价，在相应的等级处打“√”。					
评价内容	评价等级				
	优	良	中	差	权重
1. 关爱学生，讲课充满激情					0.1
2. 语言流畅，充满情感，有韵律，吸引学生					0.1
3. 数学内容的组织符合学生的认知发展水平					0.2
4. 柔性课堂管理技术运用恰当					0.2
5. 指导学生开展多样化的数学学习					0.2
6. 恰当运用语言、变化与创设情境的技能，激发学生学习动机					0.2
总分					
评语：					

第六章　数学语言技能

（1）学习目标：通过训练，掌握基本的数学语言技能。

（2）考核要求：了解数学语言技能及其作用；把握数学语言技能的基本要素，形成基本的数学语言技能；掌握数学语言技能的训练要点，会评价数学语言技能。

第一节　什么是数学语言技能

教师在课堂上呈示教学信息、阐明教学内容、组织学生讨论与练习、传递学习期望、激发学生学习热情等，都要运用语言。苏霍姆林斯基说："教师的语言修养在极大的程度上决定着学生在课堂上脑力劳动的效率。我们深信，高度的语言修养是合理利用时间的重要条件。"有效教学研究结果表明，教学语言的清晰度和学生的学习效率成正相关。其中，语速会影响学生的思维水平，语的（语言指向目标的准确性、严谨性）会影响学生的理解，语趣（语言的趣味性）会影响学生的兴趣，语式（语言格式）会影响学生的思考，语音会影响学生的情绪。

由于数学教学比较重视解答、演算、证明及其书面表达，不太关注数学思想与数学语言的口头交流，加上不开设独立的数学语言课，致使多数学生不会谈论数学。随着年级的升高，学生需要交流的数学越来越复杂、抽象，需要运用的交流工具、方法以及助推交流的数学推理越来越精深，这必然要求数学教师具备高超的语言技能。数学课堂教学中的语言形式，主要有口头语言、书面语言、体态语言等，本章主要学习数学口头语言与书面语言技能，以及两者的结合。

一、数学语言技能的内涵与作用

基础教育课程改革的推进，对数学教师的语言技能提出了更高的要求。《普通高中数学课程标准（实验）》提出："学生的数学学习活动不应只限于接受、记忆、模仿和练习，高中数学课程还应倡导自主探索、动手实践、合作交流、阅读自学等学习数学的方式。这些方式有助于发挥学生学习的主动性，使学生的学习过程成为在教师引导下的'再创造'过程。"《全日制义务教育数学课程标准（2011年版）》指出，学生学习应当是一个生动活泼的、主动的和富有个性的过程；认真听讲、动手实践、自主探索、合作交流等，都是学习数学的重要方式；学生应当有足够的时间和空间经历观察、实验、猜测、计算、推理、验证等活动过程。因此，教师需要把数学知识"冰冷的美丽——学术形态"转化为"火热的思考——教育形态"，这就要求教师通过恰当的语言组织、师生对话，引导学生经历数学学习活动。

尽管一节成功的课涉及很多因素，但语言技能的运用非常关键。因为如果教师的语言逻辑性强，就能清晰地揭示数学问题的解决思路，使学生洞察解决问题的关键；如果教师的语言简洁明了，就能把复杂问题简单化，使学生学习的路线变得清楚；如果教师的语言生动形象，就能为学生的多元表征学习创造条件，更好地为他们的形象思维与逻辑思维相互启示提供帮助；如果教师的语言真挚、充满感情，就能向学生传达恰当的期望，并在学生心灵中播撒知识的种子。

数学语言技能，是教师向学生呈示数学知识信息、组织数学教学对话、指导数学学习，帮助他们掌握数学思维方法，学会发现、分析与解决问题，促进其情感态度与价值观得到发展的语言行为方式。教师数学语言技能的运用，直接影响学生“四基”的落实，对学生数学语言的形成与发展起着重要作用。

二、数学语言技能的功能

1. 传递数学知识体系

教师利用口头语言、书面语言提供听觉、视觉等感性材料，准确、清晰地呈现、说明数学知识，引导探究、讨论、交流，帮助学生建构数学知识。

2. 发展学生数学语言

教师数学语言技能的运用，对学生数学语言的形成起着重要作用。通过师生、生生问答，讨论对话，分享信息、观点、观念，共同解决问题，学生的数学语言与思维相互参照，进而其数学语言能力得到发展。

3. 促进学生数学思维

语言是思维的工具，语言能力的提高，必然促进思维的发展。教师结合书面语言呈示数学内容的要点、结构，提供数学学习的先行组织者，为学生识记、保持、再现学习内容建构线索。这就给学生提供了经历高水平数学认知活动的机会，有助于提升其思维深度，发展数学思维。

4. 增进师生情感交流

教学是师生之间的一种复杂细微的思想情感交流过程。运用充满激情、语调清晰、生动形象、严谨精确的数学教学语言，教师倾注情感、爱心，并传递积极的期望。必然促进师生之间多向度的互动与情感交融。

三、数学语言技能的要素

数学语言技能的要素由基本交流用语、数学科学用语构成。

（一）基本交流用语

基本交流用语，为人们日常交往所需要，任何学科的教学都不可少。基本交流用语，反映出教师的语言特色、艺术，与教学清晰性密切相关，包括：语音、音量、语速、节奏、声调、语汇、语的、语趣、语式。

1. 语音

语音是语言最基本的物质材料之一，有了这一载体，表达数学事实的语言才能以声音的形式发出、传递，并被感知。教师口头语言的发音即为语音。

数学课堂中经常使用英文字母、希腊字母，特别是新课程实验教科书对于数学名词都配有相应的英文单词。对于这些字母、单词一定要读准，做到发音、读音准确、悦耳。为了避免语音传递中出现混淆，要结合板书或运用同义复述方法。

2. 音量

音量就是教师在讲课时声音的大小。

教学过程中，教师需要对自己的音量进行调节与控制。在教室安静的情况下，通过音量调节能使得最后一排的同学听清楚就行。利用音量调整，通过加重或减弱语气，可以让学生思维集中于教师语气变化所呈示的内容，从而突出重点内容、思维策略、关键方法等。通过音量的变化，教师还可以提醒学生将注意力拉回到课堂，实现对课堂教学的管理。

3. 语速

人脑的信息加工过程，对教师语言的速度有着明确的要求。语速太快，发送信息的频率太高，学生对信息的处理会有遗漏、阻滞，导致信息处理的障碍；语速太慢，发送信息的频率太低，投入加工的信息不足，造成学生精力涣散。因此，教师在教学中要随时了解学生对数学知识的理解与接受情况，来调整语速。中央电视台播音员的语速为300 字/分，数学教师讲课的语速要低于这一标准。学生熟悉的知识，可以以 250 字/分钟的速度教学，但时间不能长，而且中间要夹杂学生回答。学生不熟悉的内容，要给充分的思考、加工时间，可以以 100 字/分的速度讲课，中间还可以停顿，以让学生思维跟上。

作为教学语言，语速应以适应学生学习需要为基本原则。语速的变化要因教学内容和教学对象而定。当教学内容抽象、复杂、难度大时，要放慢语速；当学生的基础比较薄弱时，语速同样要放慢。

4. 节奏

节奏是教师在教学过程中对语速的调整。在一节课中，有时语速加快，有时语速变缓，有时完全停顿，有时声音拉长，有时声音短促，有时在字词之间夹杂长短不一的停顿。这些变化就是节奏。调整语言快慢，形成和谐节奏，能加强语言表述的生动性。教师运用语言的节奏，可以引导学生展开数学思维。

例如，教师讲解排列组合问题“如果从 6 个学生中选出 3 人，另外从 3 名教师中选出 2 人，让他们排成一排照相，有几种不同的排法？”是以下面的方式给出题目。

师：如果从 6 个学生中选出 3 人（同时在黑板上写：6 个学生选 3 人，稍作停顿）；然后，从 3 名教师中选出 2 人（同时在黑板上写：3 个教师选 2 人，稍作停顿）；接着，让这 5 位师生站成一排照相（同时在黑板上写：5 人站一排，稍作停顿）；问有几种不同的排法（放慢节奏）？

教师利用口头语言、书面语言结合，加上“停顿”“放慢节奏”，给学生创设了思考时空，引导他们依次得出：从 6 名学生中选 3 名，有 C_6^3 种选法；从 3 名教师中选 2 名，有 C_3^2 种选法；让 5 人站一排，有 A_5^5 种排法。解决这一问题分成了三步，因此总的排法有 $C_6^3 \cdot C_3^2 \cdot A_5^5$ 种。

5. 声调

声调即是语调，指讲话时声音的高低、抑扬顿挫、轻重缓急的变化。声调的变化能够形成与语速变化不一样，但同样重要的节奏感和协调感，而且语速的变化若与声调的变化结合，能起到更好的效果。声音高低的变化越大，信息传输的频带越宽，传输的信息量就越大。

如，教师引导学生解决一道复数证明题：“设复平面上 A，B，C 三点对应的复数分别为 z_1，z_2，z_3 且满足 $z_1+z_2+z_3=0$ 及 $|z_1|=|z_2|=|z_3|=1$。求证：$\triangle ABC$ 为正三角形。”此题含有若干条件，教师在读这一道题目时，对条件“z_1，z_2，z_3 满足 $z_1+z_2+z_3=0$、$|z_1|=|z_2|=|z_3|=1$”，慢速朗读，提高声调，同时加重语气，引导学生将思考的方向集中于这两个条件，达到引起学生有意注意的目的。

6. 语汇

语汇即词汇，词汇是语言中能够独立运用的最小单位。数学教学中大量使用各种复合句、并列句，需要用到不少词汇。对于教学用语中的词汇，要求：规范——使用普通话进行教学；准确——所用词汇能准确界定所表达的事物；形象——词汇的感情色彩，能启发想象、联想，激发情感与兴趣；遵循语法和句法——一个民族在长期的积淀中形成的共同语言与语法规则。

7. 语的

语的指语言的目标指向性，即语言刻画的对象。从整体性上看，语的应当是某一个语言环境下语言群的中心，即某个数学核心概念，如图 6-1 所示。

如果把数学概念看作一枚硬币，硬币的一面是形式化定义，另一面是经验化表象。在数学教学中，教师要创造理解的情境，帮助学生将数学概念抽象的定义，转化为他们所能理解与运用的、适当的概念表象。定义与表象在帮助学生形成和运用概念方面共同发挥作用：定义严密、抽象，但对于信息的加工和回忆限制较大；表象直观、灵活，对信息的加工迅速，但比较粗糙，可能蕴涵错误。所以，要提升“语的”的目标指向性，就要求教师准确把握概念的内涵与外延，理清概念的抽象过程——了解概念的经验来源，及其如何从现实模型经过概括、抽象变为数学模型。同时，应当围绕核心概念组织语言，做到通俗化——关注概念表象，形式化——关注概念定义，从而把握概念本质。由于概念的定义抽象，因此需要结合数学语言、教学语言

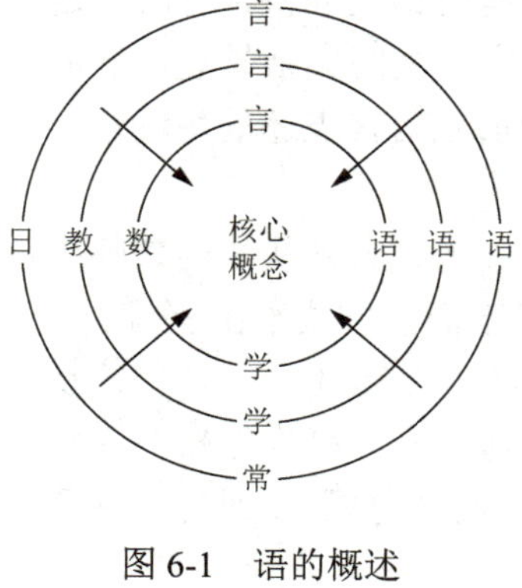

图 6-1　语的概述

与日常语言，帮助学生建立概念表象。在这个过程中所组织的语言群，应该有一个清晰的结构和共同的核心，沿着“日常用语→教学用语→数学用语→概念本质”推进。

8. 语趣

语趣指语言的趣味性、艺术性。教学过程中，新异而有趣的教学语言能促使学生大脑皮层形成优势兴奋中心，进而促进大脑对信息的加工。正如巴班斯基所说：“教师语言的艺术性、清晰性和感染性对课堂教学过程中创设情绪体验的情境有很大意义。当然，缺了这一切，教师的语言对传递信息仍然是有用的，但不能在应用的程度上实现激发学生学习认知活动的职能。”

数学教学语言既要科学规范、严谨简约，又要形象生动、通俗易懂。

例如，给公式包上糖衣——二次根式的基本性质教学语言运用。

$$\sqrt{a^2}=|a|=\begin{cases}a, & a\geqslant 0,\\ -a, & a<0。\end{cases}$$

教师：我们为求一个实数的平方的算术平方根制定一个“绝对值保护法”，即$\sqrt{a^2}=|a|$，此法规定：要化简$\sqrt{a^2}$，必须按以下两条要求办理：①先让a从“屋子”（根号$\sqrt{\ }$）里走到“院子”（绝对值$|\ |$）里。②至于如何走出“院子”，就取决于a的“本质”（“非负”或“负”）：“体质强壮”（$a\geqslant 0$）的直接出去，即$\sqrt{a^2}=|a|=a$；“体质虚弱”（$a<0$）的要“防止感冒”，出去时必须系上“一条围巾”（负号“－”），即$\sqrt{a^2}=|a|=-a\ (a<0)$。

数学公式和用符号表示的数学定理是揭示数量之间关系的式子，它们以一种复杂、和谐、简洁、对称的结构呈现，蕴涵丰富的内涵，但若“雾里看花，水中望月”，就不能将其看得“清清楚楚，明明白白，真真切切”，造成理解的困难。需要教师用充满趣味的语言启发引导，帮助学生明晰公式、定理的特性。如二项式定理$(a+b)^n=C_n^0a^n+C_n^1a^{n-1}b+\cdots+C_n^ra^{n-r}b^r+\cdots+C_n^nb^n$，只要抓住其系数、指数的特征，结构就变得十分简单。教学时，教师用生动、形象的语言加以概括：

系数的下标为n，“一n到底，一成不变”；上标则由0至n，“扶摇直上”；b与a的指数特征是：其和不变，二者的指数是“此起彼伏，a减b增”。

9. 语式

语式指语言的句式，包括陈述句、感叹句、疑问句等。例如，对于下面这道题：“不查表，求值：$\tan 17°\tan 43°+\tan 17°\tan 30°+\tan 30°\tan 43°$”。不同的教师引导学生思考的语言是不同的。

（1）教师一：“这是一道求正切值的乘积之和的问题，因为不查表，因此一定要用到特殊角的正切值。再看其中有特殊角$30°$，而剩下的两个角之和为$60°$。于是先将后两项提取公因式，然后变用两角和的正切公式就可以解出答案。”

（2）教师二：“大家仔细看看题目，它包含的三角函数是什么？与这一三角函数相关的公式有哪些？对于不查表求值问题一般怎么处理？题目中有哪些特殊角？其余的角能组合为特殊角吗？”

（3）教师三：“同学们，这道题目有什么特点？函数名？角度？”

（4）教师四：“同学们，你们先思考两分钟。然后请几位同学到黑板上书写你的解答。最后大家再进行评论。”

尽管处理的是同一道题目，四位教师所用的句式，以及话语后面传达的教学观念都是不一样的：教师一是陈述句式，直接告诉学生求解这一问题的方法与步骤；教师二是疑问句式，将思考问题的思路化为开放度不大的问题串；教师三是疑问句式，仅提示了一般的策略，开放度比较大；教师四是陈述句式，先由学生自主探究，然后进行交流与讨论。

基础教育课程改革提倡自主学习、独立探究、合作交流、自学阅读等有利于发展学生创新意识与实践能力的学习方式。这就要求教师的教育教学观念同步跟进，因为不同的教育观念会影响到教师课堂语言的表达形式。法国学者洛克指出：“声音必须成为观念的标志——因此，人不仅要有音节分明的声音，而且他还必须能把这些声音作为内在观念的标记，还必须使它们代表他心中的观念。只有这样，他的观念才能表示于人，人心中的思想才可以互相传达。”因而，新课程的基本理念要求教师的语式实现如下转换：由评判式转变为建议式，由指令式转变为商讨式，由灌输式转变为引导式，由封闭式转变为开放式。唯其如此，方能凸显学生主体地位，将真正的探究学习、合作学习落到实处。

（二）数学科学用语

数学科学用语指在数学教学中运用的数学语言，包括数学词汇、数学符号、数学语言。曹一鸣指出：“数学语言的准确性，是数学课堂教学中至关重要的问题。如何全面准确、合情合理地运用数学语言，不仅影响一节课的教学效果，而且影响学生对这门学科的兴趣和学习成绩以及学生的发展。”

数学科学用语，是用以传递基本数学内容、数学运算操作技巧、数学思想、逻辑表达方式的语言，具有确定性、准确性的特点，是人类长期积累的结果。数学科学用语包括数学词汇、数学符号、数学语言。

1. 数学词汇

数学词汇即是各种数学名词。一个数学名词，确切表示确定的一个数学事实、数学概念、数学原理、数学命题、数学公式法则。如：相似、全等、等价、单项式、多项式、分式、整式、映射、函数、同一律、排中律、二项式定理，等等。

2. 数学符号

M.克莱因在《数学与文化——是与非的观念》中谈到，数学的另一个重要特征是它的符号语言。如同音乐利用符号来表达和传播声音一样，数学也用符号表示数量关系和空间形式；数学语言是慎重的、有意地而且经常是精心设计的，借助于数学语言的严密性和简洁性，数学家们就可以表达和研究数学思想，其中简洁性有助于提高思维效率；简洁的符号使数学家们在进行复杂思维时应付自如。

数学符号是交流、传播数学知识和数学思想的重要媒介，是推动数学发展的重要因素。到 17 世纪末，在数学中已经有意使用符号，并认识到它所赋予的功效和一般性。正因为符号的大量使用，才促进数学飞速发展。数学符号具有简单性、严密性、可操作性、普遍性和彻底性的特点。数学符号分为四类。

1）元素符号

元素符号是表示数或几何图形的符号。表示数的符号主要取自某种语言的字母或文字，例如英语、希腊语、德语、希伯来语、阿拉伯、罗马数字等。如以下元素符号。

数字符号：0，1，2，…，9；Ⅰ，Ⅱ，Ⅲ，…，Ⅹ；ε，σ，η，μ，λ，…。

表示数的字母：a，b，c，…（常量）；x，y，z，…（变量）；

某些特定常数：e，π。

多边形元素：a，b，c，…（边）；A，B，C，…（角）；ω，θ，φ，…（角）。

几何图形符号：∠，△，○，…。

表示点的字母：A，B，C，…；ξ，ζ，…。

表示平面的符号：α，β，…。

集合符号：∅：空集，I：全集。

2）关系符号

关系符号是表示数（式）、图形之间关系的符号。如：

数（式）之间：=，≡，≈，≠，⩾，>，<，⩽，≫，≪，⇔，⇒，→，…。

图形之间：~，≅，…；⊥，P，∩，∈，⊆，∩，…；⇔，⇒，→，…。

3）运算符号

运算符号是表示按照某种规定进行运算的符号。例如：

+，−，×，÷，$|\ |$，a^n，$\sqrt[n]{\ }$，…；$\sum$，$\prod$，…；sin，cos，tan，cot，arcsin，arccos，arctan，arccot，log，ln，lg，…；lim，f，f'，y'，dy，$\frac{\mathrm{d}y}{\mathrm{d}x}$，$\frac{\partial y}{\partial x}$，$\int$，$\int_a^b$，$\oint$，…。

4）其他符号

即是辅助符号，用于表示某些特定的式子，某种特殊的意义。很多是从标点符号引用过来的。如以下符号：

Δ：判别式；max{a，b}，min{a，b}；( )，[ ]，{ }，!，…。

上述四类符号，大致可分为两种，一种纯粹按照约定方式表示特别的内涵。例如，≅表示全等关系；e特指一个数，其值为 2.718…；$n! = n(n-1)(n-2)\cdots 2\cdot 1$，等等。这些符号本身不带初始意义，只能在学习过程中逐步根据规定来熟悉、记忆和使用。时间长了，就会自然产生一种“词感”。另一种符号往往有一定的出处。例如，有些字母为英文单词的第一个字母。A_5^5 中的 A 是 Arrangement（排列）的首个字母，直角三角形

Rt△中 Rt 为 Right 的缩写；有些字母变形后成为符号，积分号 $\int$ 是 sum（和）的第一个字母 S 拉长的变形，∀是 Any 或 All 的首个字母的变形，∃是 Exist 的首个字母的变形，∍是 make 首个字母的变形。对于数学符号的使用和理解，根本之处是要把握它所表示对象的内涵实质。

3. 数学语言

数学语言是由数学词汇、数学符号构成的句子或符号串。数学家 A.巴特斯布说过："实际上，我们学校的成绩在一个方面常常是消极的，那就是学生学习后不但对数学符号冷漠，而且感到它们可怕。"因此，提高教师的数学语言技能，帮助学生理解生动活泼的数学思想，感受数学跳动的脉搏是非常重要的。数学语言包括文字型、符号型、图形图表型、混合型四种。

1）文字型数学语言

文字型数学语言，是完全用汉字叙述数学事实、概念、原理、命题的简洁而又精练的语言。数学著作、数学论文、数学教材中概念的定义、定理、公式、法则的纯文字叙述，都是文字型数学语言。例如："一组对象的全体组成一个集合""如果两个三角形有两组对应角相等，那么这两个三角形相似""两个有理数相乘，将它们的绝对值相乘，同号为正，异号为负"。

文字型数学语言在中小学数学教材中大量存在，最大特点是精练和简约，用较少的词汇来刻画所描述的对象、性质与法则。例如，"有一条边对应相等的等腰直角三角形全等"，这里，"等腰直角三角形"前省略了"两个"一词，而"有一条边对应相等"蕴涵了两种不同的情况，只有引导学生进行思考并做出相应的补充，才能把握完整的意义。其次，文字型数学语言还使用日常语言中较少使用的复合句，以描述丰富的信息和特定的内涵。复合句中最基本的句法结构有：并列关系、偏正关系。这两种关系可能结合在一起，组成较长的复合句。准确体会、把握这两种基本关系及其结合，恰当地将省略的词语补足，才能帮助学生理解长句的正确意义。如"等边三角形三条中线的交点到三边的距离相等，并且到三个顶点的距离也相等"。整体上表现为并列关系："交点到三边的距离相等"与"交点到三个顶点的距离相等"并列；但这两个并列关系共同的主语"交点"被定语"三条中线"修饰，而"三条中线"又被定语"等边三角形"所修饰，表现为嵌套的格式。再次，文字型数学语言中的词语多是名词，很多名词也有动词化的特点。例如，"一个数的立方与另一个数的和的倒数"，这里"立方""和""倒数"虽然都是名词，但在理解时有必要在思维中复原成运算，演示成特定的活动过程："立方"化为自乘三次，"和"化为加法，再求和的倒数。

2）符号型数学语言

符号型数学语言，是由一些数字、字母、运算符号和关系符号等，按照一定规则构成的各种数学表达式，是由数学符号构成的人工语言。

数学中大量的数学事实、恒等变形、公式法则等都是符号型数学语言。如：

$$|a|-|b| \leqslant ||a|-|b|| \leqslant |a-b| \leqslant |a|+|b|,$$
$$\cos(\alpha-\beta)=\cos\alpha\cos\beta+\sin\alpha\sin\beta。$$

符号型数学语言是由符号组成的符号串，服从一定的句法，形成确定的意义。一般从左到右地线性书写并理解，但这种习惯不断被改变。例如，算式加上了括号，乘法、除法优先于加法与减法，乘方、开方运算优先于乘法与除法等，就要考虑违背线性顺序对学生造成的影响，帮助学生通过调整认知结构开展顺应学习。另一类线性顺序的违背，是引入了上下标，即上下排列的记号法则。例如，$\frac{5}{7}$，$\sum_{n=1}^{\infty} a_n$，$\int_a^b f(x)\mathrm{d}x$，$\overline{x+y\mathrm{i}}$，A_n^m，C_n^m，$\frac{\mathrm{d}^2 y}{\mathrm{d}x^2}$，$\lim\limits_{n\to\infty}\frac{3n^2-n+5}{n^2+3n-4}$，$\int_a^{+\infty} f(x)\mathrm{d}x$ 等，形成了特殊的符号句法，要换另一种眼光看它们。再次，掌握符号串的重点是要领会情境和意义，以符号串形成的情境为基础，揭示符号串所刻画的数学事实、数学概念、数学原理，从内涵差别来掌握外貌的差别。由于公式符号可以独立于具体情境的理解而作“自动化”的符号运算，因此若脱离了意义，运算将变成符号游戏。

3）图形图表型数学语言

图形图表型数学语言，是用图形、图表、模型等呈现数学内容的表达方式。图形图表型数学语言本质上是图像符号，主要运用图元素对被表征的数学对象进行相对形象的描绘，因此也叫直观化或视觉化表征。这种表征与被表征的数学对象在具体水平上或在某些抽象水平上有天然的相似、类比等联系。例如，静态的几何图形、动态的图像、教学模型，这些表征在外在结构上与被表征的数学对象的结构具有一定程度的相似性或相关性；图表、曲线图（如函数图像）、图形组织者等逻辑图，虽然它们与被表征的数学对象的外在结构不具有相似性，但它们的内在结构与被表征的数学对象的结构具有某种对应关系。

图形图表型数学语言蕴涵丰富的情境知识，刻画了数学对象的形象化侧面，为学生数学学习提供了情境领悟与直觉启示的机会。

4）混合型数学语言

混合型数学语言指将文字、符号与图形图表混合在一起编排的呈现方式。这是数学教材、数学教学中广泛使用的数学语言，体现了三类数学语言的综合使用，反映了三类数学语言之间的参照、转换。从表征的本质来看，文字型数学语言与符号型数学语言都属于叙述性表征，而图形图表型数学语言属于描述性表征。叙述性表征，其本质为抽象符号，通过言语对被表征的对象进行抽象的描述。这一类表征与约定内容紧密相关，而且包含反映关系的各种符号，能够描述和表达抽象的、逻辑的意义；描述性表征，其本质为直观模式，通过图式元素对被表征的对象进行形象的描绘。这一类表征描绘了具体的、形象的、直觉的意义，便于人们较为快捷地洞察数学的整体结构和意义。比较而言，叙述性表征适合于逻辑思维，有助于逻辑、理性思辨的培养；描述性表征适合于形象、直觉思维，有助于创新思维的培养。

既然表征间的转换或转译体现了逻辑思维与非逻辑思维的互补，那就需要把数学的多元外在表征及其学习，设计成引导学生对两类表征进行参照的过程。这就要运用混合型数学语言，通过转换与转译，促进学生形象思维、直觉思维、逻辑思维的共同发展。所以，将三类数学语言共同编排、混合呈现，有助于学生理解数学的本质。例如，

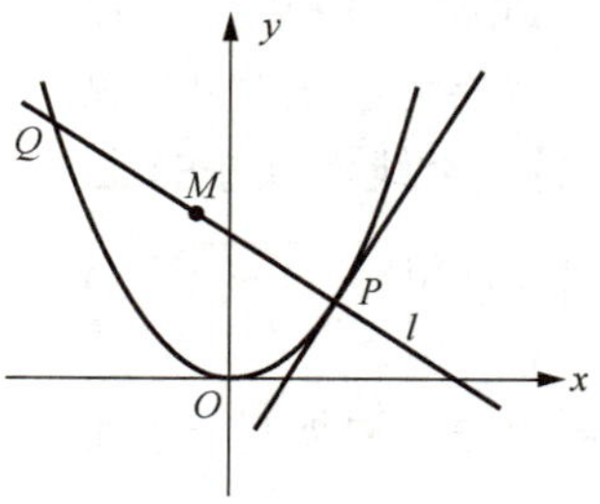

图 6-2　抛物线图

如图 6-2 所示，P 是抛物线 C：$y=\frac{1}{2}x^2$ 上一点，直线 l 过点 P 并与抛物线 C 在点 P 的切线垂直，l 与抛物线 C 相交于另一点 Q。

（Ⅰ）当点 P 的横坐标为 2 时，求直线 l 的方程；

（Ⅱ）当点 P 在抛物线 C 上移动时，求线段 PQ 中点 M 的轨迹方程，并求点 M 到 x 轴的最短距离。

第二节　数学语言技能的类型

数学课堂中，教师运用的语言技能有着不同的类型。为了理解这些类型及其关系，先看一段教师话语。

在初一年级的代数课上，教师说："同学们，请坐好。后面的同学不要讲话了，要仔细听讲。现在，请大家看黑板。（教师在黑板上写'$2x+5=-3$'，接着说）这个方程是 $2x$ 加上 5 等于负 3，那么 x 等于多少呢？上节课我们讲过解法，现在我和大家一起做。先把等式左边的 5 移到等式的右边去变为负 5，得到 $2x$ 等于负 3 加上负 5（在黑板上写'$2x=-3+(-5)$'）。也就是说 $2x$ 等于负 8（在黑板上写'$2x=-8$'）；再把 2 '除过右边去'，得 x 等于负 4（在黑板上写'$x=-4$'）。这个方程就解完了，负 4 是原方程的根。"

对上述教师课堂话语可以分成三类：

第一类："同学们，请坐好。后面的同学不要讲话了，要仔细听讲。现在，请大家看黑板。"这些完全不含数学内容的语句，称为"日常用语"。

第二类："上节课我们讲过解法"，"这个方程就解完了"。这些含有数学概念或名词，但句式为生活化的语句，称为"教学用语"。

第三类："这个方程是 $2x$ 加上 5 等于负 3，那么 x 等于多少呢？"，"先把等式左边的 5 移到等式的右边去变为负 5，得到 $2x$ 等于负 3 加上负 5"，"也就是说 $2x$ 等于负 8"、"再把 2 '除过右边去'，得 x 等于负 4"，"负 4 是原方程的根"，以及板书"$2x+5=-3$；$2x=-3+(-5)$；$2x=-8$；$x=-4$。"这些是专业的数学语句，称为"数学用语"。

因此，教师课堂话语需要在包含数学内容含量不一的语句之间进行转换，根据教学目的运用不同的话语。按照教师话语中数学内容含量的有无、多寡，将教师课堂话语，即数学语言技能分为：日常用语、教学用语、数学用语三类。

一、日常用语

数学教学离不开日常用语。因为日常用语包括了一些非形式化的数学语言，如点、线、面、圆、集合等。这些非形式化的数学语言为数学思维提供了必要的概念框架和理论基础，为数学发展提供了可能。数学是常识的精微化，正是在日常用语的基础上发展了数学特有的形式语言，从而建构起整个数学知识的宏伟大厦。与此相应，学生在学习数学语言时，也是按照这个程序，以日常语言中的非形式化的数学语言为基础，逐渐建立起对数学语言独特的认识。

日常用语，也称通俗语言、自然语言，即人们日常交往的口头语言。具有形象、生动、易于理解和掌握的特点。利用日常用语可以化解数学用语难以理解的层面，创设生动活泼的课堂气氛。数学教学中，日常用语通常采取形象比喻、简要概括、借助直观等修辞方法，比喻、比拟修辞方法，有着生动、形象、趣味性强，适应中学生心理，以及适应中学生形象思维长于抽象思维的特点。拟人修辞方法，如："烟花在夜空中画下的优美曲线给我们轨迹的印象。"借代修辞方法，如："当待证的恒等式两边的复杂程度相近的时候，就由等式的两边往中间推。"夸张修辞方法，如："让这个点跑遍定义域的每一个'部分'。"顺口溜、打油诗、对偶句、排比句等修辞手段，如："三角函数诱导公式——奇变偶不变，符号看象限"。

日常用语生动、形象，若使用不当或不够明确，容易造成学生的误解。因此，日常用语的使用，应指向数学用语。即通过日常用语的亲和力与学生已有知识经验建立联系，促进学生的语言往数学用语发展。

二、教学用语

日常用语过渡到数学用语，一般需要以教学用语为中介。因为数学符号、公理化手段比较抽象，在研究、学习、传播数学时，需要在数学用语中添加日常生活化语言，使日常用语中包含数学名词或概念，为数学语言加入生活的韵味，这就是教学用语。

数学教学中，教师要讲解数学概念、定理、方法，但不能照搬课本上的数学用语。因为数学用语对学生而言过于抽象，不容易理解。教师要把课本上的数学用语加入省略的成分，将其化为长句，从而让数学用语的意义得以显现，即要将数学用语转化为教学用语。任何数学内容都可以用教学用语教学，中小学数学教科书，也常常用教学用语对问题进行分析，对方法进行剖析。

例如，对于课本中的数学语言："幂函数 $y=x^{\alpha}$ 的图像都过点（1,1）"，教师要将其化为教学用语："幂函数 $y=x^{\alpha}$，当 $x=1$ 时，$1^{\alpha}=1$，也就是 $y=1$，于是点（1,1）在幂函数 $y=x^{\alpha}$ 的图像上。故幂函数 $y=x^{\alpha}$ 的图像过点（1,1）。"

又如，人教版义务教育课程标准实验教科书·数学（八年级·下册）第十四章的引言用教学用语叙述："现实世界中，四边形也在装点着我们的生活。宏伟的建筑物、铺满地砖的地板、别具一格的窗棂、天空飞舞的风筝……处处都有四边形的身影。在小学，我们已经学过一些特殊的四边形，如长方形、正方形、平行四边形和梯形等，这些特殊的四边形与我们的生活关系更为密切。在章前图中，你能找出它们吗？"

三、数学用语

弗赖登塔尔指出："与其说是学习数学，还不如说是学习'数学化'；与其说是学习公理系统，还不如说是学习'公理化'；与其说是学习形式体系，还不如说是学习'形式化'。"学习数学，必然要运用简练、概括、完整、准确、严谨、含义丰富，并以文字、图形、符号加以表征的数学用语。数学用语，通常借助于数学词汇与数学符号，经由逻辑联结而表现为数学的概念、命题、法则、公式、思维方法等。

数学用语属于严格的科学语言，包括文字型数学用语、符号型数学用语、图形图表型数学用语，以及由文字、符号、图形图表交织而成的混合型数学用语四种。不同类型的数学用语关涉不同的表征方式，文字型、符号型数学用语属于抽象化表征，图形图表型数学用语属于直观化表征，混合型数学用语表现为两种表征的参照。由于理解数学内容的根本之处在于引导学生经由抽象化表征、直观化表征，以及两者的参照、转译与转换，进而建立对数学对象恰当的、完善的、准确的表征。所以，在数学教学中，为了在文字型数学用语、符号型数学用语、图形图表型数学用语，以及由文字、符号、图形图表交织而成的混合型数学用语之间进行转换、转译，教师需要交替运用数学用语、教学用语与日常用语，以帮助学生建构对数学对象的深入理解。

四、数学用语、教学用语与日常用语之间的转换

数学教学中，日常用语、教学用语、数学用语的交替使用，体现了话轮的转换，形成了课堂教学的节奏。从日常用语到教学用语，再到数学用语，体现了学生从生活经验到学习经验，再到数学概念的抽象历程。形象地说，学生上一节课就好比爬一座山，他们的起点在山脚的平地上，日常用语就是他们所处的平地。当学生开始沿着或缓或陡的山路攀爬的时候，依赖的是数学教师教学用语的帮助。最后目标是山顶，就是数学用语所承载的数学内容、思想与方法。如果把学生已有的知识经验作为自发性概念（日常用语为主），把学生要学习的数学内容、思想与方法作为科学概念（数学用语为主），那么在自发性概念与科学概念之间的落差就是学生的"最近发展区"（教学用语为主）。

课堂教学中的日常用语、教学用语与数学用语三种语言有着相对比例，曹一鸣通过对三位高中数学教师课堂教学语言分析发现，尽管每位教师在课堂上的话语量不等，但是三位教师所使用三种语言的相对比例大体一致，大约是 2∶5∶3。也就是说，教师在课堂上的话语量因人而异，但要达到良好的教学效果，这个比例基本是确定的。因为，若日常用语太多，则课堂语言缺乏"数学味"——远离数学；若数学用语过多，则课堂语言缺乏"生活味"——远离学生的经验。

对于教学过程中三种语言的转换方式，曹一鸣在同一个研究中发现，高中数学教师的课堂语言是按若干相对独立的组块并行组织起来的，组块内各种语言的使用方式是不同的，这种差异反映了课堂语言转化的客观规律。其中的转换方式有以下几种（OL：日常用语；MIL：教学用语；ML：数学用语。三种语言的组织以数学用语为核心，完成一段数学用语则通过教学用语过渡转入下一话轮）。

方式一（图 6-3）：OL_1—MIL—ML_1—MIL—OL_2……

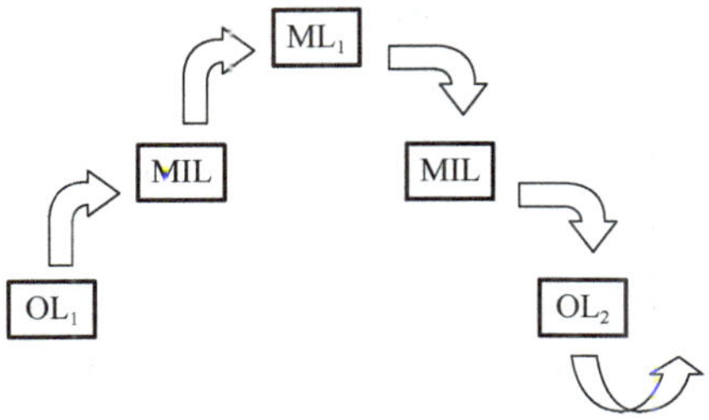

图 6-3 方式一

方式一主要发生在课堂开始的引入阶段，这种方式与情境创设有着一致性。从日常用语切入，为课题陈述提供现实背景，激活学生已有经验。然后通过教学用语逐步过渡到数学内容之中，并以数学用语表述，接着用教学用语对数学用语加以解释，随后过渡到日常用语，进行话轮转换。

例如，以下“充分必要条件”教学片段中教师的课堂语言转换体现了方式一。

同学们，我们正在向小康社会迈进。大家说说，小康社会的标准是什么？是物质极大充裕吗？……对，小康社会肯定必须具备物质充裕的条件，但不是只要物质充裕，还需要精神生活丰富。这就是说，物质充裕是小康社会必要的条件，但还不够，也就是还不充分（OL_1）。今天我们来学习有关充分必要条件的问题，也就是要看看作为命题的条件对其结论来说是充分的还是必要的（MIL）。例如，“若 $x>0$，则 $x^2>0$”是真命题，可以写成“$x>0\Rightarrow x^2>0$”（ML_1）……好了，大家现在该知道什么是充分条件，什么是必要条件了。通俗地说，对于一个结论而言，某个条件是足够的，那么这个条件就是结论的充分条件；如果对于一个结论来说，某个条件是必不可少的，那就是说这个条件是这个结论成立的必要条件（MIL）。举一个例子，现在大家学英语的条件好多了，大家说说，拥有复读机是一个学生学好英语的什么条件？（OL_2）……

方式二（图 6-4）：MIL—ML_1—ML_2—MIL—OL_1……

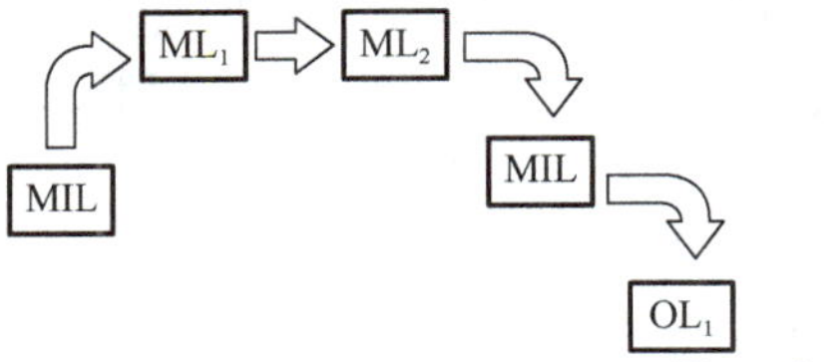

图 6-4 方式二

方式二常用于基础较好班级的上课开始阶段，或用于由两个数学问题构成的同一数学内容的教学中。该方式先运用教学用语回顾先前知识，随后运用数学用语陈述当前数学问题，接着继续利用数学用语进入下一个数学问题。完成两个数学问题后，运用教学用语缓冲，直至过渡到用日常用语陈述的实际应用或具体例子中。这里的两个问题之间难易差别不大，且有共同的实际意义。运用时要把握这一点。

例如，“不等式的性质”教学片段如下。

上节课我们学习了不等式加法的几个性质，包括：“不等式的两边加上同一个数，不等号不变向”“同向不等式相加，不等号方向不变”等。从运算顺序来说，应该考虑乘法是否也有相同或类似的性质（MIL），一个不等式两边乘以同一个数，不等式会有什么变化？……不等式两边乘以同一个正数，不等号不变向；不等式两边乘以同一个负数，不等号反向（ML_1）。对照加法的性质“两个同向不等式相加，不等号不变”，那么两个同向不等式相乘呢？……两个同向同正的不等式相乘不等号不变，两个同向同负的不等式相乘不等号要反向（ML_2）。这种由不等式加法满足的性质推测不等式的乘法也可能满足相同或相似性质的思维方法，就是类比。对于类比得出的结论需要加以证明，否则得出的结论未必靠得住（MIL）。比如说，潜水艇的设计思想来自鱼在水中浮沉的生物机制，而蜜蜂的太阳偏光定向的功能，启发人们制造了航海偏光天文罗盘。诸如此类，都是近代仿生学的成果（OL_1）。

方式三（图 6-5）：MIL—ML_1—MIL—OL_1—OL_2—MIL—ML_2……

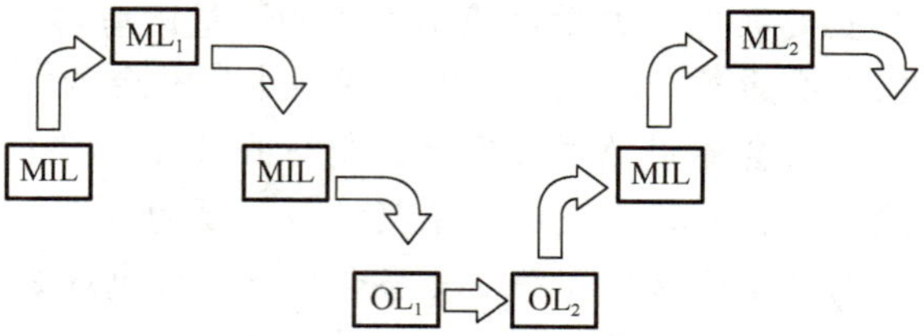

图 6-5　方式三

方式三适用于在两个问题之间渐进转换的情况。两个问题的难易程度差异较大，或者两个问题之间的联系比较松散。由于第一个问题比较简单，因而运用教学用语引导，进而过渡到运用数学用语讲述第一个问题，接着运用教学用语解释，随后运用日常用语返回到现实中。在现实中运用日常用语引出另一个实际问题，然后通过教学用语过渡到第二个问题，并以数学用语加以陈述。方式三有利于将两个在内容或结构上联系松散的问题自然地联结在一起，起到降低难度的作用，同时让课堂教学节奏呈现变化。

例如，以下“映射”教学片段中教师的课堂语言转换体现了方式三。

前面学习了对应，大家说说什么是对应？（MIL）……对应就是建立在两个集合之间的一种“联系”（ML_1），这里有两个集合，并且两个集合不是没有关系的，而是建立了一种联系（MIL）。比如说，我们班的同学与我们班座位表之间的联系就是“对号入座”（OL_1）。当然，我们也可以换一个角度来看这一问题，以“对号入座”为联系方式，那么我们班同学与我们班座位表之间还有怎样的更进一步的特点呢？（OL_2）……即我们班同学组成一个集合，我们班座位表组成另一个集合，在“对号入座”对应之下，每一个同学都有唯一的座位号与之对应（MIL）。一般地，给定集合 A 和集合 B，以及对应法则 f，如果对于集合 A 中的任何一个元素，在集合 B 中都有唯一的一个元素与它对应，这样的对应成为 A 到 B 的映射（ML_2）……

方式四（图 6-6）：MIL—ML_1—MIL—ML_2……

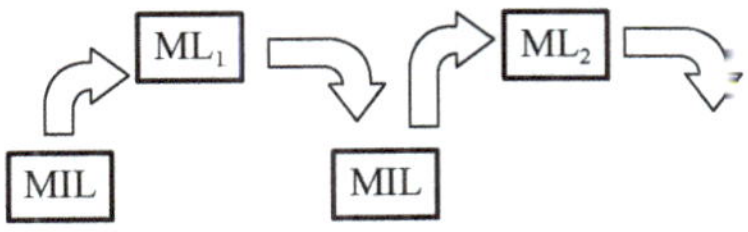

图 6-6 方式四

方式四常用于例题、习题讲解中。其典型特征是，教师的语言在教学用语与数学用语之间交替转换。这种比较规则的“小幅震荡”的方式，构成一种与现实世界隔绝的语言群，该方式有助于数学基础好的同学高效地学习数学内容、思想和方法。

例如，“两角和的正弦、余弦、正切”教学片段中教师的语言转换：

我们用单位圆内弦长与圆周角的关系及距离公式，通过三角形全等证得两角和的余弦公式。那么，两角差的余弦公式该怎么推导呢？（MIL）在两角和的余弦公式里，我们可以用 $-\beta$ 代替 β（ML_1）……就是说，我们用“负角”替换“正角”，得到两角差的余弦公式，大家再想一想，对余弦如此，对正弦呢？（MIL）由正、余弦之间的诱导公式，可知它们的角“互余”时函数值相等，因而可以用原来角的余角将其替换（ML_2）……

数学教学中，教师在日常用语、教学用语与数学用语之间的转换，体现了对学生经验世界与数学科学世界的关照，既凸显了由现实世界逐步抽象，进入数学世界的数学化过程，也突出了由数学世界不断阐释，进入现实世界的数学应用过程。教师用语的不同转换反映了实际问题数学化与数学问题生活化的两个相反但又互补的趋势。对此，曹一鸣总结道：“在教学策略上，教师们都在努力从生活中的问题入手，创设一些实际情境，抽象出数学概念和原理，实现日常问题数学化的目标，这无疑是引导学生建构他们认知结构的有效手段，使他们觉得数学是发自自己先期已经获得的知识和生活经验基础上的；另一方面，把数学概念、数学思想方法融入实际生产生活中，即数学问题生活化，教会学生数学地思考问题，这也正符合‘问题解决’的教学要求。这个过程，使数学知识和日常生活建立起密切的联系，增加学生数学学习的主动性和趣味性。”

第三节 数学语言技能练习原则与要点

从数学的本质来看，数学是形式化与经验化在实践基础上的辩证统一。因此数学语言技能的练习就要关注学生的经验世界与数学的科学世界之间的平衡，并维持恰当的张力。此外，数学语言技能既要体现一般语言的教育功能，也要关注特殊的专业要求。

一、数学语言技能练习原则

数学语言技能练习的目标，在于利用日常用语、教学用语与数学用语之间的转换与交替，引导着学生语言的发展与思维的提升。数学用语科学，数学词汇有着确定的含义，以表达形式化的数学思维材料；数学词语有着严密的含义，以表现逻辑化的数学思维材料；数学语句有着精确的语法规则，以呈现精致化的数学思维材料。日常用语、教学用语则有着具体形象、描述性、经验性的特点。所以，数学语言技能的练习要力求确定性、严密性、逻辑性与形象性、描述性、经验性在教学情境之中的对立统一。

1. 讲述数学词汇——确定性与形象性的统一

数学用语中，名词、术语是数量关系或空间形式的抽象，有着确定的内涵。但是，为了揭示概念内涵，又需要用具体、形象的教学用语与日常用语来刻画。因此。讲述数学词汇，既要抽象表征——精确，又要直观表征——形象。

2. 叙述数学语句——严密性与描述性的统一

数学用语中，命题、公式、法则、定理、运算律等语句表达了数学对象之间的特定关系，具有严密的逻辑性。为了帮助学生掌握这些数学语句，教学中应当借助于描述性甚至通俗化的语言描述数学对象之间的关系。

3. 论述数学长句——逻辑性与经验性的统一

数学用语中，表达数学概念、命题等数学内容与数学方法的逻辑关系及其应用的句子，往往是一些长句。这些长句，处理的是数学材料的逻辑关系，但表达的数学内容和方法却根植于日常经验与学习经验。

4. 剖析数学语段——规定性与启发性的统一

在课堂中，语言运用一般表现为对一段数学课程内容的讲解与分析。而课程内容是由课程标准所规定，并通过课本文字、图形、符号等的叙述得以体现，因而语言技能表现为数学用语的运用，具有规定性。不过，分析课程内容的教学用语与日常用语又联通学生的前概念，具有启发性。

二、数学语言技能练习要点

数学语言技能是师生交流的重要载体，练习时既要发挥一般语言的功能，更要体现专业特性。

（一）体现对数学语言技能的教育要求

数学语言技能要具备一般语言的基本功能：语言的教育性、语言的传授性、语言的情感性、语言的表演性。

语言的教育性指教师语言对学生思想、情感、行为等方面产生的潜移默化的影响。每一位数学老师有责任结合数学内容，运用数学语言技能，有目的、有计划地对学生进行辩证观点、道德品质、热爱数学、爱护环境等方面的教育；语言的传授性指教师运用简洁、明确、生动、形象的语言将数学知识结构、思想方法、学习策略完整、系统地传授给学生；语言的情感性指教师语言要体现师生之间、生生之间的情感交流与交融。通过语言情感性的发挥，帮助学生树立学好数学的信心，理解数学与人类生活方方面面的联系，感受数学理性思维的魅力，形成全面的数学观；语言的表演性指教师语言要有艺术情趣和魅力，可以结合必要的夸张，使语言富有韵味，力求传神达意、吸引注意、激发情感。

（二）实现对数学语言技能的教学要求

数学语言技能要满足数学教学的特点，具有科学性、启发性、生动趣味性。

课堂语言的科学性，表现在对数学事实阐述的准确性、严谨性和逻辑性方面。准确性——三类用语必须符合语法规则和语言的逻辑要求，清楚揭示数学概念的内涵与外延，理清定理、法则、公式的应用条件及结论。这就要求数学教师熟练掌握数学专有名词、概念、定理、公式、法则的规范表达。严谨性——三类用语严密、简明，体现数学的抽象、精确、逻辑的严格性与数学结论的确定性。严谨性尤其体现在数学用语与教学用语中。逻辑性——教学语言逻辑清晰、条理清楚、层次分明、叙述严密、论据充分，有明确的系统性和连贯性。

课堂语言的启发性，指教师语言能够引导学生进行思考、展开探索，呈现商榷、探询、质疑的特点，凸显学生在数学学习中的主体地位。因此，三类用语应突出尊重、关心的情感底色，呈现关注知识联系、将抽象概念具体化、将深奥的道理明白化的特点，激励学生参与数学学习。

课堂语言的生动趣味性，指教师语言生动有趣、深入浅出，富有感染力，能引导学生思维展开，步入数学探究过程。从表征的符号本质来看，语言属于言语化表征。但是生动、形象、充满趣味的语言能够激发学生的想象，并转化为视觉化表征，使直觉启示与抽象推理相互结合。而且，诙谐幽默的语言，能促进学生的联想，有利于知识的记忆与保持。因此，对于一个难以理解的概念或不好描述的思想方法，往往可以通过一个浅显的比喻生动形象地揭示其中的奥妙。

（三）把握数学语言技能的应用方式

数学语言技能的应用，主要有如下方式。

叙述数学事实，陈述问题的解决与定理的推证过程。叙述（陈述）是指教师用数学用语表述数学的概念、定理、公式、法则以及问题解决、定理推证的过程。

解释概念、命题、法则的含义。解释是指教师对概念、命题、原理，用与其意义相通且易于学生理解的教学用语或日常用语进行讲解。

揭示概念形成的过程、定理证明思路的形成过程、问题解决策略的形成过程。揭示是指教师运用日常用语、教学用语与数学用语剖析数学知识的形成过程，澄清知识的发展脉络，阐发其中的道理、规律与数学思想方法。

引导学生展开思维。引导是指教师引领学生分析问题的条件、结论，联系相关知识，探索解决方法。问题的设置要关注元认知知识，促使学生加强对自己思维过程的监控，发展其策略性知识。

总结回顾学习过程。总结是指教师运用教学用语与数学用语对一段、一节、一单元或一章内容的小结，以帮助学生形成较完善的认知结构。

附录 1　数学语言技能教案

班级　　　姓名　　　学号　　　训练时间

课题名称 一元二次方程根与系数关系　技能名称 数学语言技能

教学目标	通过一元二次方程根与系数关系的教学，培养数学语言技能			
时间分配	教师行为	教学技能	学生行为	教学媒体
1′	1. 请同学们快速心算，解一元二次方程： $x^2-7x+10=0$ $(x-2)(x-5)=0$， $x_1=$______， $x_2=$______	导入 语言（教学用语→数学用语）	利用十字相乘法分解因式，求解方程。	黑板
2.5′	2. 请仔细观察，你能发现什么结论？ 近代有一位数学家叫韦达，据说从上式中发现了一个重要的结论，看看咱们谁能发现？ $x_1+x_2=7\rightarrow$ 一次项系数的相反数； $x_1 \cdot x_2=10\rightarrow$ 常数项。	提问 语言（日常用语→数学用语；口头语言+书面语言；启发诱导）	学生观察、议论，少数学生发现：$x_1+x_2=7$ 与 $x_1 \cdot x_2=10$。	黑板
3′	3. 那么对于一般的一元二次方程，是否也有这样的结果？ 我们来探讨这一问题。	提问 语言（教学用语启发引导）	学生思考一般情形：$ax^2+bx+c=0$。	黑板
6′	4. §11.5 一元二次方程根与系数的关系 $ax^2+bx+c=0(a\neq 0)$ $x^2+bx/a+c/a=0$ 上述两个方程同解，根为 $x_1=\left(-b+\sqrt{b^2-4ac}\right)/2a$； $x_2=\left(-b-\sqrt{b^2-4ac}\right)/2a$； 请同学们研究：$x_1+x_2=?$；$x_1 \cdot x_2=?$	板书（书面语言） 语言（数学用语引导）	跟随教师思路从特殊到一般。 多数同学算出： $x_1+x_2=-\frac{b}{a}$， $x_1 \cdot x_2=\frac{c}{a}$。	黑板
7′	5. 请同学们分析、叙述刚才的结果。即对于方程 $ax^2+bx+c=0$，它的根与系数的关系如何？	提问 语言（文字与符号语言的转换）	回答：两根之和等于 $-\frac{b}{a}$，两根之积等于 $\frac{c}{a}$。	黑板
9′	6. 说得好！一元二次方程： $ax^2+bx+c=0$ 的两根之和等于它的一次项系数除以二次项系数的相反数，两根之积等于常数项除以二次项系数。	语言（总结，强调；文字与符号混合型数学用语）	学生记忆，在脑海中重复教师的语言。	

附录 2　数学语言技能评价表

评价内容	评价等级				
班级　　姓名　　学号　　训练时间 课题					
请您听课后对以下项目进行评价，在相应的等级处打“√”。					
	优	良	中	差	权重
1. 普通话、符号称谓准确，音量、语速、节奏恰当					0.1
2. 语言流畅，充满情感，有韵律					0.1
3. 准确表达数学内容，语言规范、逻辑性强，目的明确					0.2
4. 目光表情动作与语言配合恰当，对语言有强化作用					0.2
5. 日常用语、教学用语、数学用语配合好，转换恰当					0.2
6. 不同数学用语协调运用，激发学生思维					0.2
总分					
评语：					

第七章　数学导入技能

（1）学习目标：通过训练，掌握数学导入技能。

（2）考核要求：理解数学导入技能；掌握数学导入技能的基本类型；掌握导入技能的应用要点，能对数学导入技能进行评价。

第一节　什么是数学导入技能

常言道“好的开始就是成功的一半”，数学不像语文、英语、地理、生物，有着生动的画面、优美的旋律。数学抽象、概括、符号化，这是长久以来人们形成的印象。大部分学生被动接受数学知识，少数学生会被吸引而去探究、体验并提炼数学的“美”。如何引导学生爱上数学，主动学习数学，这是数学老师一直在探索、学习、总结的任务。要让学生“一见钟情”于数学，就要让每一节数学课有一个好的开端——数学课的导入。

一、数学导入技能的内涵与作用

数学导入技能是数学课的初始环节，是由教师有目的、有计划地引导学生在已有知识和生活经验的基础上，有效进行新知识的学习，完善认知结构的一项技能。

数学导入技能应用于数学课的开始环节，可以运用在数学概念、公式、法则、定理等任何知识的学习中。心理学研究表明，在一节 45 分钟的课上，学生的思维状态会经历思维水平逐渐提升阶段——最佳思维水平阶段——思维水平逐渐下降阶段。如果我们将数学课堂的 45 分钟按照 15 分钟一个阶段来划分，不难发现第一个 15 分钟学生的思维是在逐渐提升的。如何更快使学生注意力得以集中，这就需要数学课堂有一个精彩的导入。精彩的导入，如同桥梁，连接旧知与新知；精彩的导入，如同序幕，导演着课堂的高潮与结束；精彩的导入，如同指路明灯，指引着学生前进的方向。

二、数学导入技能的功能

不少教师对于课堂导入不够重视，认为导入浪费的时间不如拿来让学生做题或者测试。这样做是因为没有认识课堂导入的功能。

二十世纪七十年代 C.Turney（Turney,1975）等在 *Sydeny Micro Skills* 一书中提出导入的功能为：引起注意、激发动机、构建教学目标、明确学习任务以及建立联系。

（一）集中注意力，为新知学习做好心理准备

课堂教学从吸引学生的注意力开始，使学生的注意力指向教师、指向教学内容。以初中数学教学为例，初中学生精力旺盛，上课之初注意力很难集中，这个时候如果有好

的导入，比如一幅图画，一首动人的音乐，就容易使他们安静下来。比如教师在讲《生活中的轴对称》第一节《轴对称现象》时，可以搜集学生都熟悉的、感兴趣的图画，给学生视觉上的刺激，则很容易将学生的注意力转移到课堂上。所以，课堂的导入可以设计如下。

师：同学们，在上课之前我们先一起来欣赏几幅图画（图 7-1），这几幅图画在视觉上给你什么样的感受呢？

图 7-1　视觉图

在上述导入过程中，展现的图画既有自然景物，又有人文图片；既有男生感兴趣的车标，又有女生喜欢的剪纸。这些图品的展现，很容易集中学生的注意力，而且学生也很愿意将自己欣赏到的美和大家一起分享，此时再引入课题——轴对称现象，顺其自然，水到渠成。

（二）激发学习热情，为情感目标达成做好准备

上海师范大学卢家楣教授根据美国心理学家布鲁姆的情感目标分类，提出了三个维度四个层次的情感目标分类体系，这三个维度分别为乐情维度、冶情维度和融情维度。教学如何实现情感教育，从理论上分析，它是沿着乐情——冶情——融情这三个维度逐渐分层达成的。课堂导入作为一节课的开始，在很大程度上决定了学生对所学知识的接纳意愿，所以课堂导入对于学生能否投入学习至关重要。

（三）激发内在动机，为主动学习做好准备

托尔斯泰说过“成功的教学所需要的不是强制”，强制学生听讲、做笔记不是有效的方法，激发学生内在动机才是关键。好的课堂导入可以激发学生内在学习动机，学生有了强烈的学习欲望和冲动，乐于学习，才能达到理想的教学效果。教学中，需要教师通过典故、游戏、教学模具的展示等充分激发学生的内在动机，引导学生在求索中进行学习。

（四）建构知识桥梁，为新知识生成做好准备

古人云“以其所知，喻其不知，使其知之”，足以说明旧知识对新知识学习的重要性。新知识的发生往往是由旧知识发展而来的，在学习旧知识时所用到的思想和方法往往可以用到新知识的学习中。比如学习《平方差公式》之后学习《完全平方公式》，课

堂导入可以以旧引新。

师：同学们，我们前一节课学习了《平方差公式》，你还记得平方差公式吗？

生 1：平方差公式是 $(a+b)(a-b)=a^2-b^2$。

师：我们是如何得到这个公式的呢？

生 2：多项式乘以多项式展开得到的。

师：$(a+b)(a-b)=a^2-b^2$ 有什么几何意义？

生 3：体现为矩形、正方形的面积关系，可以通过割、补图形，计算图形的面积验证。

师：很好，那么现在我们就沿用上节课的方法来研究《完全平方公式》。

短短几句话，已经为新知识的生成铺设好了道路，学生们的学习变得自然顺畅。

三、数学导入技能的要素

根据导入的心理机制，可以明确导入技能的要素包括：引起注意，激发探究，形成期待，进入课题四个部分。

（一）引起注意

引起注意是导入技能中集中和保持学生注意力、使学生进入学习的准备状态的教学行为。通过这一行为，可以帮助学生在课的开始终止与学习新知无关的思绪和行为，将注意力集中到所学新知上，为新知的学习做好心理准备，这是导入的第一要素。

（二）激发探究

学生注意力凝聚课堂之后，要使学生进入问题情境，产生好奇心，形成探究愿望，激发建构新知的意愿。

（三）形成期待

形成期待是使学生明确学习目标。教师导入时，要让学生明白通过这节课的学习要完成哪些学习任务，实现哪些教学目标，使学生对本节课的学习做到心中有数，有目的、有意识地进行新知学习。

（四）进入课题

进入课题是导入的目的，也是导入的结束，目的在于让学生顺利进入新知学习阶段。

第二节　数学导入技能的类型

好的课堂导入，能够激发学生的热情，产生好的教学效果。“教无定法”，因而“导无定律”。汪晓勤在《数学课堂教学技能与微格训练》一书中，介绍了一些数学课堂导入常用的类型：生活情境导入法、渗透数学文化导入法、寻找典型习题导入法、结合相关学科导入法、开展数学实验导入法、直接导入法、经验导入法、游戏导入法、故事导入法等 11 种类型。面对丰富的数学知识，该选择何种导入方法，是数学教师面临的一大难题。这一节参照着汪晓勤的导入类型分类，依据数学知识的分类，探讨数学课堂导入的类型。

《义务教育数学课程标准（2011 年版）》将数学内容划分为四个领域：数与代数、图形与几何、统计与概率、综合与实践。为此，根据数学知识可以将导入的类型划为概念导入，定理、公式、法则的导入，知识运用的导入等类型。

一、数学概念的导入类型

概念组成命题，命题引申方法，方法解决问题，因此概念是数学的基石，是数学新知识学习的核心节点。由于数学概念严谨、抽象，不容易理解，所以概念的导入就显得尤为重要。

（一）产生式导入

产生式导入，是指根据数学史记载的知识产生和发展的顺序导入概念的教学方式。

数学是人类文化的重要组成部分，而数学的文化价值在教学中往往被忽视，抽象的数学概念只有放在历史背景中，和抽象活动的历史过程结合起来，才能变简练为丰富，变艰涩为生动，才能完整地呈现其经验性和演绎性二重统一的本质，才能调动全部的经验积累来支撑所建构概念的全部含义。数学史除了为历史而历史、为数学而历史之外，还应该为教育而历史。例如透过历史发展顺序可以提炼出人们的认识发展规律，通过数学家的困难可以预见和解释学生的学习困难，进而把历史发展的脉络作为学习层次顺序的参考。所以，数学史在课堂中虽然无形，但却成为教学内在的线索和坚实的内核，这可以提升学生的数学理解，引领学生感悟数学的理性内涵。例如在学习“负数”这一数学概念时，可以用以下的导入方法。

师：说起数，我们并不陌生，我们已经学过了哪些数呢？

生 1：学过自然数和分数。

师：有多少呢？

生 2：无数个。

师：那我们已经认识了无数多数了，为什么还要学习一种新数呢？（课件出示情境：两辆公交车上分别有 3 人上车和 3 人下车。）同学看看，表格中的数据，表示清楚了吗（表 7-1）？

表 7-1　公交车乘客统计表

车号	上下车情况
3 号车	3 人
5 号车	3 人

生：没有，看不出到底是上车 3 人，还是下车 3 人。

师：也就是虽然都是 3 人，但是 3 人表示的实际意义是相反的，它们是一组表示相反意义的量，这就是我们这一节课要介绍的正数与负数。

（二）类比式导入

借助类比的数学方法，突出新概念属性的导入方法。

类比的方法是一种学习数学的重要方法。数学教学中有不少新概念的学习可以通过类比已有的概念来进行。例如学习《分式》时，可以类比分数来引入分式的概念。学习《中心对称图形性质》时，可以类比《轴对称图形的性质》来引入新课。类比导入方式，主要是通过引导学生进行探究、合作、交流来发展学生类比推理能力，并引导学生提出问题，分析问题，解决问题。

（三）对比式导入

如果新概念与某已知概念存在对立关系或平行关系，则可以采用对比的方式导入新概念。

对比能清晰展现差异，教学“因式分解”时，教师可以借助于整式乘法的对比导入新概念。

师：同学们，我们初一时候学习过整式的乘法，如$(a+b)(a-b)$，大家还记得如何计算吗？结果是什么？

生 1：可以直接利用平方差公式计算，结果是a^2-b^2。

（教师板书：$(a+b)(a-b)=a^2-b^2$。）

师：同学们观察一下，等号的左边和右边的形式有什么不一样?

生 2：等号左边是两个多项式相乘，右边是一个多项式。

师：很好。既然这是个等式，那么左边等于右边，右边也等于左边。我把上面的式子从右到左写成：$a^2-b^2=(a+b)(a-b)$，这个式子成立吗?

生：成立。

师：对。大家不难发现，上面两个式子第一个是乘法公式，第二个是乘法公式的逆用，这个逆用就是我们这节课要学习的新内容，整式乘法的逆运算——因式分解。

上述导入就是按照整式的乘法与因式分解互为逆运算而设计的，学生对于整式乘法的掌握是非常熟练的，因此让学生体会到两者的联系之后，就能轻松地进入新内容的学习。

（四）直观式导入

借助图片、音效、教学道具等方式，直观呈示概念属性的导入方式。

这种导入方式对于几何概念的引入比较有效，因为几何体在现实世界中随处可见，所以采用直观的方式，将现实生活中的几何模型抽象出来，更能集中学生注意力。如学习“认识三角形”时，导入可以从几幅图片开始，学生注意力就被漂亮的图片所吸引了。同时，观察图片的过程，也是学生将立体图形转化为平面图形的过程。当学生逐一将每一幅图片中的三角形抽象出来之时，教师就可以顺势引入本节课。

（五）学科渗透式导入

利用物理、化学、生物等其他学科背景，激发学生兴趣导入新概念的方法。

例如，教学“用表格表示变量间的关系”时，教师用李商隐《无题》中的两句诗作为开始“春蚕到死丝方尽，蜡炬成灰泪始干”，诗句在学生的脑海里呼唤出现蜡烛燃烧的形象，借助这一形象让学生体会到时间和蜡烛剩余的高度就是两个变量，随着时间的增加，蜡烛会越变越短。或者，教师利用物理上的自由落体运动，或是小车在斜板上的下滑来导入。通过学科渗透的导入方式，能够使学生体会到学好各科的重要性，一举数得。

二、公式、法则、定理的导入类型

公式、法则、定理是数学知识的重要组成部分，表现为概念联结，通过文字、符号表达，简洁、抽象，传递丰富的意义。为缓冲公式、法则、定理的抽象性，教师应该采用多元表征，遵循由数字到字母，由具体到抽象，采取多种形式导入学习过程。为此，导入时可以采用实验、游戏、比赛等方法。对于公式、法则、定理导入，采取以下导入类型还是比较有效的。

（一）问题串导入

这种导入方法在新授内容之前，直接向学生提出本节课需要学习的内容，开门见山，使学生目标明确、思路清晰，有的放矢。

例如，学习“1.1 利用函数性质判定方程解的存在”中“方程的解”与“函数与 x 轴的交点”、“函数的零点”之间的关系时，可以利用问题串导入。

师：下面请同学们观察二次函数 $y=x^2-4x-5$ 的图像（图 7-2），并思考下列几个问题。

（1）能否找到图像上纵坐标为 0 的点？

（2）当纵坐标为 0 时，二次函数变成了什么？

（3）这个二次函数与 x 轴的交点是什么？

（4）方程 $x^2-4x-5=0$ 的解是什么？

（5）二次函数与 x 轴的交点的横坐标与（4）中方程的解有何关系？

（6）一元二次方程根的个数与二次函数与 x 轴交点的个数之间存在怎样的关系呢？

上述问题贯穿在整节课的学习之中，结合一元二次方程根的情况来理解二次函数与 x 轴的交点问题，就相对容易解决了。

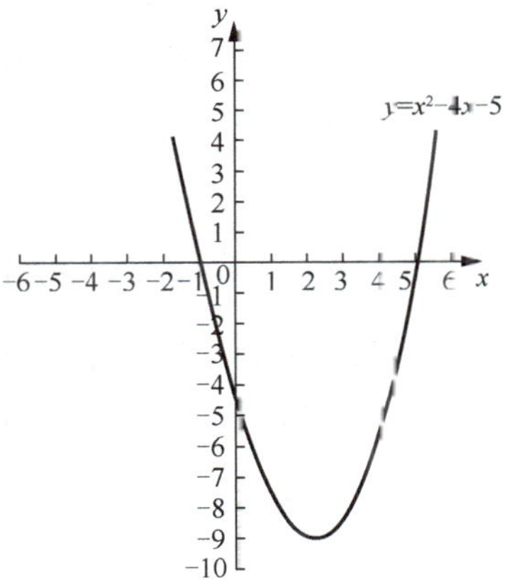

图 7-2　二次函数图

（二）逆向思维导入

当人们沿着小径千回百转观察景物走到尽头时，常常找不到来时的路；而导游非常熟悉路径，可以轻易回溯逆向返程。思维上的回溯逆向返程就是逆向思维。如果沿着“整式乘法”这条路去旅游，再沿着“因式分解”这条路返程。

$$\begin{cases} m(a+b+c)=ma+mb+mc \\ ma+mb+mc=m(a+b+c) \end{cases}$$

这样可以设计《因式分解——提取公因式法》的课堂导入。学生会觉得新知识的产生自然顺畅。

（三）经验式导入

以学生已有的学习经验和生活经验为出发点，结合教师的讲解、提问，引起学生激活已有经验，从而引导学生学习新知的导入方法。每个学生都有自己的“数学现实”，了解学生的“数学现实”，并在现有“数学现实”的基础上进一步丰富和扩展，导入新课，学习新知。

例如，学习“一次函数及其性质”时，可以这样导入。

师：学习完一次函数的定义后，你们接下来想探讨什么问题呢？

生 1：一次函数的图像与性质。

师：怎么探讨呢（稍停顿）？大家能够类比研究正比例函数的图像与性质的方法，提出研究一次函数图像与性质的方法吗？

生 2：先画出函数图像，再根据图像得出性质。

师：画一次函数图像是否进行分类？

生 3：正比例函数我们根据 $k>0$ 和 $k<0$ 两类进行的，但是一次函数中还有 b，所以我们应该考虑 b 的情况，$b>0$ 和 $b<0$。

师：很好。那么我们应该从哪些方面观察图像呢？

生 4：从图像的形状、经过的象限、升降等角度去观察。

师：好，我们这节课就利用同学们提出的方法去研究一次函数的图像与性质。

一次函数是初中学习的一个很重要的函数，无论是知识上还是思想方法上，都具有一定的指导性。

三、知识应用的导入类型

数学知识的应用，要以掌握的数学概念、公式、法则、定理为基础，以解决来自数学内部世界或外部世界的问题为目标指向。可以把知识应用的导入方法分为以下几种。

（一）直接导入

基于学生已有知识经验，通过回忆所学内容导入新课。

例如，在“多项式乘法”的学习中，课堂导入就可以直截了当的进行。

师：我们在前面学习了多项式的乘法法则，哪一位同学可以用自己的语言将法则描述一遍？

生 1：我们可以用第一个多项式中的第一项与第二个多项式的每一项相乘，再利用第二项与多项中的每一项相乘，依次进行，最后将所得的结果再相加。

师：非常好，我们可以用公式这样表示：$(a+b)(c+d)=ac+ad+bc+bd$（板书）。这一节课，我们探讨这个公式的应用。

这样的导入虽然简单，但明确直接，了无痕迹。

（二）经典题型导入

利用典型例题，导入知识运用。

比如，在“二次函数应用”专题中，可以以如下题目导入。因为这个题目涉及二次函数的诸多方面的应用。

师：同学们，我们已经学习过二次函数，大家对其表达式、图像和性质都已经比较熟悉。利用数形结合解二次函数问题是一种非常重要而又常用的数学思想方法，接下来我们先看一个问题，从给出的图像上（图 7-3），我们能发现哪些信息。（出示题目）

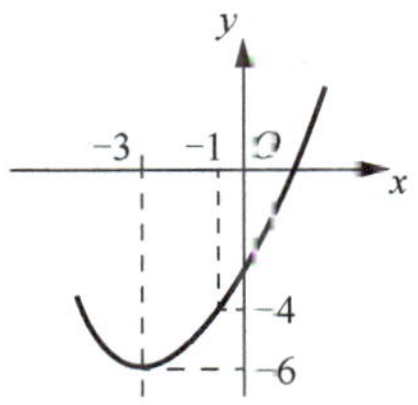

图 7-3　二次函数图

师：从这个图像上，我们可以看到的信息包括：开口方向、最值、与 y 轴的交点、对称轴、与 x 轴的交点等。那么这节课我们就利用数形结合的思想方法从上述角度研究一下二次函数的相关问题。

A. $b^2>4ab$

B. $ax^2+bx+c\geqslant -6$

C. 若点（-2，m），（-0.5，n）在抛物线上，则 $m>n$

D. 关于 x 的一元二次方程 $ax^2+bx+c=-4$ 的两根为 -5 和 -1.

这样导入，结合二次函数图像，直观明了，要求明确。

（三）数学活动导入

图 7-4　观察图

设计以学生动手操作的数学活动，让学生体验数学研究的过程，营造数学思维创新氛围的导入方法。

在教学“截一个几何体”时，可以让学生提前准备橡皮和小刀，课堂导入就以学生切橡皮开始，小组合作，看看截出的截面可能是哪些形状，给学生留出充足的时间。

在教学“探索直线平行的条件”时，可以让学生观察一幅图片（图 7-4），然后由学生转动手中的教具开始这一堂课（图 7-5）。

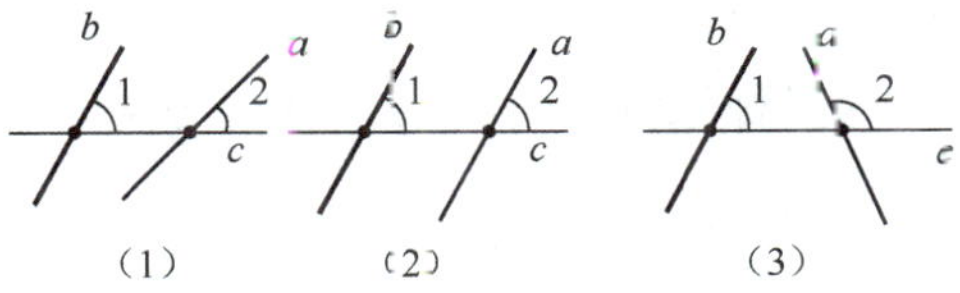

图 7-5　教具图

在上述过程中，体会两个角 ∠1和∠2 的大小关系对于直线 a 和 b 位置关系的影响，进而引出两个角是同位角，提出三线八角的概念。这样的导入是由学生动手操作完成，学生能够集中精力投入进去，收到良好的教学效果。

第三节　数学导入技能练习原则与要点

一、数学导入技能练习原则

（一）目的明确

教学目标是教学的出发点和归宿，导入是为了更好地实现教学目标。“导”是辅助，“入”才是根本，所以导入必须从实现教学目标的角度出发，做到有的放矢，不可舍本取末。

（二）启发引导

我国古代教育学家孔子的《论语》中写道：“不愤不启，不悱不发”，当学生处于“愤悱”状态时，学习欲望和学习兴趣最浓厚。因此导入设计时应该抓住学生学习的这一特点，充分利用学生思维活跃的最佳时间，适时地启发、诱导。例如，学习《频率的稳定性》时，教师可以这样导入。

师：小明和小丽在玩抛图钉的游戏，投掷一枚图钉，落地后会出现两种情况：钉尖朝上，钉尖朝下，你认为钉尖朝上和钉尖朝下的可能性一样吗？

生 1：直觉告诉我，钉尖朝上和钉尖朝下的可能性不一样。

生 2：我的直觉跟生 1 一样，但是不知道对不对。

生 3：我感觉应该和抛硬币是一样的，可能性应该一样。

师：有的同学凭的是直觉，有的同学是根据以往的经验，那现在不妨让我们用实验来验证一下吧。

这节课的导入从“抛”的角度引入，其实有一部分学生已有抛硬币的经验，只是“图钉”和“硬币”在受力面积上存在不同，所以，学生们虽有经验，但是又有冲突，这样就可以启发学生在已有知识基础上进行新知识的学习。

（三）直观启智

数学导入中，要给学生设计动手操作，用眼观察，动脑分析的机会，学生的数学能力就会在“做”中，在“观察”中得到发展，这样才能充分调动学生的眼、耳、口、手、脑，将多种感觉器官与思维器官协同起来，学生就能在轻松愉悦的氛围中进入新知探究。

（四）新颖别致

学生的好奇心需要激发，导入要根据教学内容、学生认知等特点，设计一些新颖别致、喜闻乐见的导入方式。例如，学习《测量旗杆高度》时，教师可以提前导入：将任务交给小组，利用周末时间由学生自寻工具、自主测量、自行记录数据。测量方法和数据展示在课上完成。小组合作作为一种教学方法备受关注，课堂导入设计成小组活动，收到较好效果。

（五）简捷有效

课堂导入的设计，要确保导入内容符合学生的认知水平和接受能力，要用精练的文字，生动的语言、丰富的画面，在较短的时间范围内，集中学生的注意力，使学生积极投入到课堂的学习中来。不管是哪一种方式的导入，时间一般控制在 3～5 分钟的范围内，点明课题，让学生明确任务。

（六）师生共情

导入时要注意对学生情感的激发和引导。如果教师在导入时能激发学生的情感，师生感情达到共融，就为整个教学过程创造了良好的气氛。教师在导入时必须有饱满的热情、充沛的精力，要深入角色，以自己丰富的情感激发学生理智感的产生。

二、数学导入技能练习要点

课的导入与其他环节相辅相成，相得益彰。导入对课堂的教学起着“定向”的作用。导入技能的练习，要注意以下几点。

（一）突出课题

突出课题主要表现在：①课堂导入服务新知识学习，为进入新课题学习架桥铺路；②导入，是导入新课题的学习；③导入方式要考虑新课题的类型。导入时要合理进行取材，所选材料要紧密配合所要讲述的课题。

（二）学生主体

导入在于引起学生注意，激发学生学习动机，激活学生先前经验，激励学生探究新知，帮助学生建构新知及知识体系结构。因而，导入要确保学生主体性得到发挥，这样学生才能积极参与。

（三）联结恰当

导入应该着力于建构“先行组织者”，揭示新旧知识的联系，努力将新知识的学习置于一个更为广阔、丰富的背景之中，引导学生关注知识的联系。

（四）定向准确

导入应该科学，不能有丝毫的差错或模糊不清，否则会将学生思维引入误区。特别是数学术语、概念不能讲错，更不能纠缠于非本质的本质特征上。

附录 1　数学导入技能教案

班级　　　姓名　　　学号

训练时间课题名称　统计图的选择　　技能名称　导入技能

教学目标	通过对统计图的选择的学习，体会导入技能			
时间分配	教师行为	教学技能	学生行为	教学媒体
30s	1. 老师进入教室，微笑着走上讲台，问道："同学们，老师昨天让大家收集生活中各行各业、各学科中应用的统计图，大家准备好了吗？你们都准备了哪些类型的统计图呢？"	导入（引起注意）	学生回答：收集好了，我准备了折线图，我准备了扇形统计图，我准备了条形统计图	投影仪
1min30s	2. 老师："大家在小学已经接触到了这些统计图，那现在我们就一起来分享一下大家搜集到的这些统计图	导入（衔接旧知）	同学们积极踊跃地举手要分享。生 1：我将我最近几次考试的数学成绩绘制了一个统计图	投影仪
2min	3. 老师："请问同学们，你们从这张统计图中，看到了哪些信息呢？"	导入（衔接旧知）	生 2：从这一张统计图中，我能清楚地看到生 1 成绩的变化	投影仪
3min	4. 老师："非常好，折线统计图体现了成绩的变化，那么同学能为我们提供其他类型的统计图吗？"	提问（启迪思维）	生 2：我搜集了一张小明家庭收入的统计图——扇形统计	投影仪
4min	5."那你能告诉大家，从这张图中你能提供哪些信息吗？"	提问（启迪思维）	生 2：我能看到他们家的收入都是由谁提供的	投影仪
5min	6."非常棒，也就是扇形图也有它自身的特点和优势，那条形统计图呢？"	进一步提问（启迪思维）	学生们都很急于分享。 生 3：我搜集的是一张我国从 2010—2016 年的 GDP 数据图，它反映了我国经济这几年的具体数值	投影仪
6min	7. 大家都很棒，小到自己，大到国家，同学们找到了我们比较常见的这几种统计图，并进行了简单的分析，那么这一节课，老师和大家一起进一步了解这三类统计图，总结它们的特点，并根据自己的需要选择最合适的统计图，这就是我们这一节课的内容——统计图的选择	导入（进入新课） 板书	学生思维跟随老师进入课题	黑板

附录 2　数学导入技能评价表

班级　　　姓名　　　学号　　　训练时间 课题					
请您听课后对以下项目进行评价，在相应的等级处打“√”。					
评价内容	评价等级				
	优	良	中	差	权重
1. 导入目的明确，与教学目标相符					0.2
2. 导入紧密联系课题					0.2
3. 导入方法选取恰当，导入流畅、自然					0.2
4. 导入注意发挥学生的主体作用					0.2
5. 导入的时间掌握好					0.1
6. 导入能够引起全体学生的注意					0.1
总分					
评语：					

第八章　数学讲解技能

（1）学习目标：通过训练，基本掌握数学讲解技能。

（2）考核要求：理解数学讲解技能；掌握数学讲解技能的类型；把握数学讲解技能的应用要点，能对数学讲解技能进行评价。

第一节　什么是数学讲解技能

D.Ausubel 大力提倡使用讲授式教学，即以一种有组织的、有意义的方式将知识传授给学生，他指出："某一主题知识的获得首先是接受学习的一种表现。也就是说，学习者所要学习的内容，一般来讲或多或少要以一种终结的形式呈现给学习者。在这种情况下，学习者只需要理解这些材料并把它纳入自己的认知结构，以便这些知识可以在以后再现，或在相关的学习、问题解决中发挥作用。"有意义的学习指的是把新获得的信息与记忆中的已有知识相联系，从而习得新观点、概念和原理。只有当新的材料与长时记忆中的相关概念形成系统的联系，学习才是有意义的，这为数学讲授，即数学讲解技能的运用提供了指导。

与发现学习运用归纳推理相比，Ausubel 的学习模式强调演绎推理，即先教给学生一般性概念，再教给他们具体要点。这一学习模式需要教师帮助学生把概念分解成更小的相关概念，并且把新知识和记忆中相似的知识联系起来，所以有意义的接受学习需要师生之间大量的互动。教师口头呈现新材料，同时要求学生不断做出反应。教学内容需要很好地加以组织；概念要以多种方式来阐述，并要注意概念与概念之间的联系，以使学生能够获得必不可少的知识，从而在教学中受益。

因此，讲解的实质就是教师运用口头语言，通过描述情境、叙述事实、解释概念、论证原理、阐述规律等，系统地向学生传授知识的行为。它通过循序渐进地叙述、描绘、解释、推论来传递信息、传递知识、阐明概念和论证规律、定律、公式，引导学生发现、理解、分析、解决问题，促进学生心智发展。

一、数学讲解技能的内涵与作用

数学学习是学生特殊的认识过程，这种特殊性一方面表现在学生所学的知识是已被发现的知识，另一方面表现在学生学习是在教师指导下进行。因而学生的数学学习过程主要表现为有意义的接受学习，辅之以探究性的发现学习，这些过程深受教师讲解的影响。

数学讲解技能，是指教师基于学生已有的知识经验，以口头语言的运用为主，结合视、触觉媒体，向他们传授数学知识，同时启发数学思维、交流思想、表达情感的行为方式。运用数学讲解技能，教师可以向学生讲述某一数学事实、概念；可以突出问题关键，明确解题途径，提炼解题方法；可以对某个数学命题进行解释说明、分析和推理；可以对数学问题进行介绍、评价和评论；可以通过讲解系统综合某些数学内容、思想方法。聚焦于学生的数学知识建构过程，数学讲解技能能够在较短时间内向学生高效传输信息，且易于理清思路，把握数学知识内在的逻辑脉络，也易于控制与利用时间。

例如，通过$x^2+1=0$引入虚数以后，很多学生依然满腹疑虑，不是说负数不能开偶数次方吗？这样引入一个不存在的数有意义吗？针对学生的疑虑，教师进行了下面的讲解。

师：我们一起回顾实数系，每个实数与数轴上的点一一对应，也可以将每个实数与起点在原点、终点为数轴上该点的有向线段一一对应。

有向线段这个概念我们已学过，起点不固定时则是必修4中学过的向量。假设一个物体同时受到两个力的作用，一个是水平向前的拉力，一个是水平向后的摩擦力，那么我们就用一个正实数表示这个向前的拉力，再用一个负实数表示那个向后的摩擦力。要求它们的合力的话，就用实数的加减法（画图表示其几何意义）。假设这个物体现在受到第三个力的作用，是垂直向上的拉力，那怎么表示这个拉力呢（停顿片刻）？能用实数表示吗（停顿片刻）？不能，因为数轴只能表示水平方向上的力。这样，就需要引入新的数表示垂直向上或向下的拉力。既然水平向前的拉力1牛顿用+1表示，水平向后的摩擦力1牛顿用−1表示；那么，为了区别，垂直向上的拉力1牛顿用+i表示，垂直向下的拉力1牛顿用−i表示。

生：好像明白了一些，不过还是觉得虚数的引入有些虚幻。

师：课后再想想，等大家学完复数后再回过头来看i，也许就像大家现在看小数、负数和无理数一样清楚了。当大家读完大学再来想今天遇到的问题，也许就会觉得今天的想法有坐井观天的味道呢。

虚数单位i，对于刚接触的学生是一个难以理解的概念，教师从学生已经掌握的物理学、几何、代数知识入手，运用严谨、明白的讲解，层层揭示，向学生阐述了引入虚数单位i的必要性。

数学课堂中，什么时候运用讲解技能呢？数学讲解技能适用于以下内容：事实性的知识；某一数学知识和方法的综合、概括、总结；某一数学知识应用的引导、定向；对定义、定理的内涵、外延、关键词作引导性的分析；对定理、例题求解（证）的思路分析与求解（证）后的总结；解题的指示与指导；组织学生讨论、自学的要求和最后的总结；对数学问题的板书、投影、录像、计算机演示、实验等的讲解说明，进行的提示与分析；配合其他教学技能的说明等。

二、数学讲解技能的功能

讲解能充分发挥教师在教学中的主导作用，控制教学进程、掌握教学进度，并具有信息传输密度高、知识面宽等特点。具体地，数学讲解技能具有如下功能。

（1）能较迅速、较准确、高密度地向学生传授间接经验，使学生在较短的时间内获得大量、系统的数学科学知识。

（2）能激发学生的学习热情。教师运用准确、简练、鲜明、生动的语言，进行富有魅力、引人入胜、幽默风趣、引经据典的讲授，激发学生的学习兴趣。教师在教学中的言行、举止、观念都能潜移默化地影响学生，培养学生的数学探索精神和创新意识。

（3）能启发学生的思维。通过准确、流畅、清晰、生动的描述，逻辑严密的讲解，循循善诱、层层推进，点燃学生的智慧火苗。

（4）能发挥教师的主导作用。教师把思考过程呈现给学生，引领学生思维依照教师预设展开，将学生的生成纳入课程资源，让学生的学习在教师主导下推进。

（5）能方便并广泛运用。讲解可以不需要其他的教学媒体，省时、省力，受外界物理环境影响不大，便于广泛运用。靠着“一张嘴，一支粉笔，一块黑板”三大法宝，便可进行教学活动。

（6）能与其他教学技能有效配合，实现教学目标。

三、数学讲解技能的要素

1．讲解中的结构

教师在确立新旧知识联系、新知识的内在联系的基础上，根据学生认知结构和认知水平，提出问题、论据、论点，从而形成讲解结构。利用讲解结构，可以使教师的讲解条理清楚、逻辑清晰、主题明确，有利于学生学习和思考。

讲解结构有三个层面。第一个层面是组成结构，包括引入（引入题目导论）、主体（议论、推理、论述）和总结（结论、结果）。成分结构的设计要由浅入深，由近及远，由易到难，由表及里，由已知到未知，由简单到复杂。这样，能使讲解条理清楚，有的放矢，突出知识体系中的基本内容，起到“削枝强干”“以主带从”的作用，便于启发思维。第二个层面是数学教学语言结构，由通俗语言、教学型数学语言、数学语言构成，三类语言的四种常见组合、转换方式合奏出一曲数学教与学之歌。第三个层面是数学语言结构，由属于叙述性表征的文字语言、符号语言，以及属于描述性表征的图形语言、模型语言、情境语言构成，不同表征语言的转换、互译，激荡出一曲数学思维的奏鸣曲。

2. 讲解中的语言

讲解技能体现为组织结构与表达程序，实质是借助语言对知识的剖析和揭示，向学生呈现数学知识的成分和数学知识的逻辑脉络与形成过程，揭示数学知识之间以及数学与外部世界的诸多联系。

讲解的语言要准确、发音清晰、紧凑连贯；语音、语速、语调、音量应符合讲解的内容与情感表达的要求；讲解的语言、语调要有节奏，有轻重缓急之分；讲解的语速要适合学生加工与存储信息，要渗透热爱学生、喜爱数学的底色；阐述数学事实等的句子要确切、明白。总之，教师要加强语言训练，做到字正腔圆、清新悦耳、表述清晰、层次分明。

讲解需要“停顿”。数学教学语言不能“处处连续”，应有目的地用“间断”的语言讲解，即在两句阐述数学内容的语言之间，给予恰当的停顿，在时间上给予“间断”，让学生用自己的思维把“间断”的问题解决，把教师设置的“间断”的逻辑过程，用思维活动将其“链接”起来。例如，教师讲《圆周角的度数等于所对弧的度数的一半》时，对这个定理的证明，可以设计如下的讲解语言。

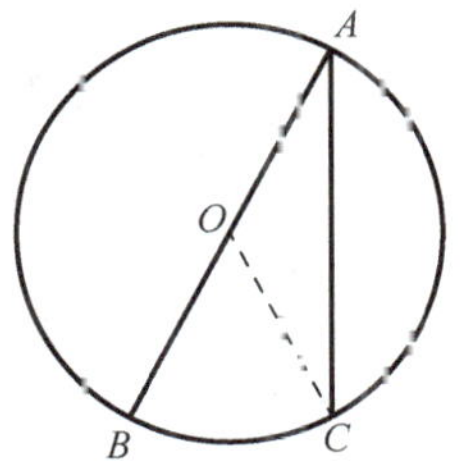

图 8-1 圆周角图

师：我们学过与圆有关的角（稍停顿，学生回忆圆心角、圆周角等），有圆心角及刚学过的圆周角。对于圆心角和弧的度数问题，我们学过一个定理（稍停顿，学生回忆“圆心角与所对的弧的度数相等”），那就是“圆心角与所对弧的度数相等”，类似地，圆周角是否有相似的结论？请大家观察图形（图 8-1）（稍停顿），为了研究圆周角 $\angle BAC$ 的度数，总要想办法利用已经知道的有关角与弧的知识（稍停顿，学生想：已知圆心角与所对弧的关系，要考察圆周角与所对弧的关系，那就要利用圆心角，可否连接 OC？）哪位同学回答一下？（学生的回答中必有：连接 OC）连接 OC 以后，能得到哪些结论？（稍停顿，学生或思考或回答: $OC=OA$，$\angle A=\angle C$，$OB=OC$，$\angle BOC=\angle A/2$）对，利用“三角形外角等于不相邻两内角和”，能够得出：$\angle BOC=\angle A+\angle C=2\angle A$，从而：圆周角的度数等于所对弧的度数的一半（稍停顿）。这就是今天我们要学习的新定理：圆周角的度数等于所对弧的度数的一半。

讲解的“趣味性”。教师必须使自己的讲解充满“趣味性”，富有“吸引力”。数学语言，要准确、精练、逻辑严密，但文字语言，尤其是符号语言抽象、不易理解。因此，教师要用有感染力、生动形象的语言去调动学生的有意注意，把深奥的道理浅显化，把抽象概念形象化，把复杂问题简单化，把一般问题具体化，把陌生问题熟悉化。例如，有的教师为了让学生透彻理解两数和的完全平方公式：$(a+b)^2=a^2+2ab+b^2$，将符号记号化：$(\Delta+\mathrm{O})^2=\Delta^2+2\Delta\mathrm{O}+\mathrm{O}^2$，并指出：“Δ 可以代表任何东西，O 也可以代表任何东西；任何东西可以是数、字母、单项式、多项式等。”

3. 讲解中的例证

数学知识是抽象的，教师常常结合具体的实例、证据进行讲解。这种从具体到抽象，引导学生认识并建构数学概念、原理、思维方法的方法，是重要的讲解手段。教学中，利用学生已知的数学知识，利用图表、例题，利用正面、反面的例子、故事及相似的例子，向学生传递数学知识的含义，帮助学生加深对数学思维方法的理解，这就是结合例子的讲解。例证一般是为了讲清某一个问题的例子，一般是简单的、涉及单一方面的，是学生易于理解或是学生已知的旧知识。

讲解中运用的例证，要与所讲的概念、原理紧密相关。例如，在不等式教学时，学生常常不理解不等式的来源，就像：$a/b<(a+m)/(b+m)$（a，b，m 均为正数，且 $a<b$）。教师结合例证进行讲解：“我们一起来分析糖水的浓度，用 a 表示糖的质量，b 表示糖水的质量，m 表示添加的糖。加糖 m 以后，糖水变甜了，即糖水的浓度增加了。这就是不等式 $a/b<(a+m)/(b+m)$ 的现实来源，它可不是天上掉下来的呦。”

讲解中运用的例证，要符合学生的认知水平。例如，解分式方程时，要把分式方程化为整式方程，这时可能产生增根，学生常感困惑。教师结合恰当的例证进行讲解，能起到很好的解惑功效。

师：请同学们求出方程的根：① $x-1=0$；② $(x-1)(x-2)=0$。

生：（迅速口答出）方程①的根是 $x=1$；方程②有两个根，一个是 $x=1$，另一个是 $x=2$。

师：如果将方程①两边乘以含有未知数的代数式 $(x-2)$，会得到什么结果？

生：方程①变成了方程②，根不一样了，增加了一个，但增加的这个根却不是方程①的根。

师：这一过程说明了什么呢（稍停顿）？说明方程①两边乘以含有未知数的代数式 $(x-2)$，方程①变成了方程②，方程的根也从一个根 $x=1$，变成了两个根 $x=1$ 与 $x=2$。就是说，方程①经过这样处理之后产生了一个增根，因为两边同乘的含有未知数的代数式 $(x-2)$ 可以为 0，从而产生了增根。总之，方程两边同乘以含有未知数的代数式，就可能产生增根，而增根不是原方程的解，必须舍去。

讲解中运用的例证，必须分析透彻。例如，学习“奇函数的概念”时，教师一般利用简单的例子，经过透彻的分析，引出定义。

师：请同学们观察、分析下面两个函数 $y=x$、$y=x^3$ 及其图像的特点（学生观察、思考几分钟）。我们先看这两个函数图像的特点，在函数 $y=x$ 图像上任意取一点 A，对应在图像上就有一点 A'，这两点关于原点对称，这两个点的横坐标互为相反数，纵坐标也是互为相反数（同时图形中闪烁这两个点的横坐标，再是纵坐标）。也就是说对于函数 $y=x$，当自变量取相反数时,它们的函数值互为相反数。我们再来分析另一个函数。

讲解中运用例证，要恰当使用正、反面的例子。为了引入某个数学概念、定理、公式、法则而举的例子都是正面的例子。从旧知识引入新知识，从具体问题归纳、抽象、概括出一般性问题所呈现的正面例子，有助于学生从中获取对新知识的理解；得到定理、公式、法则之后，为了让学生认识深刻，记忆清晰，也为了应用，教师常举符合定理、公式、法则条件的正面例子；回忆以前学过的数学事实、数学方法，也常举正面的例子。表明某些数学命题不成立的例子则是反面例子，简称反例。在学生初步掌握某一数学知识之后，从不同角度引入反例与变式，可以帮助学生理解本质属性。教学中，当学生对某些数学结论的条件记忆不清，或理解片面时，可以结合反例讲解；凡是逆命题不成立时，教师在恰当的时候应举出反例；针对学生经常出现的错误，教师可以举出“有缺失”的反例。

4. 讲解中的联结

讲解中，教师要仔细安排各种要素的先后次序，选择恰当的起联结作用的讲解说明词语，用以讲解、论证这些要素的关系，使讲解成为连贯、完整、系统的对某一数学对象的阐述。数学教学中，从旧知识引入新知识，为讲清原理而举例子，利用数学一分支的理论解决另一分支的问题，同一问题的不同解法，由具体问题的解法抽象出数学思想方法等，这些问题之间恰当的、有逻辑意义的联结，构成教学中连贯清楚的讲解。此外，大量数学问题的解决涉及逻辑推理，要通过定理、公式、法则将不同的数学事实联结成为推理性讲解，通常要采用三段论推理形式进行讲解。

5. 讲解中的强调

讲解过程中，需要突出某些数学内容，这就是讲解中的强调。对于新的数学知识的本质内涵，新旧知识联系，各种数学方法、思想、思维策略，学生在学习时往往难以准确把握，教学中除要求教师采用强化、变化等技能进行强调外，还要求教师在讲解中使用语言进行强调。讲解中的强调，主要强调教学中的重点内容、关键点、数学思想方法、数学学习方法；强调的主要方法，一是与变化、强化技能相配合，二是与结束技能配合，通过总结、活动等方式进行强调。

6. 讲解中的反馈

教师在讲解新知识的过程中，要关注学生是否听清楚，掌握得如何，要随时注意获取学生学习的注意、兴趣和理解、掌握程度等反馈信息。讲解时，一般可以通过观察学生的表情、行为和操作活动；留意学生的非正式发言；捕捉学生的兴趣、态度、注意力的变化；从学生回答问题或提出的问题中了解学生理解、掌握知识的程度，从而获得反馈信息。教师可以根据反馈信息及时调整讲解的方式和速度，调整教学内容，使大多数学生能够跟上教学进度，达到教学目标的要求。

第二节 数学讲解技能的类型

数学讲解技能的运用，应该灵活多变。即使是同一数学教学内容，也可以采用不同的讲解类型与方法。基于数学学科的特点，根据讲解技能的功能，可以将数学讲解技能进行适当的分类。

（一）引导、提示性讲解

在一节课的引入阶段，或数学概念、原理、公式法则、数学问题的教学过程中，需要运用讲解引导学生主动观察、分析和研究问题的条件与结论，将学生的注意力引导到所学数学知识中；或者运用讲解提示学生注意概念、原理、公式的本质属性，使他们明确新旧知识的联系与区别。前者就是引导性讲解，后者则是提示性讲解。引导性讲解与提示性讲解常常协同使用，在引导的过程中提示学生思维的方向，或在提示的过程中明确思维的关键。相对而言，引导性讲解着重于思维方向，提示性讲解侧重于思维过程中的关键点。

一个数学问题，常有不同解法。给出一种解法之后，要利用引导性讲解，调整学生思维的方向，引导学生探究新的解法，还要运用提示性讲解提醒学生关注不同思路的共性与差异，以把握关键点，同时要提醒学生注意容易忽视的问题。

例 1 解方程 $\sqrt{x}-3\sqrt[4]{x}-4=0$。对于这一问题，学生的求解过程一般如下所述。

解：令 $y=\sqrt[4]{x}$，则 $x=y^4$，于是方程化为：$y^2-3y-4=0$，于是 $y_1=4$，$y_2=-1$，

从而得到 $x_1=256$，$x_2=1$。经检验，$x_2=1$ 是增根，原方程的解为 $x=256$。

绝大多数的学生在解题过程中难以自觉运用元认知进行解题监控，因此出错了也不明所以。这时教师就要运用引导、提示性讲解："为求原方程的根，使用换元法，令 $y=\sqrt[4]{x}$。请同学们回顾一下，你们在求解方程的过程中注意了换元的对象没有？换元的对象是一个什么数？（经短暂讨论，学生发现 $\sqrt[4]{x}$ 是一个非负数，因而 $y\geqslant 0$）对了，y 是非负数，所以通过换元后的方程解出 y 后直接舍去负值：$y_2=-1$，避免了后面无谓的验根。"通过教师的引导、提示性讲解，学生就会明白，使用换元法解方程时，要注意换元对象的取值范围，要注意观察、分析换元式是否成立，学生就能明确求解过程的每一步都应该分析、认识清楚，同时有益于提升学生的元认知水平。

相比较于引导性讲解侧重于指明方向，提示性讲解侧重于明确问题关键、思维关键、解题方法的关键等。提示性讲解常用于明确问题和进行强调两种场合。要让学生明确问题，则要提醒学生弄清条件与结论，全面认识问题，厘清分类讨论的标准。

例 2　当 m 为何值时，方程 $mx^2+2(m-1)x+2(3m+1)=0$ 有正实数根？为了让学生深入理解题意，教师要运用引导性、提示性讲解："首先，这是一个一元几次方程？其次，方程有正实数根，包含哪几种情形？"教师的讲解引导中有提示，提示中包含引导，学生既能把握思路，也能明确关键。

（二）描述、解释性讲解

数学课堂上，师生探讨数学问题的求解思路，以及分析、计算或证明过程以后，需要教师用简单、明确、概括的语言进行描述，然后再对解决问题的核心思想，对相关的数学事实的含义及使用注意事项，解题中易出错的原因等进行解释、深化；对于函数、几何图形，在把握画图程序，廓清图形结构的基础上，需要教师用直观、形象、通俗的语言描述函数或几何图形的性质，然后对函数的性质做出进一步的解释。上述两种情形中，前面所用为描述性讲解，后面所用为解释性讲解，在数学教学中，描述性讲解与解释性讲解往往协同使用。

比较而言，描述性讲解侧重于内容陈述、细节描述、形象分析、材料显示,以及对数学对象的状态及其变化过程和结果等的描述；解释性讲解侧重于对知识的陈述、意义的交代、程序说明、结构显示、符号转译等的阐释。

例 3　对于《函数单调性》的教学片段"观察图像，直观描述"中教师运用的描述性讲解与解释性讲解。

师：请同学们观察函数：$y=x$；$y=x^2$；$y=1/x$ 的图像。从左往右看，这三个函数的图像分别在哪个区间上总是上升的，在哪个区间上总是下降的。

生：函数 $y=x$ 的图像在整个定义域上是上升的；$y=x^2$ 在（$-\infty$，0）上是下降的，在（0，$+\infty$）上是上升的；$y=x^{-1}$ 在（$-\infty$，0）上是下降的，在（0，$+\infty$）上也是下降的。

师：同学们回答得很好！如果函数在定义域的某区间的图像从左往右看是上升的，那么函数在该区间就是增函数；如果函数在定义域的某区间的图像从左往右看是下降的，那么函数在该区间就是减函数。下面我们做进一步的解释，"从左往右看"意味着自变量增大，图像上升意味着函数值增大，图像下降意味着函数值减小。因此，如果在定义域的某区间内函数值随自变量的增大而增大（即从左往右看图像上升），则函数在该区间是增函数；如果在定义域的某区间内函数值随自变量的增大而减小（即从左往右看图像下降），则函数在该区间是减函数。

（三）分析、论证性讲解

数学教学中，给出某一数学事实（概念、定理、公式、法则、例题）前后，要对数学事实进行分析并讲解，帮助学生理解数学事实的条件、结论，为后面的解答、证明打下基础；随后运用论证性讲解，完成解答或证明。因此，分析性讲解和论证性讲解常常协同运用，先澄清条件、结论，再寻求思路，后解答、证明。

分析性讲解，主要是对数学概念、定理、公式、法则、问题，以及对数学推理证明过程、方法进行说明和进一步的揭示。

例 1　“平行四边形”概念的分析性讲解。

定义：两组对边分别平行的四边形叫平行四边形（主板书）。

教师：由平行四边形定义可知以下结论。

（1）两组对边分别平行的四边形→它是平行四边形（副板书）

讲解：一个四边形的两组对边分别平行的四边形，它一定是平行四边形。

（2）平行四边形→它的两组对边分别平行（副板书）

讲解：一个四边形如果是平行四边形，那么它的两组对边必定分别平行。

（3）平行四边形⇔四边形两组对边分别平行（副板书）

讲解：“四边形两组对边分别平行”与“四边形是平行四边形”是一回事，这两种说法等价。

（4）平行四边形 → 它的一组对边平行（副板书）

讲解：平行四边形的任意一组对边一定是平行的。

（5）如果四边形只有一组对边平行，那么它不是平行四边形（副板书）

讲解：只有一组对边平行的四边形，一定不是平行四边形（停顿），它是一个梯形。换句话说，如果一个四边形不是平行四边形，那么它至少有一组对边不平行。

例 2　二倍角的余弦公式引出后，教师要分析公式中的字母、符号所蕴涵的数学意义；要分析数学公式的条件及适用范围；要分析数学公式的变化特点；要对数学公式的结构进行分析。这就要求教师进行分析性讲解。

教师：其一，公式 $\cos 2\alpha = \cos^2\alpha - \sin^2\alpha$ 左边的角是右边角的二倍，故称公式为二倍角的余弦公式，其中角度 α 是任意角。如果令 $\alpha = \theta/2$，则二倍角余弦公式化为 $\cos\theta = \cos^2(\theta/2) - \sin^2(\theta/2)$。

其二，由二倍角余弦公式的右边联想平方关系，则二倍角余弦公式可变形为：$\cos 2\alpha = 2\cos^2\alpha - 1 = 1 - 2\sin^2\alpha$。二倍角余弦公式左边的角度是右边的两倍，右边的角度是左边角度的一半，因此，将二倍角的余弦公式从右边写到左边，稍作变形得到 $\cos^2\alpha = (1+\cos 2\alpha)/2$，或者 $\cos^2\alpha = (1-\cos 2\alpha)/2$，引入代换再变形，就得到半角的余

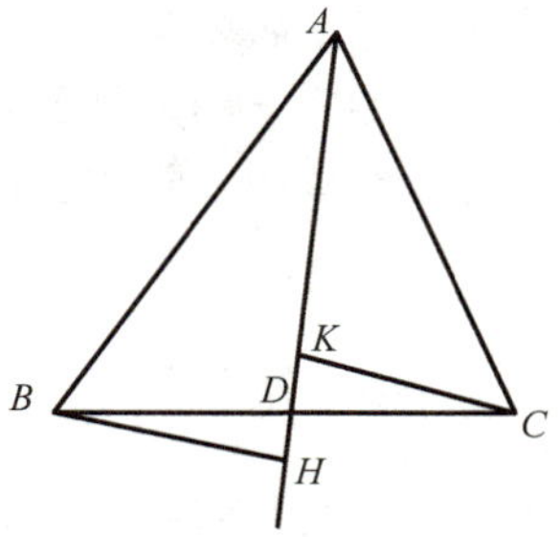

图 8-2

弦公式，详情后续。

其三，二倍角余弦公式的整体结构，左边是2α的余弦的一次方，右边则是α的余弦的平方、α的正弦的平方。所以，公式从左到右是角半幂倍：二倍角公式、升幂公式，从右到左是幂半角倍：半角公式、降幂公式。

例 3　已知：如图 8-2，AD是三角形ABC的角平分线，$BH\perp AD$，$CK\perp AD$，H，K为垂足。求证：$AB\cdot DK=AC\cdot DH$。

教师要带领学生，对条件和结论进行分析，以探求证明方法，即通过分析性讲解，教给学生思维方法，表现为思维活动的讲解，是教师通过讲解展示思维过程的方式。

师：要证$AB\cdot DK=AC\cdot DH$，结论变形为：$AB/AC=DH/DK$①，好像可以通过三角形相似来处理，但是AB，AC，DH，DK无法构成相似三角形。先看①的左边AB/AC，联想到条件“AD是三角形ABC的角平分线”，从而得到：$AB/AC=BD/DC$②。再看①式右边与②式右边，能够发现BD，DC，DH，DK在两个三角形BDH、CKD中，且由条件“$BH\perp AD$，$CK\perp AD$”可以得到这两个三角形相似，从而$DH/DK=BD/DC$③，由②、③两式得到①，结论得证。

教师的分析性讲解不仅引导了思维方向，也是一种示范性的思考过程，有利于学生学习并掌握这一思考方法。

论证性讲解包括数学推理论证、理由原因的陈述。论证性讲解大量应用于定理、证明题的证明之中。数学中的演绎过程（计算、恒等变形），也必须使用论证性讲解，使学生明确推演的理论依据，明确计算的合理性。论证性讲解要求教师使用准确、简练的数学语言指明每一步推理所依据的定理、定义、公式或法则。具体运用时，论证性讲解还要与板书同步，关键性的步骤、难点、新的方法，讲解的速度一定要慢，板书的过程一定要详细、条理清晰。

例 4　复数z_1，z_2满足关系式$z_1\overline{z_2}+\overline{A}z_1+A\overline{z_2}=0$（$A\neq 0$，$A\in C$）。证明：$|z_1+A||z_2+A|=|A|^2$。

证明：因为$|z|=|\overline{z}|$，所以有$|z_1+A||z_2+A|=|z_1+A||\overline{z_2+A}|$。

又因为$\overline{a+b}=\overline{a}+\overline{b}$，所以$|\overline{z_2+A}|=|\overline{z_2}+\overline{A}|$，从而$|z_1+A||\overline{z_2+A}|=|z_1+A||\overline{z_2}+\overline{A}|$。

因为$|a||b|=|ab|$，所以$|z_1+A||\overline{z_2}+\overline{A}|=|z_1\overline{z_2}+z_1\overline{A}+A\overline{z_2}+A\overline{A}|$。

由已知$z_1\overline{z_2}+\overline{A}z_1+A\overline{z_2}=0$，所以$|z_1\overline{z_2}+z_1\overline{A}+A\overline{z_2}+A\overline{A}|=|A\overline{A}|=|A|^2$。

综上，故有$|z_1+A||z_2+A|=|A|^2$。

（四）概括、总结性讲解

概括、总结性讲解，是指教师在教学数学知识之后，用简单的语言进行概括、总结。概括、总结性讲解，要做到中心突出，语言简练。每节课、每段教材学习完之后，教师都必须进行概括、总结性讲解，将所学习的知识内容进行整理概括，对其中的数学思想方法进行总结概括，对解题方法与技巧进行总结概括，以起到提纲挈领的作用，这对进一步优化学生认知结构必不可少。数学课堂教学过程中，还需注意使用总结性讲解时，必须对容易忽视、容易出错的问题进行总结反思，提升学生对问题的思维意识和反思精神。

例 5　《利用函数性质判定方程解的存在》的概括、总结性讲解。

教师：同学们，我们今天这节课讲了“一”“二”“三”三个重要内容。其中，“一”是一个关系：函数零点与方程根的关系。方程 $f(x)=0$ 有实根 $\Leftrightarrow$ 函数 $y=f(x)$ 的图像与 x 轴有交点 $\Leftrightarrow$ 函数 $y=f(x)$ 有零点。“二”是两种重要的数学思想：函数方程思想；数形结合思想。“三”是三种基本题型：求函数零点；判断零点个数；求零点所在区间。

第三节　数学讲解技能练习原则与要点

抓好数学讲解技能的练习，一要把握基本原则，二要注意练习要点。

一、数学讲解技能练习原则

在数学教学中，运用讲解技能应注意遵循以下基本原则。

（一）学科特点

数学讲解技能应以数学的事实、概念、原理、公式、法则、问题作为讲解过程中语言的基本内容，应以数学的符号、名词、术语、句式作为讲解过程中语言的基本成分，用数学术语解析数学知识。数学有自己的概念体系与理论脉络，以此构成数学的知识结构和学科系统。运用讲解技能一定要体现数学语言的科学性、准确性、深刻性和概括性。

（二）点拨思维

数学讲解要遵循学生理解问题的认知序列，从已知到未知，从感性到理性，从具体到抽象，做到思路清晰、语意连贯、条理清楚，逻辑严密、层次分明，体现数学特点、反映学生认知规律，有利于学生把握数学的基本结构。通过数学讲解，把学生的可能水平——“最近发展区”转化为现实水平。运用不同类型的讲解，点出矛盾，拨动学生的思维，激励学生深度建构数学知识体系。

（三）生动形象

数学讲解要讲究语言艺术，充分发挥数学知识的内在魅力，创造一个“心求通而不解，口欲言而未能”的学习情境，并结合生动的例证，启发学生思维。讲解要深入浅出、诙谐幽默、生动风趣，给学生以真、善、美的享受。

二、数学讲解技能练习要点

数学讲解技能的练习，要体现基本要素，发挥功能，则要把握以下要点。

(1) 充分备课，了解学生，面向全体。讲解要做好充分的准备，一要做好教学预设：

明确教学目标；清楚重点难点；选择讲解类型；设计讲解语言；确立讲解时机。二要熟悉学情：把握认知水平；了解知识经验；把握学风班风。三要面向全体，引领绝大多数学生。

（2）声音洪亮，速度适宜，有感染力。讲解时感情要充沛，语言表达要清晰、生动有趣，富有表现力和感染力。语速适中、抑扬顿挫、充满节奏、幽默诙谐、绘声绘色，语言手势恰到好处，伴随着贴切的比喻、形象的故事、感人的情节等。

（3）言简意赅，科学准确，连贯一体。讲解要有条理、有层次，把握数学内在的逻辑关系，体现讲解的主次、顺序，做到组织合理、逻辑严谨、结构完整。要用精练、准确的语言表达数学思想和方法；分清层次，把内容联结成有机整体，突出数学的体系结构。

（4）把握时机，反馈调控，促进思维。讲解时，要随时收集学生的反馈信息，关注学生的反应，用心从学生的神态、表情和动作中，了解学生是否注意、是否明白、是否理解、是否有疑问。然后根据反馈信息，及时调整讲解的内容，控制讲解的速度，改变讲解的方式，促进深入学习。

（5）时间适当，互相配合，确保效率。讲解的时间不要过长，否则容易导致学生疲劳，注意力分散。约瑟·特雷纳曼的研究表明，讲解 15 分钟，学生会记住讲解内容的 41%；讲解 30 分钟，学生能记住讲解的前 15 分钟内容的 23%；而讲解 40 分钟，学生则只能记住前 15 分钟的 20%。也就是说，一次讲解所持续的时间越长，记忆保持率就越低。因此，长时间的讲解会引起学生的心理疲倦、听觉疲劳，信息接收率、保持率降低。一堂好课是多种教学技能协同运用的结果，应该把讲解技能与其他技能交替使用，不同教学技能互相配合：边讲边提问；边讲边举例；边讲边演示；边讲边板书；边讲边强化；边讲边变化。只有把讲解技能和其他技能密切配合，才能提高教学的效率。

附录 1　数学讲解技能教案

班级　　　姓名　　　学号 训练时间课题名称 集合　　　技能名称 讲解技能				
教学目标	通过集合内容的教学，训练数学讲解技能			
时间分配	教师行为	教学技能	学生行为	教学媒体
2min	1. 大家都知道，世界万物总是由不同群体构成的，它给予我们很多的启示。比如我们熟悉的蚂蚁、蜜蜂等，它们以群体的方式生活，这个群体我们也可以称为“整体”。为了研究这些“个体”与“整体”之间的关系，我们将引入一个新的概念——**集合**。这也是本节课要学习的重点	导入 讲解（引入实例+语言表达）	学生认真地听讲与思考	黑板
4min	2. 那么怎样来理解集合这个概念呢？集合，顾名思义有“集中在一起，结合在一起”的意思，但这种说法不够确切。而且集合是一个原始概念，无法下定义，只能予以描述：**“在一定范围内的某类事物的全体，当将它们看作一个整体时，把这个整体称为一个集合，其中每个个体叫作该集合的元素。”**	讲解（语言表达+形成连接）	高度的集中注意	黑板

续表

时间分配	教师行为	教学技能	学生行为	教学媒体
5min5s	3.根据集合概念，我们能否把集合理解为由属性相同的元素构成的整体呢？那么，刚才所提到的蚂蚁可不可以构成一个集合呢，每一只小蚂蚁是不是这个集合中的元素呢？	讲解（讲授结构+引入实例+语言表达）	学生思考、回答	黑板
8min10s	4.为了加深理解，请一位同学再给我们举一个实例，还不好？	讲解（语言表达+获得反馈） 提问	有的低声议论，有的等待	
10min	5. 我们已经知道了集合，怎么来表示它呢？通常用大写的字母 $A,B,C,\cdots$ 来表示集合，一个集合 A，我们可以通过列举其元素 $a,b,c,\cdots$ 来定义，记为 $A=\{a,b,c\cdots\}$，也可以通过该集合的元素必须且只需满足的条件 P 来定义，并记为 $A=\{x:x$ 满足条件 $P\}$，这就是集合的两种表示方法：列举法、描述法	提问 讲解（语言表达+形成连接）	注意力高度集中，认真听讲和看黑板	黑板
12min	6.现在看，设 A 是一个集合，x 是集合 A 的元素，我们称 x 属于 A，记为 $x\in A$；x 不是集合 A 中的元素，称 x 不属于 A，记为 $x\notin A$，如果一个集合不含任何元素，我们就称这个集合为空集，用“$\varnothing$”表示。 好，同学们，自己下去回顾本节课所学习的内容，或同学间相互讨论，如有不清楚的地方，我们再来探究	讲解（语言表达+形成连接+运用强调） 结束讲解（获得反馈）	注意力高度集中，认真听讲和看黑板	黑板

附录 2　数学讲解技能评价表

<table>
<tr><td colspan="6">班级　　　姓名　　　学号　　　训练时间
课题</td></tr>
<tr><td colspan="6">请您听课后对以下项目进行评价，在相应的等级处打“√”。</td></tr>
<tr><td rowspan="2">评价内容</td><td colspan="5">评价等级</td></tr>
<tr><td>优</td><td>良</td><td>中</td><td>差</td><td>权重</td></tr>
<tr><td>1. 讲解传授的知识信息与本课题内容密切联系</td><td></td><td></td><td></td><td></td><td>0.15</td></tr>
<tr><td>2. 用词规范、科学，描述、分析清楚</td><td></td><td></td><td></td><td></td><td>0.15</td></tr>
<tr><td>3. 能创设情景，激起学生兴趣</td><td></td><td></td><td></td><td></td><td>0.1</td></tr>
<tr><td>4. 能启发学生思考，培养思维能力</td><td></td><td></td><td></td><td></td><td>0.1</td></tr>
<tr><td>5. 采用相关的例子，类比等变化方法</td><td></td><td></td><td></td><td></td><td>0.1</td></tr>
<tr><td>6. 讲解内容、方法与学生认知水平相当，注意反馈</td><td></td><td></td><td></td><td></td><td>0.2</td></tr>
<tr><td>7. 声音清晰，语速适中，有感染力</td><td></td><td></td><td></td><td></td><td>0.1</td></tr>
<tr><td>8. 与其他技能配合，能与学生呼应</td><td></td><td></td><td></td><td></td><td>0.1</td></tr>
<tr><td colspan="6">总分</td></tr>
<tr><td colspan="6">评语：</td></tr>
</table>

第九章　数学板书技能

（1）学习目标：通过训练，掌握数学板书的基本技能。

（2）考核要求：了解数学板书的内涵、功能与要素；掌握数学板书的内容与基本类型；把握数学板书技能的练习原则与要点。

第一节　什么是数学板书技能

板书是师生在教学中利用视觉交流信息的主要沟通形式，是教师教学的有力助手。板书是反映教学内容的“镜子”，是展示作品场面的“屏幕”；是教师教学引人入胜的“导游图”，是学生学习时掌握真谛的“显微镜”；是开启学生思路的“钥匙”，是进入知识宝库的“大门”；是一堂课的“眼睛”，是学以致用的“桥梁”。设计完好的板书是形式优美、重点突出、高度概括的微型教科书。例如，《圆与圆的位置关系》的板书设计如图 9-1 所示。

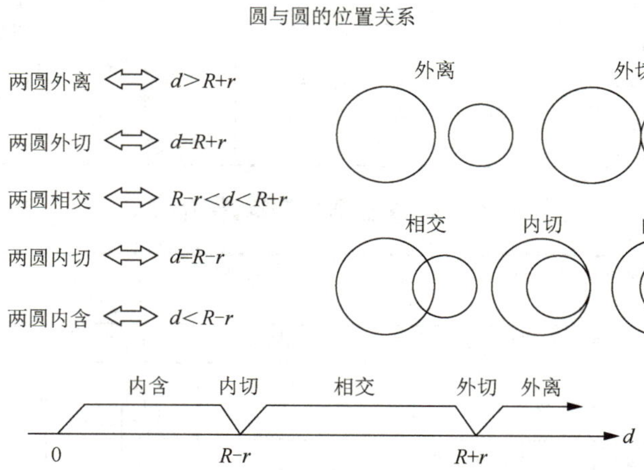

图 9-1　圆与圆的位置关系

这一板书设计形象地说明了运动中两个圆的位置关系与两圆圆心距、两圆半径之间的内在联系，展示了知识的形成过程；利用数轴表示两圆位置关系与圆心距、半径等几何量之间的关系，有助于学生理解与记忆。上述板书同时渗透了分类讨论的数学思想与运动变化的函数观念。

一、数学板书技能的内涵

教学过程中，数学概念、定理、公式、法则等包含了大量的数学符号以及相应的文字，这些需要借助板书直观地予以说明；为了体现数学知识的发展脉络，揭示数学内容之间的联系，需要教师结合讲授进行简练的板书，以反映数学知识形成的过程性；为了培养学生的数学思维，需要进行思路分析，揭示数学思维方法，渗透思维策略，需要教师运用形象的板书展示思维过程；为了帮助学生形成完善的认知结构，教师要引导学生梳理所学知识，同时运用板书呈现知识结构。可以说，板书伴随数学课堂教学的全过程。

教师在黑板、屏幕上用凝练的文字、符号以及图形图表等方式，传递教学信息的行为方式，就是板书。概括地说，数学板书技能是教师运用黑板、投影、多媒体课件上的文字、符号、图形、图表或模型等，向学生呈现教学内容及认知展开过程，使数学知识系统化、概括化、直观化，帮助学生正确理解数学内容、掌握思维方法，完善认知结构，实现教学目标的一类教学行为方式。

以板书形式进行划分，数学板书可以分为基本板书与辅助板书两种。基本板书也叫主板书，是教师在对教学内容高度概括之后，提纲挈领地呈现教学内容的书面语言，从左至右书写，写在黑板相对居中的位置。主板书体现了教学的重点、难点与重心，表现数学基础知识与基本技能、基本思想方法、基本数学活动，反映教学内容的内在联系及其结构，是整个课堂板书的骨架，通常保留到下课。辅助板书也叫副板书，是为了帮助学生理解，或作为主板书的补充、注释而随着讲授过程写在黑板上的板书，通常写在黑板的两侧或下端。因此，副板书呈现的是教学内容中零散的材料、论证、练习、提示有关知识，反映教学需要与学生反馈情况随机出现的板书，是对主板书的补充或辅助说明，一般随教学进程随写随擦。

二、数学板书技能的功能

数学板书是将书面语言诉诸视觉，补充口头语言的不足，或者对口头语言进行强化，能够长时间、反复地向学生传递信息，通过视觉引发学生开展数学思维活动。恰当地运用板书技能，能实现如下的功能。

（一）凸显数学知识结构，揭示认知过程

好的板书能起到引路的作用。板书条理清晰，提纲挈领，有助于学生理解教学内容的线索与结构，而且利于学生记录。因此，引入新课时，要板书本节课的标题；引入新概念时，要板书概念的形成或同化过程，书写定义及定义的关键点；探究规律、研究性质时，要板书公式、定理、法则；分析解题思路时，要板书主要的思考线索；证题或解题时，要板书证题或解题过程；复习、巩固时，要板书知识的结构及其内在联系。

例如，《抛物线的简单性质》的板书方式，运用先行组织者导入新课。教师先呈现右图，要求同学独立思考；接着同学之间互相讨论；然后提问并请同学解释怎样获得答案。最后教师小结学生回答情况，从而引出新课：抛物线的简单性质（表 9-1）。

表 9-1　抛物线的简单性质

	椭圆	双曲线	抛物线
标准方程	$\frac{x^2}{a^2}+\frac{y^2}{b^2}=1$ （$a>b>0$）	$\frac{x^2}{a^2}-\frac{y^2}{b^2}=1$ （$a>0$，$b>0$）	$y^2=2px$ （$p>0$）
图形	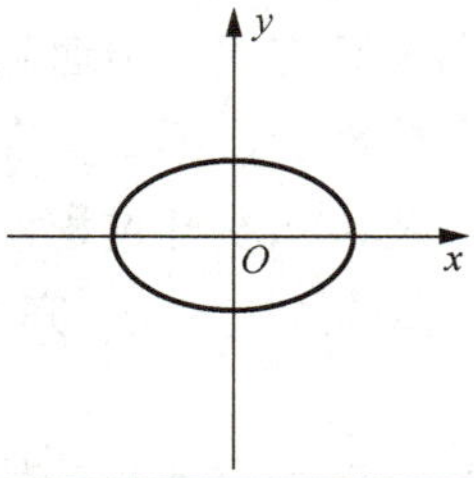	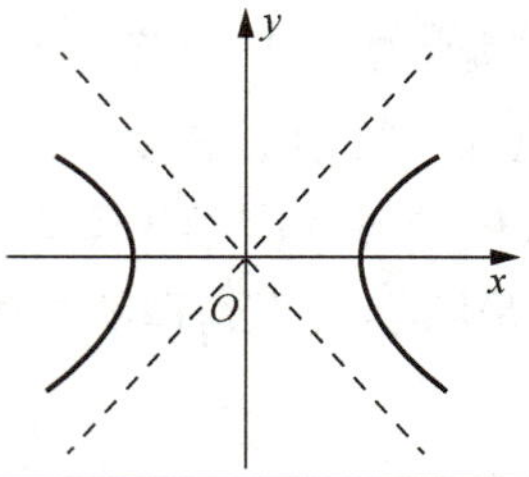	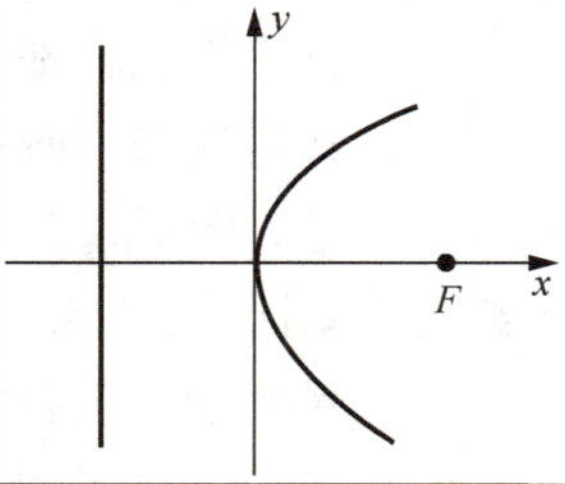
范围	$-a\leqslant x\leqslant a$ $-b\leqslant y\leqslant b$	$x\geqslant a$ 或 $x\leqslant -a$ $y\in \mathbf{R}$	
对称性	关于 x 轴，y 轴对称；关于原点对称	关于 x 轴，y 轴对称；关于原点对称	
顶点	（$-a$，0），（a，0） （0，$-b$），（0，b）	（$-a$，0），（a，0）	
离心率	$0<e=\frac{c}{a}<1$	$e=\frac{c}{a}>1$	$e=1$
渐近线	无	$y=\pm\frac{b}{a}x$	

（二）突出数学教学路径，揭示学习重心

高度概括的板书，将教学重点、难点、关键与注意点用醒目的色彩写在黑板的突出位置，有助于学生把握学习的核心环节。因而，围绕教学主线，突出重点的板书，能够深化数学思想方法，帮助学生理解数学的本质。

例如，《二倍角的三角函数》板书。推导出三角函数倍角公式后，板书如下：

$$\sin 2\alpha = 2\sin\alpha\cos\alpha$$

$$\cos 2\alpha = \cos^2\alpha-\sin^2\alpha = 2\cos^2\alpha-1 = 1-2\sin^2\alpha$$

$$\tan 2\alpha = 2\tan\alpha/(1-\tan^2\alpha)$$

此时，教师引导：“请看，将（指着公式中的‘2α’）2α 写成 α，则能得到……”这样引导能起到如下作用：一是突出公式名称的由来，公式左边的角度是右边角度的 2 倍；二是指出对公式进行角度变换的要求——保持公式左右两边的角度之比为 2；三是暗示公式中的角度是使得公式有意义的任意角；四是为逆用公式作铺垫——公式右边的角度是左边的一半，随后可引入三角函数的半角公式。

（三）凸现数学多元表征，揭开理解通路

教学中的大量信息是通过口头语言传递的，但口头语言稍纵即逝，保留时间短，不利于学生信息加工。通过板书则可以将关键信息长时间的保留，结合文字、符号、图形、图表等，有助于多元表征的学习。

例如，“方程概念”的鱼骨图板书（图 9-2）。在组织学生归纳、概括与抽象的同时，运用图形组织者作为重要工具，将口头语言与文字、符号、图形语言互相转换，并将知识之间的内在联系视觉化，引导学生把握方程的本质。

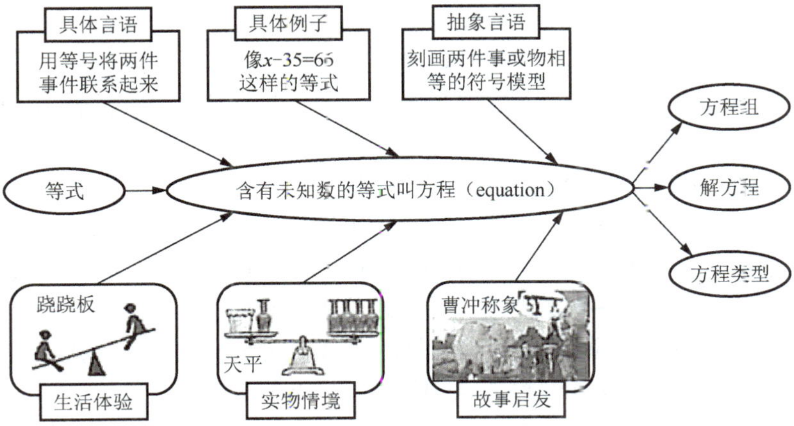

图 9-2　“方程概念”的鱼骨图板书

（四）凸显数学直观形象，点燃思维火花

数学板书能将繁复的教学信息浓缩演化为简明、艺术化的符号构图，能引起学生积极的认知参与和心理投入，激发认知兴趣和智慧能力。设计良好的板书让学生产生好奇、疑惑、兴趣，激起内在动机，并让他们习得知识结构、迁移技巧、创新能力等，体会到数学的情趣和兴味。

发挥板书的直观形象功能，可以运用多媒体课件展示动态变化过程，或者动手操作。例如，“勾股定理”的板书设计（图 9-3）。教师先呈现板书，并提问：怎样求正方形 $ABCD$ 的面积？要求学生在坐标纸上画出此图，边画图边思考问题的求解线索。通过拼凑割补，学生能够逐步找到解决问题的突破口。

启发学生思维，要求板书具有启发性。例如，《同角三角函数的关系》，在学生回忆六个三角函数的定义式之后，教师板书如图 9-4 所示。教师通过在定义式的右边添加三个大括号，引导学生观察并启发题目思维，从而将“倒数关系”的特征尽收眼底，同时隐含另两组关系，为学生的后续探究埋下伏笔。

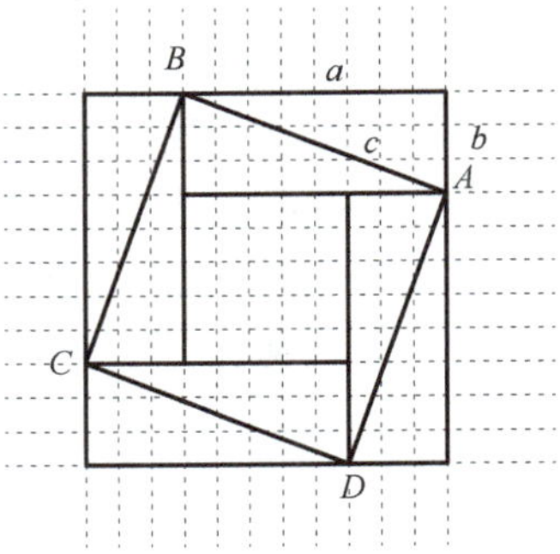

图 9-3　“勾股定理”板书设计

$\sin\alpha=x/r$
$\cos\alpha=y/r$
$\tan\alpha=y/x$
$\cot\alpha=x/y$
$\sec\alpha=r/y$
$\csc\alpha=r/x$

图 9-4　“同角三角函数的关系”板书设计

三、数学板书技能的要素

数学板书技能，包括的基本要素有：直观形象、图文精当、规划布局、板书时机。

（一）直观形象

直观形象是对数学板书技能最基本的要求。由于数学抽象概括的特点，因而数学中的形象主要是具有某种程度抽象或模式化了的“思维形象”——生动直观的模型。这些“思维形象”常常表现为用图形、文字、符号来表达数学中的一些规律性的东西。如，函数图像、几何图形、示意图、框图、结构图等，都是板书直观形象的表达。而且，板书的直观形象有利于学生开展多元表征学习，促成数与形的结合、转换与转译，进而促进学生的直觉思维与形象思维的发展，并与逻辑思维相结合。

例如，“概率”的复习课，利用结构图将本章知识清晰、直观地加以呈现，有助于学生梳理所学的内容，并建构良好的认知结构（图 9-5）。

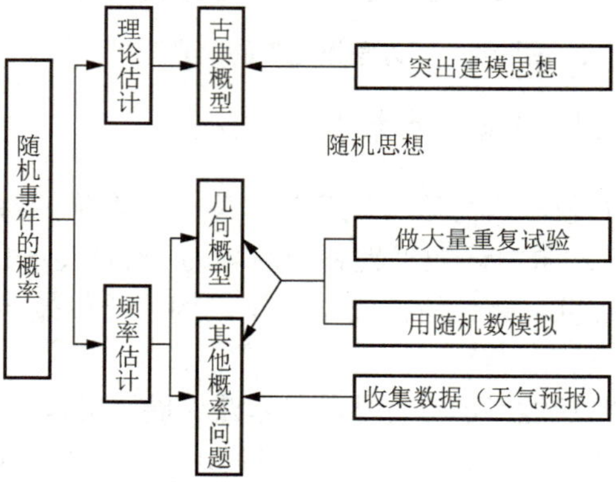

图 9-5 “概率”复习课结构图

（二）图文精当

图文精当包含三层意思：一是要求书写的文字正确，字体工整，笔画清晰，笔顺规范，横成行竖成列；板书标准规范，符号书写符合数学的书写格式；板书语言为数学用语。二是要求描绘的图形、图像、示意图、动态变化图能体现教学意图与数学思想方法，满足教学的需要。如，分析代数问题时所画的线段图、韦恩图、数轴上的区间，以及函数图像等，是数形结合思想在板书中的体现。由于几何图形是数学知识的内容之一，自然成为板书的对象，包括准确的作图和画示意图。动态画图软件的运用，为过程性、参与性提供了很好的界面。三是要求板书图文并茂，使得数学内容能以文字、符号、图形等不同的表征方式同时呈现，帮助学生从不同的视角理解与掌握数学。

例如，“梯形的中位线”的板书设计如图 9-6 所示。

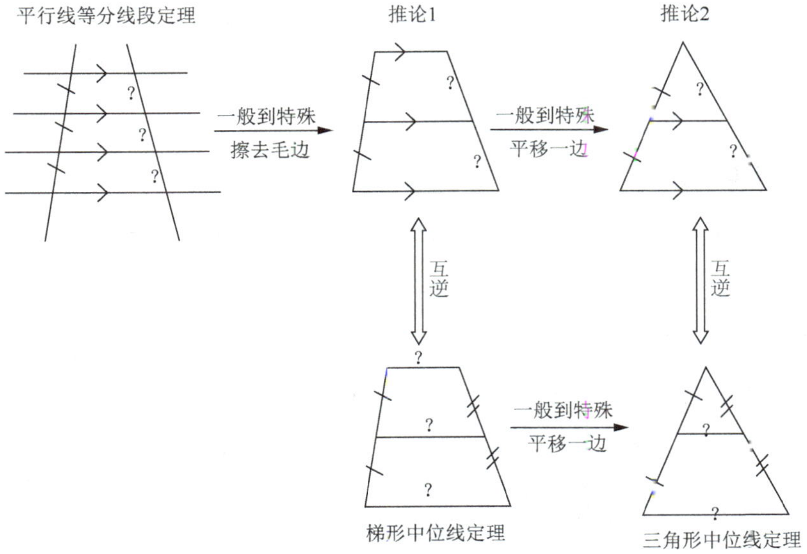

图 9-6　“梯形中位线”板书设计

（三）规划布局

规划布局是指板书结构，即板书内容的安排与布局。通常将黑板或版面划分为若干个功能区域，在不同的区域安排不同的内容。因此，板书结构一方面涉及数学板书的先后顺序；课的主题与板书内容；板书类型的选择。另一方面涉及板书的布局，要求整体美观、协调，令人赏心悦目。这就要求将投影、挂图、板书的安排布局合理，以求最大限度发挥板书的整体功能。

常见的板书布局如图 9-7 所示。（学生板演区域与副板书区域可以通用）

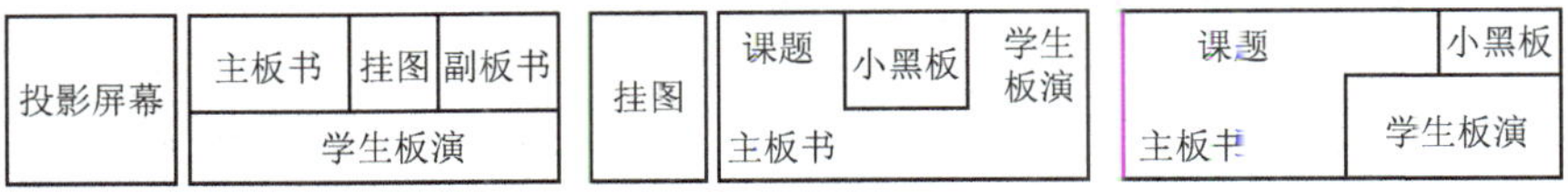

图 9-7　常见的几种板书布局

（四）板书时机

由于板书是对口头语言的概括，因而板书应与讲解基本保持同步，边讲边写，也可以先写稍后讲或先讲稍后写，并注意与其他教学技能的相互配合。数学内容的板书、多媒体的使用都要把握好时机，做到适宜、适度、适当。同时，板书要与停顿相结合，以利于学生笔记和思考；板书时要做到多种数学表征方式的配合使用；使月课件一定要注意启发性，并充分体现过程性。

第二节　数学板书技能的类型

板书技能不等于黑板教学。板书内容是学生需要学习，但又不易理解和掌握的基本概念、原理、应用以及推导、论证等内容，这些内容经教师遴选、组织并以板书的形式呈现。因此，发挥数学板书技能的功能，就要关注板书内容的选择与呈现方式——板书的类型。

一、数学板书的内容

根据板书的功能，可以将数学板书内容概括为：教材主线、教学重心、推证过程、注释补充。

（一）教材主线

教材主线即是教材内在的逻辑结构，即教材的知识体系及教材隐含的内部线索，是板书的主要内容。学生通过对教材主线的感知，能够厘清知识脉络，进而建立良好的数学认知结构。数学教材内容主要通过“数学化”进行组织，因而板书应体现“数学化”，突出公式、定义、定理的来龙去脉与逻辑推证等。

例如，“空间的垂直关系”的教学，可以采用列表对比板书，体现垂直关系与平行关系的类比，进而揭示垂直关系内容展开的基本线索（表 9-2）。

表 9-2　“空间的垂直关系”列表板书示意

		平行		垂直	
直线与平面	公共点	0 个	线线平行、线面平行、面面平行三种平行关系相互转化	线线垂直、线面垂直、面面垂直三种垂直关系相互转化	1 个
	判定定理	如果平面外一条直线与平面内的一条直线平行，则该直线与平面平行			如果一条直线和一个平面内的两条相交直线都垂直，那么该直线与此平面垂直
	性质定理	如果一条直线与一个平面平行，则过该直线的任意一个平面与此平面的交线平行该直线			如果两条直线同垂直于一个平面，那么这两条直线平行
平面与平面	公共点	0 个			无数个
	判定定理	如果一个平面内有两条相交直线平行于另一个平面，则这两个平面平行			如果一个平面经过另一个平面的一条垂线，那么这两个平面互相垂直
	性质定理	如果两个平行平面同时与第三个平面相交，那么它们的交线平行			如果两个平面互相垂直，那么在一个平面内垂直它们交线的平面垂直于另一个平面

（二）教学重心

数学中的基本概念、原理、公式、法则等，与数学体系的展开联系密切，因而成为教学中的重点，其中学生难以理解的内容则是难点。重点与难点，以及突出重点与突破难点的处理方式应在板书中体现，以引导学生的注意指向。

例如，“一元二次方程根与系数”的重点是理解韦达定理，难点是韦达定理的发现，关键在于引导学生考察具体的方程，发现韦达定理。为此板书设计如表 9-3 所示。

表 9-3 “一元二次方程根与系数”板书设计

二次项系数为 1 的情形			
方程	两个根	两根之和	两根之积
$x^2-5x+6=0$	$x_1=2$，$x_2=3$	$x_1+x_2=5$	$x_1 \cdot x_2=6$
$x^2-2x-3=0$	$x_1=3$，$x_2=-1$	$x_1+x_2=2$	$x_1 \cdot x_2=-3$
$x^2-4x+4=0$	$x_1=2$，$x_2=2$	$x_1+x_2=4$	$x_1 \cdot x_2=4$
猜想：一般地，$x^2+px+q=0$，则有：$x_1+x_2=-p$，$x_1 \cdot x_2=q$			
二次项系数不为 1 的情形			
$2x^2-5x+2=0$	$x_1=2$，$x_2=1/2$	$x_1+x_2=5/2$	$x_1 \cdot x_2=1$
$3x^2+2x-1=0$	$x_1=1/3$，$x_2=-1$	$x_1+x_2=-2/3$	$x_1 \cdot x_2=-1/3$
猜想：一般地，$ax^2+bx+c=0$，则有：$x_1+x_2=-b/a$，$x_1 \cdot x_2=c/a$			
证明：对于 $ax^2+bx+c=0$，则有：$x_1+x_2=-b/a$，$x_1 \cdot x_2=c/a$			

（三）推证过程

这是数学教学中板书的大部分内容，有时以主板书的方式呈现，有时则以副板书的方式表现。通过板书，展示并记录数学思维过程，体现言必有据、式必有法、步骤清晰的特色。一般采用：分区式书写——将黑板分为 2 至 4 块，依知识展开顺序从左至右，从上到下书写；对比式书写——采用上下或左右对比式板书，引导学生比较异同，促进理解与记忆；归纳式书写——观察具体实例，总结一般规律，证明与反驳；穿插式书写——先设计好框架，随着教学过程的推进在框架中填入相应的内容，最后板书成为一个有机整体。

（四）注释补充

为了帮助学生清晰理解数学内容，教师在讲解过程中需要对关键内容加以说明、解释、引申，或需要补充一些背景材料、其他信息。尽管这些内容一般出现在副板书中，但对于学生理解所学内容很有帮助。

二、数学板书的基本类型

数学板书的基本要求，就是简明醒目、条理清晰、赏心悦目、主副板书相得益彰。但是板书不能格式化，要随教学内容、教学目标的变化而变化。数学板书的类型多种多样，根据数学教学的需要，可以选择以下常用的数学板书类型。

（一）纲要式

这是数学教学中最为常见的板书类型，以数学知识内在逻辑关联为线索，用纲目的形式展示教学过程的要点。利用精练的语言，将要点提纲挈领地列出，以体现教学内容的结构体系。特点是层次分明、内容系统，便于学生建构知识。

例如，“直线与抛物线的位置关系”采取提纲式的板书设计如下：

直线 l 与抛物线 c 的位置关系 $\Leftrightarrow$ 讨论方程组解 $\begin{cases} Ax+By+C=0 \\ y^2=2px \end{cases}$，消元得：

$mx^2+nx+k=0$（或$my^2+ny+k=0$），记该方程的判别式为 Δ，则

$$l\text{与}c\text{的对称轴平行或重合} \Leftrightarrow m=0$$

$$l\text{与}c\text{有两个不同的公共点} \Leftrightarrow \begin{cases} m\neq 0 \\ \Delta>0 \end{cases}$$

$$l\text{与}c\text{相切且仅有一个交点} \Leftrightarrow \begin{cases} m\neq 0 \\ \Delta=0 \end{cases}$$

$$l\text{与}c\text{没有交点，即是相离} \Leftrightarrow \begin{cases} m\neq 0 \\ \Delta<0 \end{cases}$$

（二）表格式

如果教学内容具有分项陈述的特点，可以设计表格式板书。教师预先设计好表格，随后引导学生将分散的相关知识填入表格内，从而体现归类、对比、总结等过程，进而帮助学生掌握具有联系的概念、规律和性质。这类板书的优点是类目清楚，井然有序，便于学生比较、抽象、概括、归纳、分类等思维的展开，有助于他们形成良好的思维品质。

例如，为了帮助学生理解二次函数、二次方程与二次不等式之间的关系，设计表格式板书引导学生展开探究（表 9-4）。

表 9-4　表格式板书

设 $f(x)=ax^2+bx+c(a>0)$，判别式$\Delta=b^2-4ac$				
判别式		$\Delta>0$	$\Delta=0$	$\Delta<0$
方程 $f(x)=0$ 的解				
函数 $f(x)=0$ 的示意图				
不等式的解集	$f(x)>0$			
	$f(x)<0$			

（三）总分式

总分式板书适合于先总述后分述，或先分述后总述的教学内容。这种板书条理清楚，从属关系一目了然，有利于学生掌握数学内容的基本结构。总分式板书通常采用树形图来表示派生与从属关系。

例如，“三角形”复习的板书以总分式设计，如图 9-8 所示。

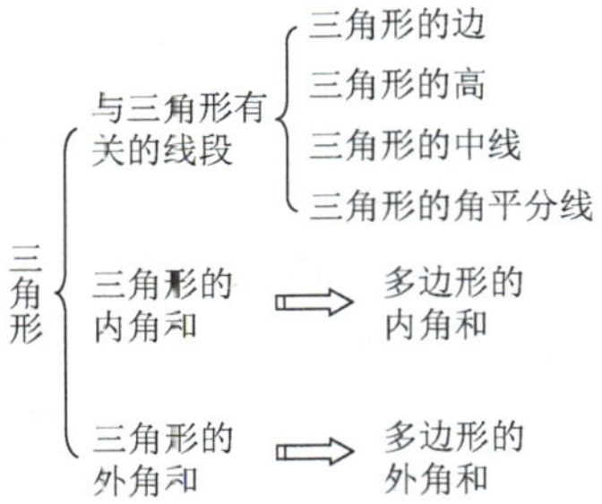

图 9-8 “三角形”复习板书

（四）图示式

图示式板书是用特定的板书符号将语言文字联系起来，直观形象地表达数学内容的逻辑发展关系，揭示数学内容之间的联系的板书形式。是用文字、线条、符号、框图等表达的板书，它可以是教师设计的图画、课件，一般通过箭头图、框图来概括数学知识。由于图示式板书采用了图形、图示，因而具有形象、直观的特点，知识之间的关联也反映得比较清晰、明白，能激发学生思考、有利于学生记忆，同时具有一定的艺术性。这种板书注重知识结构的体现，尤其是利用箭头显示知识之间的过渡、转换与联结。

例如，《分式》复习时所采用图示式板书设计（图 9-9）。

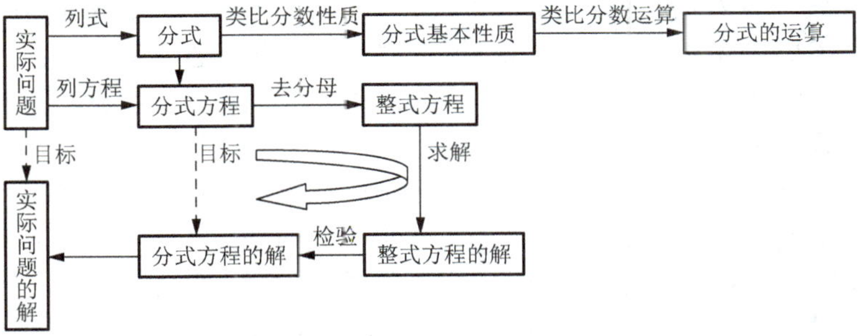

图 9-9 图式示板书

第三节 数学板书技能练习原则与要点

数学板书是体现多元表征的教学艺术，板书设计也属于艺术创作。板书设计要达到艺术的境界，需要遵循基本原则，把握练习要点。

一、数学板书技能练习原则

数学板书涉及文字、符号、图形、图表等，因此设计时要考虑板书对促进学生多元表征学习的价值。为此，借用多元表征学习理论，提出设计数学板书的基本原则。

（一）建构组块

建构组块，指设计数学板书时，尽量将数学教学信息设计成有意义的信息组块或信息包。这样既能激活长时记忆中的原有信息，又便于工作记忆加工。

例如，函数概念教学。将表征函数概念教学信息建构成四种类型的组块：情境表征——言语描述的情境和图形描述的情境；几何表征——图形、图像；算术表征——数据表格、数、有序数对；代数表征——解析式、映射。这些表征反映的都是同一个对象——函数概念。在教学的不同阶段，利用不同的媒体呈现不同的表征形式：导入阶段——利用多媒体呈现情境表征；探究阶段——利用板书呈现从情境中引出的几何表征，再将几何表征经文字、语言中介最后转换成为符号刻画，即代数表征；研究图像及其性质阶段——运用算术表征中数据表格、有序数对形成图像表征，结合几何表征与代数表征探讨函数性质，同时结合文字语言进行描述；巩固练习阶段——通过集合与对应的表征揭示函数的对应思想，同时结合代数表征、文字语言描述将其对象化。

（二）邻接时空

邻接时空，包含两个侧面，一是空间邻近，二是时间临近。

空间邻近，指板书数学内容时，尽量使表征同一对象的言语表征和视觉表征在空间上邻近出现或组合呈现。这样，工作记忆不必花费太多的认知资源或能量去搜索一致的信息，仅需集中认知资源对多元表征进行选择与组织。因此，多元表征的信息在空间上彼此邻近时，能够促进深度意义的学习过程。因而，呈现教学信息时，尽量将描绘文本含义的视觉表征与该文本的言语表征邻近设计；呈现图形时，尽量将描述图形具体信息的言语表征与图形邻近设计，或将描述图形的关键词、符号置于图形中；呈现抽象文本时，尽量在旁边提供凸显文本、符号含义的视觉表征；呈现数学教具、图形、图像或动画时，尽量邻近提供描述其含义的言语表征。

时间临近，指板书数学内容时，尽量使表征同一数学对象的言语表征和视觉表征在时间上同步呈现或临近呈现，这有利于在有限的时间内分配和组织多元表征。时间临近原则表明，要提供更多有意义学习的机会并促进深度学习，需要在时间上把视觉表征与言语表征同步呈现或临近呈现：呈现抽象内容时，同时或前后给出含义一致的视觉表征；呈现数学教具、图形、图像或动画时，同时或前后呈现描述其含义的言语化表征。

例如，“函数的单调性”的课件设计，将函数的图像与单调性定义同步或临近呈现，并同步讲解：“在函数 $y=f(x)$ 的定义域内的一个区间 A 上（课件闪烁横轴中的区间 A），如果对于任意两点 x_1， $x_2\in A$，当 $x_1<x_2$（课件闪烁区间 A 中的两个点，一左一右），都有 $f(x_1)<f(x_2)$（课件闪烁 x_1， x_2 对应的函数值 $f(x_1)$， $f(x_2)$），那么，就称函数 $y=f(x)$ 在区间 A 上是增加的，有时也称函数 $y=f(x)$ 在区间 A 上是递增的（课件闪烁图像的升降特征：自变量增加，函数值也增加；自变量减小，函数值也减小；同时板书：自变量与函数值步调一致：同时增加或同时减小）。”

（三）协同内外

协同内外，指板书数学内容时，尽量保证形成内部多元表征的信息结构与外部数学学习对象的结构保持一致，剔除与外部学习对象的结构不一致的、无关的信息，使内部多元表征信息结构简练、准确。

多媒体学习的认知加工理论以及多元表征学习理论告诉我们，凡是与外部学习对象结构不一致的、无关的信息会消耗学习者的注意资源，干扰学习者深度加工，甚至会误导学习者偏离加工外部学习对象，形成迷思概念，导致对数学对象的错误理解。脑科学的研究表明，脑在生理上首先注意到那些具有强烈情绪内容的信息。因而，如果具有强烈情绪色彩的信息与学习内容不一致或无关，那么会诱导学习者加工无关的学习对象。所以，协同内外原则对多媒体教学具有广泛的指导意义与应用价值：设计数学课件内容时，不要加入与学习主题无关的文本、图形、动画，不要加入不必要的音频或视频；要简明扼要地、准确地呈现多元表征信息，以提供更多有意义学习的机会，进而促进深度意义学习过程的发生。

（四）同显形数

同显形数，指板书数学教学内容时，尽量使“信息包”包含“视觉表征”和“听觉表征”。因为，多个感官通道形式的表征能够由视觉工作记忆和听觉工作记忆分担加工，可以更轻松地进行转换与转译等深层加工工作。夸美纽斯指出，教学要充分利用视觉、听觉、味觉、嗅觉及触觉的功能，教学顺序应是实物先于语言，例子先于规则。特瑞克勒（D.G.Treichler）指出：对于一个没有心理障碍和生理疾病的人来说，用于获知的所有感官中，通过视觉的学习占83%，听觉占11%，味觉占1%，嗅觉占3.5%，触觉占1.5%。视觉和听觉获取的知识达94%之多。

遵循同显形数原则，板书时尽量利用视觉和听觉两个感官通道，呈现数形的多元表征信息：呈现学习材料时，尽量使抽象性的言语材料视觉化，使具体的言语材料听觉化，并保持板书的精练。设计课件或板书时，尽量舍去那些能够运用自然语言可以表述清楚的内容，而突出那些难以说清楚的关键性词句。如，“二次函数的图像”的板书设计（图 9-10）就很好地体现了同显形数的原则。

画函数图像的基本步骤

如何画函数 $y = x^2 / 2$ 的图像？

（1）列表：列出自变量的取值与对应的函数值

x	…	−3	−2	−1	0	1	2	3	…
y	…	4.5	2	0.5	0	0.5	2	4.5	…

（2）描点：描出自变量及其因变量所对应的点

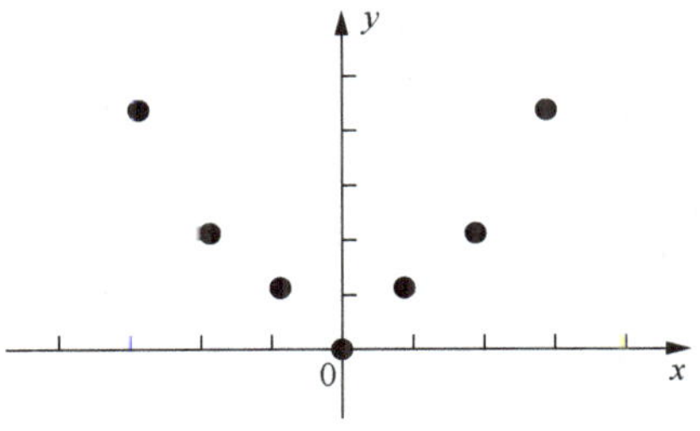

（3）连线成图（略）

图 9-10　“二次函数图像”板书设计

（五）优化策略

优化策略，指设计板书或课件时，教师有意识地利用板书类型与板书呈现方式，促进学生运用认知策略进行思维加工。运用策略进行认知加工，能提升认知操作的效率，促进学习者积极主动加工，从“学会”转变为“会学”。积极主动加工也是学生深度建构意义、通向深入理解的最佳途径。运用板书优化策略，促进认知发展，涉及以下几个方面。

1. 利用板书强化选择性注意

选择性注意，使得人们将注意力集中指向与任务相关的信息，而忽略无关信息。这要求板书设计一要考虑突出情境中的数学学习对象，二要凸显数学学习对象的关键特征。因此，设计板书或课件显示时要运用标记技术：一方面要运用标题、字体大小与颜色的变化、箭头、图标、下划线、超级链接等标记技术，将板书表征的多元信息中的重点、难点、关键点加以标记，以引导学生快捷搜索并使注意指向相关信息；另一方面要运用类比、比喻等方法使板书呈现的信息与学生已有知识经验建立内在的联系，为学生增加一个清晰的联结。

2. 利用板书促进数学知识组织

组织，是在工作记忆中按照一定的规律将新旧知识之间内在联系进行整理、归类，以形成认知结构的过程。在数学教学中既可运用邻接时空、协同内外、同显形数等原则组织板书，还可运用提纲、图形组织者等策略组织板书，从而优化学生的策略认知水平。其中，建构图形组织者——画概念图，是一个非常有效的板书方法：新课引入阶段，可以利用图形组织者“锚定”新旧知识，将新旧知识的联系视觉化，同时激活学习者原有的知识经验；新课学习阶段，可以利用图形组织者帮助学生建构数学知识；复习总结阶段，可以利用图形组织者完善学生的数学认知结构。例如，学完“函数单调性”之后，教师可以引导学生画概念图以完善其认知结构（图 9-11）。

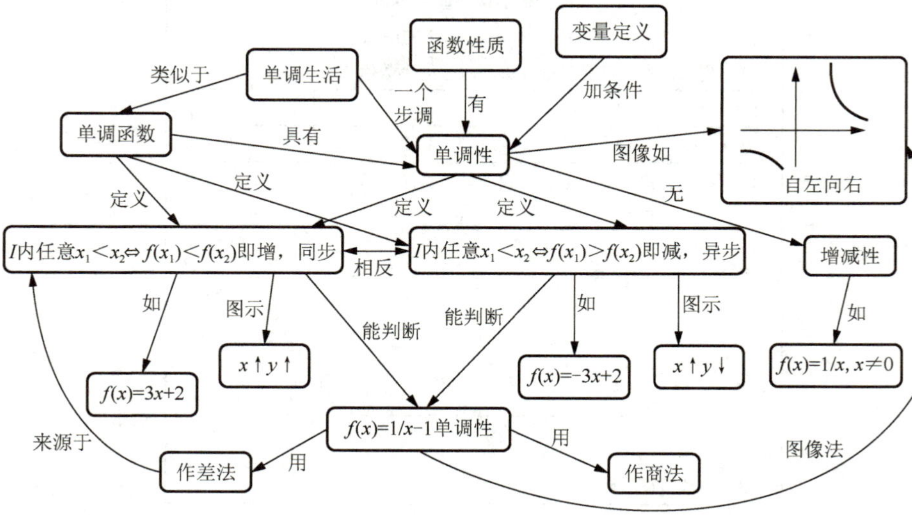

图 9-11　函数相关概念图

3. 利用板书助推概念多元表征的转换与转译

转换与转译是指言语表征与视觉表征之间的参照、联系、检验与修正、转化等活动，包括水平数学化与垂直数学化。水平数学化意味着从现实世界（经验世界）到数学世界（符号世界）的转换与转译，垂直数学化是在数学世界内部进行转换与转译。但是，转换与转译不会自动发生，高水平的转换与转译更为困难，需要教师教学策略支持：数形结合、变式教学、视觉化表征技术等。这些策略都需要板书的支持。

4. 利用板书加强数学知识精致

精致，是对经验的再组织——从经验中有效地消化和学习。精致需要教师教学策略支持：结合板书运用记忆、隐喻、比较等精加工策略，引导和促进学生加工信息；结合板书设计启发性提问、质疑、暗示、提示语，凸显学习对象的来龙去脉，提升学生归纳、概括、抽象、扩展与引申，从而精致编码。例如，学习“从不同的方向看”时，可以利用“横看成岭侧成峰，远近高低各不同。不识庐山真面目，只缘身在此山中”来形象描绘从不同方向看同一个事物的结果。

5. 利用板书激发学生元认知活动

元认知，是对认知过程以及分配认知资源与认知能量的自我认知，包括：关于自己是一个学习者的知识，这类知识影响学习与记忆；关于如何完成任务的战略与战术；关于什么时候和为什么运用这些策略的步骤与策略。运用元认知调节思考与学习，首先是计划，其次是监控，再次是评估。利用板书呈现需要反思与内省的问题，结合元认知提示语、波利亚的解题表，引发学生对认知过程与结果进行自我解释等，从而增进元认知水平。

二、板书技能练习要点

数学板书技能的练习，应围绕教学目标的实现进行设计。因而要体现三方面的特点。数学特点：板书要启迪数学思维，体现数学化的过程；板书的数学词汇、命题、符号、公式、图形、图表等必须准确、规范、科学，与数学语言一致；板书要突出数学知识的脉络，突出重点与关键。板书技能特点：板书要清晰、简洁、层次分明；语言简洁、推理线索简明、几何图形明晰。教育特点：板书要科学、美观，注意示范性；要体现对学生数学思维的训练，具有计划性；要给学生美的享受，能引起学生的注意、激起学习兴趣，要具有艺术性。备课时要先行设计。

（一）突出要素

数学学习是认知结构组织与重组的过程。在此过程中，厘清数学知识线索、突出多元表征、优化学习策略等非常重要。因而数学板书技能练习要突出四个基本要素：直观形象、图文精当、规划布局、板书时机。

（二）选准类型

板书设计，要根据数学教学目标、教材内容、课型特点、学生实际，精心选择板书的类型，采用适合的形式、媒介予以呈现。

（三）提炼概括

数学板书要有条理，力求简洁，紧扣教学内容的中心，抓住要点和精髓，帮助学生回忆、检索和运用；概括知识结构，深化重要的事实、情节、规律和概念。

（四）规范示范

板书技能的练习，要做到规范：文字工整、符号标准、图形明晰，求解步骤紧扣知识点，推证过程逻辑严谨。只有这样，才能为中小学生提供示范。

附录 1　数学板书技能教案

班级　　姓名　　学号　　训练时间 课题名称 圆的一般方程　　技能名称 数学板书技能				
教学目标	通过圆的一般方程的教学，训练数学板书技能			
时间分配	教师行为	教学技能	学生行为	教学媒体
30s	1. 提问：方程 $(x-a)^2+(y-b)^2=r^2$ 表示什么图形？它是几元几次方程？	导入；语言	以 (a,b) 为圆心，r 为半径的圆。二元二次方程	黑板
2min	2. 上述二元二次方程的一般形式是 $x^2+y^2+Dx+Ey+F=0$ 圆方程是一个二元二次方程，其逆命题：“一个二元二次方程是圆”成立吗？1 分钟后请一位同学来回答	板书（主板书、符号恰当、布局）； 提问	学生议论，配方得 $(x+D/2)^2+(y+E/2)^2$ $=(D^2+E^2-4F)/4$	黑板
3min	3. 学生回答，教师板书： $(x+D/2)^2+(y+E/2)^2$ $=(D^2+E^2-4F)/4$。这个方程表示什么曲线呢？它可能表示哪些曲线？	板书（主板书、符号恰当、布局、边复述边板书）；提问	学生议论：从左边看是圆的方程，但是否为圆要看右边 $(D^2+E^2-4F)/4$，即是看分子大于 0，等于 0，还是小于 0？	黑板
8min	4. 板书：①当 $D^2+E^2-4F>0$ 时是圆，圆心为 $(-D/2,-E/2)$，半径为 $\sqrt{D^2+E^2-4F}/2$ 的圆； ②当 $D^2+E^2-4F=0$ 时表示一个点 $(-D/2,-E/2)$； ③当 $D^2+E^2-4F<0$ 时不表示任何图形。此时没有实数 (x,y) 能满足方程	板书（主板书、文字符号恰当、板书时机）； 讲解	跟随教师思路逐一分析探讨各种情况，并做好笔记	黑板
8min30s	5. 总结并板书：当 $D^2+E^2-4F>0$ 时，二元二次方程： $x^2+y^2+Dx+Ey+F=0$ 表示圆。且圆心为 $(-D/2,-E/2)$，半径为 $\sqrt{D^2+E^2-4F}/2$	结束； 板书（主板书、文字符号恰当、配合讲解）	学生记笔记	黑板
9min30s	6. 提问：圆的一般方程有什么特点？ 语言：回答得全面！	提问	议论：x^2，y^2 的系数相同，没有 xy 项，且还要满足：$D^2+E^2-4F>0$	

附录2 数学板书技能评价表

班级　　姓名　　学号　　训练时间 课题					
请您听课后对以下项目进行评价，在相应的等级处打“√”。					
评价内容	评价等级				
	优	良	中	差	权重
1.概括了主要的数学教学内容					0.2
2.逻辑结构清晰，简洁、明了					0.2
3.文字规范、符号准确、图形美观					0.2
4.能引起学生兴趣与思考，体现了过程性					0.2
5.图文配合好，有助于学生理解数学知识与方法					0.1
6.形式多样、醒目，有助于记忆					0.1
总分					
评语：					

第十章　数学提问技能

（1）学习目标：通过学习，掌握数学提问技能。

（2）考核要求：理解数学提问技能及其意义与功能；了解数学提问技能的不同类型；掌握数学提问的基本技能；把握数学提问技能的训练要点并能对数学提问技能进行评价。

第一节　什么是数学提问技能

俗话说："不学不成，不问不知。"学习，无疑是带着问题而来，带着问题而去的活动。因此，提问是非常重要的。问题是课堂教学的心脏，问题是思维活动的起点，也是探求真理、创造发明的起点。有了问题才能引起思考，才能进行探索，科学研究如此，学生学习、掌握知识也同样如此。

提问还是一项具有悠久历史渊源的教学技能，我国古代教育家孔子就常用富有启发性的提问进行教学。他认为教学应"循循善诱"，运用"叩其两端"的追问方法，引导学生从事物的正反两方面去探求知识。古希腊哲学家苏格拉底也是一位提问高手，他使用"精神产婆术"的方法进行教学，通过不断地提问让学生回答，找出其回答中的缺陷，使学生意识到结论的荒谬，通过再思索，最终得出正确的结论。爱因斯坦也曾说过："提出一个问题比解决一个问题更重要。"所以说问题不仅是探究学习的开端，还是教学活动的主线。

一、数学提问技能的内涵过程与策略

数学提问技能，是指教师运用提出问题，以及对学生的回答加以有效处理的方式，促使学生参与学习，了解他们的学习状态，启发思维，使学生理解和掌握知识、发展能力的一类教学行为方式。

（一）数学提问的过程

数学提问作为一种教学行为，它不是单指教师向学生发问这样一个特定的行为，而是表现出一定的过程性。尽管在不同学科的教学中，提问的形式多种多样，但就过程而言，却大致相同，可以用图 10-1 来表示。这一过程基本包含以下 3 个阶段。

（1）提问：教师对教学内容的某一知识内容、特征或关系进行提问；

（2）回答：学生分析提问的要求，回忆、提取并组织相关知识做出回答；

（3）评价：教师对回答质量做出评价，给予反馈、矫正或总结。

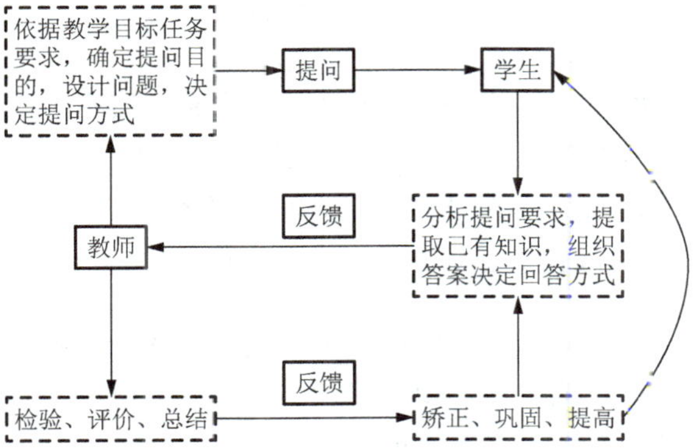

图 10-1 提问过程图

如果不考虑提问过程中的一些细节，提问过程也可以用更为简洁的示意图 10-2 来表示。

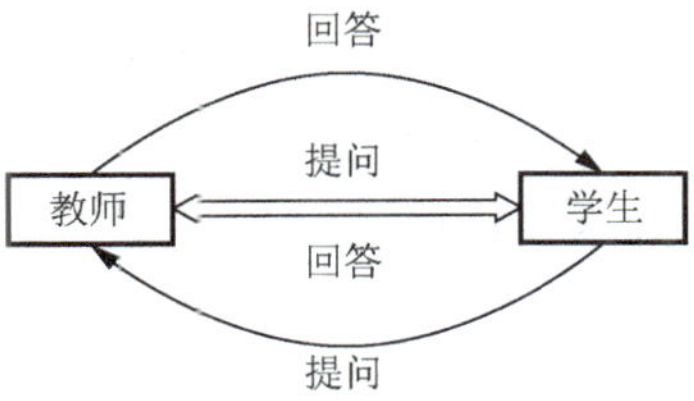

图 10-2 课堂提问过程缩减图

从图 10-2 可以更为直观地看出：课堂提问是一个过程，这个过程包括很多内容。首先，从提问的主体看，既有教师，又有学生。在实际教学中，一般多是从教师向学生提问开始，然后学生给予回答，最后教师对学生的回答进行回答，并做出必要的评价与反馈。也可以是学生向教师提问，教师给予回答。其次，从提问中师生关系看，更多的是一种对话与交流。最后，从提问功能的实现看，无论是学生知识的增长、思维的发展，还是认识力的提高，都在对话和互动中得以实现。

（二）数学提问的策略

有效的数学提问是实现数学课堂教学质量提升的重要途径。针对当前中小学数学课堂提问现状及其存在的问题，为了提高效率，可以采取如下策略。

1. 调控数学提问的难度

（1）对于学生全体的难度。有效的数学课堂提问必须面向全体同学，而不是“一对一”式的问答。

（2）对于学生个体的难度。如果问题能调动 50%的学生参与，那么我们说问题比较适宜。

2. 调控数学提问的频度

当前，中小学数学教学中出现一些新变化，“满堂灌”演变为“满堂问”，发展为“满堂跑”。其实，无论是“满堂问”还是“满堂跑”，都是以“启发”“互动”的名义进行的，其症结在于片面理解教学方式的变革，脱离了数学课堂教学目标。

3. 恰当配搭封闭性问题与开放性问题

数学课堂提问中，所提问题的开放程度是影响提问有效性的重要因素。调查表明，当数学教学内容的复杂性较低时，封闭性问题与开放性问题的最佳比例是 7:3；而当数学教学内容的复杂程度较高时，二者的最佳比例以 6:4 为宜。

4. 适当降低沉默率

所谓数学课堂提问的沉默率，是指数学提问后学生沉默的次数与提问的总次数之间的比率。其中，沉默是指教师在课堂上发出问题信息以后，学生由于信息接收不畅、信息理解出现困难、偏差或者根据现有信息无法作出判断等，而出现长时间的“无语状态”。适当降低提问的沉默率，注重提问的有效性，已经成为提高数学课堂教学效率的成功做法，这也是提高数学教学质量的重要策略之一。

5. 安排数学提问的等候时间

长期以来，数学提问存在的一个普遍问题就是，教师在提出问题后只停留一两秒就开始点名。从实际效果看，由于思考时间不充分、精神紧张、准备不足等原因，学生通常无法回答或仓促回答导致错误。为此，教师要花费更多的时间为学生提示或者纠正学生的错误。有效的数学提问，要根据问题的难度适当安排提问的等候时间，也就是说，教师在提出问题后应该给学生留有一定的思考时间，这样可以提高学生回答的准确性，提高参与回答的学生人数，提高回答的正确率。

6. 重视倾听

倾听是指当学生回答问题时，教师认真获得真实反应的技术和心态。目的在于判断学生的认识程度、思维方式。倾听不单纯是调动耳朵官能，还包括通过调动视觉官能，观察学生的眼神、肢体等反应获得信息。

二、数学提问的功能和意义

（一）数学提问的功能

数学教学实质是师生积极参与、交往互动、共同发展的过程。以解决问题为核心而安排的有效提问，可以起到强化知识信息传输、评价学生学习状况、调控教学过程、沟通师生情感交流的作用。因此，数学提问具有如下功能。

1. 激励参与

教师有目的的提问，可以激发学生的主体意识，鼓励学生积极参与教学活动，从而增强学生学习动力。同时，学生在参与过程中还能锻炼口头表达能力。

2. 评价反馈

提问过程中，教师通过学生的反应得以了解学生的学习成就，形成对学生学习状况的评价，借以检查教学目标达成的程度；同时也获得自己所提问题质量的反馈，借以调整对问题的设计。学生从教师的评价总结中获得反馈，借以调整自己的学习态度、情绪、方法，求取最佳学习效果。可见，提问的评价反馈功能对教师与学生均有正面的激励效应。

3. 巩固强化功能

教师恰到好处的提问，不仅能激发学生强烈的求知欲望，而且能促进知识内化，强化综合应用能力。

4. 集中注意

因为人脑对客观事物感知具有明显的选择性，因此提问具备集中注意的功能。当学生的意识集中于教师提问所给予的语言刺激时，同时其他的种种刺激受到抑制，从而形成意识焦点，注意便由此产生。注意是学习过程中的必要条件，运用提问集中学生的注意力，是教师在课堂教学中经常采用的手段。

5. 暗示

有学者提出，“提问等同于暗示”，这是有深刻道理的。其实，提问的暗示功能表现在：暗示学生此刻应该在认知结构中联系到已有的知识；暗示学生解答问题的思路方向；暗示学生思维中的观察盲点。

（二）数学提问的意义

1. 数学提问对教师教学的意义

1）传递教学信息

教学过程的设计、组织和调控，教学质量的提高，在很大程度上取决于教师。学生是在教师有目的、有计划、有组织的指导下获得全面发展的。教学内容是教师对学生施加影响的主要信息，而教学手段则是教师有效地传递信息、提高教学效果的保证。教学中，教师往往在教材的重点、难点、疑点上精心设计问题，运用恰当的提问，对学生加以引导、启发，从而把这些教学内容传递给学生，使学生得以有效接受教学信息。

2）反馈教学信息

教学中教师教得如何，不能仅凭自己的感觉来判断，必须通过学生对所学知识的理解程度来检验。怎样判断学生对所学知识是否理解呢？根据心理学原理，其衡量标准主要有两条：一是学生能否用自己的语言表述所学的知识；二是学生能否将所学知识运用于解决实际问题。而课堂提问，恰好给这两条衡量标准提供了用武之地。

教师设计问题的质量、层次不同，可以相应地获取不同的反馈信息。比如，学生学习长方形、正方形的周长计算以后，如果问："长方形和正方形都有四条边，那么为什么长方形的周长公式里乘以 2，而正方形的周长公式里却是乘以 4 呢？"这样的提问不仅激发了学生的思维，而且能比较准确地获取学生对长方形和正方形的周长公式是否真正理解的信息。因此，教师提出不同的问题，找各种不同程度的学生回答，从学生的表情和神态上观察他们对知识的领悟程度，从学生回答问题的方式、内容上，就可以了解到他们的思维能力和语言表达能力等信息。通过这些反馈信息，可以检查、了解学生学习的效果。

3）调整教学方案

利用教学信息的反馈，教师在了解学生学习情况的同时，也可以发现自己教学中的不足，从而及时进行教学调控，使教学达到最佳效果。例如，某教师在让学生复习比例的意义时，出示"4/6=2/3"，问："为什么说它是个比例？"一个学生回答正确之后，有的学生举手说："这个式子也表示把一个比化简。"还有的说："这个式子也表示把一个分数化简。"根据学生的回答，该老师灵机一动，针对性地提问：①我们在前面学比的时候，这个式子表示什么意义（比的基本性质，把一个比化简。）②如果等号后面看作是一个分数时，是什么意思？（是 4 与 6 的比的比值。）③等号前后都看作是分数时，又表示什么意思？（分数的基本性质，把一个分数化简。）由于教师及时调整了自己的教学方案，通过课前并未准备的这一组提问，引导学生作一番简要的回忆和整理，不仅使学生知道了知识间是相互联系的，用同一种手段可以解决不同的问题，同一形式可以从不同角度去看，会有不同理解，而且使学生运用知识解决问题时的思路更加明晰，从而得到意外的收获。

2. 数学提问对学生学习的意义

1）激发学习动机

学生的学习活动总是由一定的学习动机所引起的。只有当学生喜欢学、要求学、有迫切的学习愿望时，才有可能自觉地、积极地投入到学习活动中去。学习动机是直接推动学生学习的心理动机。它是由学习目的和学习兴趣等要素构成的。其中，兴趣是学生学习的直接动机。教育实践证明，学生只有对学习产生了兴趣，才会产生强烈的求知欲，才会有学习的热情，才会积极地进行思考。科学的课堂提问，可以激发学生的学习兴趣，活跃课堂气氛，引导学生的有意注意。

2）引导学生思维

学生在学习中对知识的掌握有时抓不住重点，会偏离目标，或产生混淆等，这就需要教师给予引导。提问是最好的引导方式。通过课堂提问，学生就有了明确的思维方向。

3）培养相关能力

运用数学提问，能为学生的积极思维、语言表达和实际操作等活动创造情境，使学生的相关能力在这种情境中得到锻炼和提高。

例如，推导三角形面积公式时，某教师设计教学如下。先设计一组问题：①怎么求长方形的面积？②怎么求平行四边形的面积？求平行四边形的面积时需要转化为什么图形？（接着教师出示两个大小完全相等的三角形教具，继续提问学生。）③能不能把两个大小完全相等的三角形摆成我们以前学过的图形呢？怎么摆？（教师要求学生拿出自己准备好的两个大小完全相等的三角形，让学生自己动手拼摆，然后提问学生。）④根据自己已经拼摆出来的图形，你能推导出三角形的面积公式吗？通过前面一系列的设问、发问、引导学生参与到三角形面积公式推导过程中。通过自己动手操作，由已知到未知，掌握了利用图形变换推导平面图形面积的思维方法。既调动了学生的积极性，引导学生探索知识的欲望，又促进了学生思维的发展，培养了学生的逻辑推理能力、语言表达能力和动手操作能力。

三、数学提问技能的要素

数学提问技能的要素，涉及提问全过程所具备的主要成分。不管哪种形式的提问，都包含这些要素。数学提问技能的要素可以归纳为六个：核心问题、问题链、提问措辞、停顿节奏、合理分配、探寻反馈。这六个要素就是从课前准备，到课堂结束的整个过程中提问所包含的主要内容。

（一）核心问题

核心问题是一节课的教学目标要解决的主要问题，是课堂提问中问题设计的主线。一堂课的教学目标可能有两个或者三个，每一个教学目标就可以成为一个核心问题。如何设计核心问题通常可按三个步骤进行：第一，确定教学目标的认知层次；第二，根据教学目标的认知层次，分析教学内容；第三，确定教学活动及其核心问题。具体如下。

1. 确定教学目标的认知层次

从课标的界定来看，在学目标涉及的认知层次有四种水平，了解、理解、掌握、运用。根据认知层次，便可确定核心问题。

2. 分析教学内容

教师要根据教学目标认知层次和学生情况分析教学内容。教材为教师提供了教学内容，教师还可以通过多种途径选择教材以外的教学资源来帮助学生实现学习目标。这一步可采用逆向设计过程法：首先，确定期望的结果——你希望学生知道、理解和能够做什么（目标认知层次的具体化）；其次，确定可能成为学生学习对象或资源的素材。

3. 确定教学活动及其核心问题

教学目标是学生要达到的最低要求。因此，教师要考虑对于每个目标，不同程度的学生该怎样来达到这些目标，需要通过几个教学活动来实现，每个教学活动的目标又是什么，这些教学活动目标要求学生进行哪个层次的认知思维等问题。根据对教学内容和学生特征的分析，教师要确定每个教学活动的核心问题。特别值得提醒的是，在设计每个核心问题之前，都要问自己，“我的目的是什么？要解决什么教学问题？”

（二）问题链

问题链，与核心问题密切相关，就是围绕核心问题设计出一系列不同类型的问题。使所有的问题成为一个整体系统，从不同的认知层次引导学生进行思维，逐步达成对核心问题的共识。设计问题链的步骤通常包括分析核心问题、设计问题链两个方面。

（三）提问措辞

提问措辞，指教师在提问过程中的言语应用，通常包括引导语、提问用词、具体问题等的表述。

（四）停顿、节奏

提出问题以后，应该等待一些时间。其实，停顿包括两个方面，一方面是老师提出问题以后，再一个是学生回答问题以后。这两方面都应该有一个适当的等待时间。在这个等待时间里教师要做的就是等待、观察，最好不要去讨论，也不要重复问题、给出启发性的问题。提出问题以后教师就静静地等待，等待三到五秒钟，给学生一个思考的时间。当然，这个等待时间的长短也取决于问题的难易。提问的速度是快还是慢，要根据提问的类型、学生的年龄层次等来决定。另外，高级认知层次的问题不仅要提的慢一些，而且还要更长的等待时间。

（五）合理分配

合理分配，指教师要有计划、有目的地在全体学生中分配回答问题的机会，尽可能使所有的学生都加入到回答问题的活动中来。为此，教师要做好如下两件事情。

1. 学生选择

从举手的学生中选择问题回答者，可以了解到学习比较好的学生对知识的理解情况；而提问一个成绩比较差的学生，可以判断是否所有的学生都做好进一步学习的准备。同时，要建立一种课堂规范，指出每个学生都应当具有回答问题的机会，所有学生的回答都是重要的；要向学生明确提问的目标对象是全班学生，以此促进所有人进行思考。

2. 教师的位置

为了让所有的学生都能够思考问题，教师要有意识地在课堂里走动，每隔几分钟就站在一个不同的位置上，从而让没有坐在教师视野中心位置的学生进入到教师的中心视野。还可根据教学情况，走向发言的学生或积极性不高的学生，使所有的学生都能感觉到教师的关注，激发学生参加学习和回答问题的积极性。

（六）探询反馈

学生回答问题有时不够全面或准确，甚至有错误，教师要通过探询了解学生的思路，或补充或纠正，将学习引向深入；学生在讨论问题时，教师要通过探询适时地介入，了解讨论情况，引导讨论方向，保持学习顺利进行。探询反馈不仅可以帮助学生形成正确的答案，而更重要的这是一个师生交流的好机会。在交流中教师不仅能帮助学生厘清思路，加深对问题的认识，促进了师生感情；还能及时反馈信息，给学生恰当的帮助。学生回答问题大体要经过倾听问题、理解问题、自我默答和说出答案四个步骤。学生回答问题遇到困难的时候，教师要判断学生是在哪个步骤上出了问题，并给予恰当的口头启发。

第二节 数学提问技能的类型

一、按提问的主客体分类

从提问的发起者和接受者的角色以及先后次序分为三种模式：教师提问，学生回答；学生提问，教师回答；学生提问，学生回答。

1.“师—生”模式

教师作为数学教学的组织者和实施者，在教学活动中占有主导地位。教师提问学生回答是最为普遍的一种课堂提问模式，以至于大多数人提到课堂提问时，往往将其理解为这种模式，甚至是唯一的模式。

2.“生—师”模式

随着教育观念和教育思想的发展，人们逐渐意识到让学生主动提出问题更能增强学习兴趣和学习效果。当前，我国基础教育课程改革的目标之一，就是要“改变课程实施过于强调接受学习、死记硬背、机械训练的现状”。学生提问是课堂参与形式中比回答问题、参与讨论等更高层次的认知卷入，而且，国外的研究都证明了这种认知卷入的作用和价值。然而，教师基于自身的考虑（一是维护权威性的地位，二是教学计划的顺利实施），对学生的提问并没有留出应有的空间。在教学实践中，学生提问仍然存在诸多的障碍。

3.“生—生”模式

学生之间的相互提问，从思维激发的角度看最具有价值。问题来自于学生，又通过学生来解决这些问题，这样才真正把提出问题和解决问题的权利还给了学生。在学生互相提问的过程中，教师作为组织者，监控课堂学习的进程。教师既要指导学生的学，更要指导学生的思维。指导学生学与思的结合，教给学生自己思考问题、解决问题的方法，“授人以渔”，而不是单纯地“授人以鱼”。

二、按知识讲授分类

尽管不同年级、不同科目甚至不同类别的学校提问的方式有所不同，但从讲授和接受知识的角度出发，从提问能否获得成功的意义上说，课堂提问大体可以归纳为以下几种方式。

1. 直问式

这种提问开宗明义，直截了当地提出问题，它多在答案简捷明了的情况下采用。如，在“因式分解”的教学中，为了加强前面知识的复习，老师问“什么是平方和公式？”“什么是平方差公式？”等。

2. 反问式

这种提问是利用反向思维、逆向思路来提问的方法。它有利于引导学生突破惯性思维框架，培养学生敢于求异创新的能力和大胆想象的能力。如，“因式分解”教学中，当教师呈现前面所学的平方和公式$(a+b)^2=a^2+2ab+b^2$与平方差公式$(a-b)^2=a^2-2ab+b^2$时，反问这两个公式反过来成立吗？由此，引出了运用公式$a^2+2ab+b^2=(a+b)^2$和$a^2-2ab+b^2=(a-b)^2$因式分解。

3. 启发式

这种提问先不直接提出要解决的主要问题，而是提出与此有关的其他问题，然后抓准时机提出主要问题。

4. 递进式

这种提问是对有一定深度和难度的问题进行由浅入深的提问方法。通过环环相扣，层层递进的设问，引导学生的思维向知识的深度和广度发展。教师步步推进，层层剖析，最后达到解决问题的目的。

5. 比较式

这种提问是通过事物对比来提问的方法。它可在同种事物或不同种事物之间进行对比，也可在同一事物的不同部分、不同方面进行对比，把那些既有相似之处，又有不同之处的易混易错的事物通过比较，加深认识和理解，从而增强记忆，灵活运用。这样提问有利于发展学生的求同思维或求异思维。

6. 解析式

这种提问是把整体性较强、内容较多的大问题分化成若干个小问题来提问的方法。这样可以把不易解答的大问题化整为零，各个击破，像解剖动物那样。

7. 扩展式

这种提问是把相关内容联系在一起提问的方法。这样既可以起到温故知新，新旧贯通的作用，还有利于培养学生的发散思维能力。

三、按提问时机分类

1. 标新立异

同一个问题，可以从不同的侧面、不同的角度提出。切入的角度不同，效果往往就不大一样。这就要求提问要新颖，要有新意。比如引进平方根概念，可提问:“你能画一个面积是 900cm^2 的正方形吗?”学生答:“只要作一个长是 30cm 的正方形。”教师又问:“你是怎样思考的？”学生答:“只要求出一个平方得 900 的数.”教师再问:“平方后得 900 的数只有 30 吗？”学生答:“还有-30”。这样平方根的概念就出来了。

2. 寓趣（奇）于问

教师根据教材内容有意识地提出一些相关的趣味性问题，寓趣（奇）于问，创设生动愉悦的情境，可以激发兴趣，诱导学生积极思考。例如几何第一单元中关于“线段”定义的理解和掌握，教师可设计两个问题：其一是“0+1+2+…+100=?”这个问题学生似曾相识，教室里声音此起彼伏，大家发现该题和高斯小时做过的题几乎一样，纷纷举手回答“5050”。这时，教师趁热打铁，提出第二个问题:“已知线段 AB 上有 99 个点 C_1，C_2，C_3，…，C_{99}，试问以 A，C_1，C_2，C_3，…，C_{99}，B 为端点的线段共有多少条?”学生脱口而出“5050”。这样不仅复习了线段的定义，培养了直觉思维，而且有意义的是，从已有的知识结构中选取有用的信息，通过类比迁移加以转化。

3. 层层递进

对于教学上的难点或较大的问题，教师应该设法建立问题解决的“台阶”，帮助学生拾阶而上，采取分化瓦解的方法或化大为小、化虚为实，以有助于学生克服学习上的困难。例如，“经过⊙O 外一点作⊙O 的切线”这一作图问题是“圆的切线作法和切线长定理”一节中的难点，如何帮助学生解惑呢？教师不妨提问学生:“假定过点 P 的切线已做出，那么这条切线与过切点的半径有何关系？”接着再问:“在圆中，什么样的圆周角是直角？”这种提问向学生指明了解决问题的途径，解除了疑点，并使学生能十分顺利地完成这一作图。

4. 静中设疑

教学中常有一些内容，学生似乎一看就懂，自觉无疑，而实质有疑。教师在浅处设问，于无疑处设疑，引导学生探讨教材，可以收到较好的效果。例如“已知线段 a，b，求作线段 AC，使 $AC=a+b$。”作法：①作射线 AE；②在射线 AE 上依次截取 $AB=a$，$BC=b$，则 AC 即为所求。这里的做法学生一看就懂，但“为什么要这样做”却是学生心中比较玄乎的问题。因此，可向学生提问:“可以先制造一套作法，然后再完成作图吗?”使学生明白作法是做图的记录，从而理解“如何写、为什么这样写”的问题。

5. 因人施问

设计提问一方面要有针对性，另一方面要具有一定难度，又是学生经过努力可以解决的。为此，教师要事先分析学生知识的缺漏、疑难，为不同层次的学生设计不同问题，使之能在原有水平上有所提高。如“已知 $-x^2+kx(x+2)+k+2=0$ 的两个实数根为 x_1，x_2，且有 $x_1^2+x_1x_2+x_2^2=11/2$，求 k 的值”可先让较差的学生回答：“这是关于 x 的几次方程？各项系数是什么？方程的两根之和、两根之积与方程的系数有什么关系？”；教师再提问中等学生“如何建立 $x_1^2+x_1x_2+x_2^2$ 与两根之和、两根之积的联系？”学生回答“$x_1^2+x_1x_2+x_2^2=(x_1+x_2)^2-x_1x_2$”后，再问：“根据已知条件，能否建立一个关于 k 的方程，并求出 k 呢？”；学生求出“$k_1=5$，$k_2=3/5$”后，教师可问优等生：“此时的 k 是否都是所求的结果呢？为什么？”回答：“$k_2=3/5$ 不合题意应舍去”，教师再问：“上述问题的基本求解思路是什么？”这样，在解题过程中，不同层次的学生都得到了锻炼。

6. 灵活多变

对于同一个问题，教师运用条件的增删、变化，结论的延伸，条件与结论的互换，一题多解，多解归一等设计出新问题，这有助于学生纵穿横拓的思维活动，提高其思维能力和探索能力。例如，求证抛物线 $y=(m^2+1)x^2-2mx+(m^2+4)$ 与 x 轴没有交点。证后设问：“你能把本题改编成一元二次方程、一元二次不等式或二次三项式的值或二次三项式的因式分解问题吗？”

第三节　数学提问技能练习原则与要求

一、数学提问技能练习原则

（一）目标性原则

目标性原则，指数学提问过程的组织实施，要体现数学教学目标，并围绕目标的实现来展开。提出目标性原则，主要有两条原因：一是数学提问的目标是由数学教学目标决定的；二是数学提问目标是数学提问的出发点和归宿。在数学提问过程中，提问的指向、提问的内容、提问的方式方法、提问结果的评价，都受到数学提问目标的制约。

（二）整体性原则

整体性原则，体现在数学提问的总体设计和问题布局上。它要求数学提问作为数学教学的有机组成部分，不能游离于数学教学目的而随问随答。提出整体性原则的原因，主要有两条：一是数学内容是一个有机的整体，各部分内容紧密相联，层层递进，环环相扣；二是学生数学思维发展规律的要求，学生数学思维发展是一个由具体到抽象、由低级到高级的逐步深化的过程。

（三）科学性原则

科学性原则，体现在数学提问的内容、要求、范围、措辞、方法等各方面的准确性上。它是保证数学提问运用有效性的前提。提出科学性原则，主要依据有三条：一是数学提问目标的要求；二是数学内容的科学性、系统性的要求；三是学生认识规律和年龄特征的要求。

（四）针对性原则

苏联教育家巴班斯基在《论教学过程最优化》中谈及教学方法不当时，曾提到:“有些课堂效率很低,原因是教师不善于把注意力集中在最主要、最本质的教材上，不善于正确地分配讲授新教材的提问时间。”所以，数学提问最忌不分主次轻重，为提问而提问，数学提问要有的放矢，紧紧围绕重点，针对难点，扣住疑点，体现强烈的目标意识和明确的思维方向，避免随意性、盲目性和主观性。如针对“函数 $y=A\sin(\omega x+\varphi)$（$A>0$，$\omega>0$）的图像变换”中，很多学生抓不住相位变换的实质，可设计以下几个提问：①将函数 $y=\sin(x+\pi/3)$ 的图像上所有点向左平移 $\pi/6$ 个单位，所得图像的解析式是什么？②将函数 $y=\sin(2x+\pi/3)$ 的图像上所有点向左平移 $\pi/6$ 个单位，所得图像的解析式是什么？③将函数 $y=f(x)$ 的图像上所有点向左平移 $\pi/6$ 个单位后，得到函数 $y=\sin 2x$ 的图像，那么 $y=f(x)$ 的解析式是什么？然后通过分析、比较，搞清变换的实质:“平移变换是针对 x 的变换”。

（五）适度性原则

数学课堂提问要根据思维“最近发展区”原理，选择一个“最佳的智能高度”进行设问，使大多数学生能够“跳一跳，够得着”。赞可夫认为，“教师提出的问题，课堂为三五秒钟就有多数人‘刷’地举起手来，是不值得称道的。”所以，提问要有思考的价值。如问学生“是不是”“好不好”“对不对”“能不能”等，学生齐答了事，根本没有动脑，就失去了提问价值，对教学毫无作用；而提问太难，则易造成“问而不答，启而不发”的尴尬局面，就会损伤学生思维的积极性，影响学生的学习兴趣和信心。如学习正三棱锥的概念后，可马上提问学生:“侧棱长都相等的棱锥是正棱锥吗?”“侧棱与底面所成的角都相等，侧面与底面所成的角都相等的棱锥是正棱锥吗？”若马上提问学生:“底面是正多边形，侧面都是等腰三角形的棱锥是正棱锥吗？”是不适宜的。

（六）启发性原则

在教学过程中，教师要精心地创设问题情境，给学生设置悬念，引起学生好奇，让学生由好奇达到求知的目的。教学过程中，把要解决的问题，不直接讲述给学生，而是先把前提条件交代给学生，然后通过提出疑问，由学生自己开动脑筋，经过思考，追根问底，直到得出结论。

二、数学提问技能练习要点

（一）提更少的问题

教师若提问过多、过滥，则学生忙于应付，无暇深入思考。“为提问而提问”无法保证课堂学习的成效。因此数学提问技能练习的第一个技巧，就是提出更少的问题。

（二）提更好的问题

数学提问，不能仅提事实、记忆、理解类的问题，而应提启发学生思考、拓展思维的应用、综合、评价性的问题，而且提问要有明显的层次感。

（三）提有深度问题

结合教学目标设置问题，让学生思维到一定深度。当学生不能回答一个问题时，教师要为他们提供各种线索，引导他们得到正确答案。如一位教师在讲三角函数时，连续提问："与 30°终边相同的角怎么表示？""与 α 角终边相同的角怎么表示？"同学都能按定义直接回答出来，又接着问："终边在 x 轴上的角怎么表示?"，两个同学都回答"$k\cdot 360°$，$k\pi$"。对此回答教师先给予肯定，然后又问："那么 180°的终边是在哪里呢?"学生思考后明白了，上述答案不完整。接着得到正确答案"$k\cdot 180°$或 $k\pi$"。

（四）提有广度问题

教师的提问不仅要有回忆型问题，如：什么是三角函数?什么是异面直线的距离？还要有理解型问题、应用型问题、分析型问题、综合型问题、评价型问题；不仅要有封闭性问题，还要有开放性问题等。

（五）提供候答时间

不少教师喜欢"狂轰滥炸"式的提问。当教师提出一个问题后，如果学生不能在 1 秒钟之内做出回答，教师就会重复这个问题，或加以解释，或提出别的问题，或叫其他的同学来回答，根本不考虑学生是否需要足够的时间思考、去形成答案并做出反应。研究表明，当教师把候答时间（教师提出问题以后和学生做出回答之前的时间）从 1 秒钟增加到 3～5 秒钟（特别是对于高水平的问题）时，那么课堂将出现许多有意义的显著变化。

（六）选择应答学生

数学提问应该面向全体学生，要避免让少数优秀学生或愿意表现的学生独占课堂回答问题的时间。教师所提出的问题，对尖子生可合理"提高"；对一般学生可逐步"升级"；对差生可适当"降低"。探究性提问，要多问优等生；应用性提问，照顾中等生；回忆、理解性提问，穿插问差等生。教师提问的应答方式可以是个别回答、小组代表回答或抢答。这样每个学生都有机会参与，都能体验到成功的感觉，使课堂变成学生主动进取、施展才华、相互促进的场所，从而使数学提问发挥出更大的效应。

（七）给予有效反馈

学生做出正确的回答，显示了他（她）出色的学业成绩，教师应给予肯定和表扬。比如说：“××同学回答得十分圆满”“××同学为我们做出了正确的答案”；如果题目难度较大，教师还可以说：“××同学回答得很好，让我们向他（她）表示祝贺”。这样，回答问题的同学感觉到自己的劳动得到大家的认可，感受到胜利的喜悦，无疑会提高他们课堂发言的积极性。如果学生回答问题不够完善，教师不要包办代答，也不要急着找别的学生进行补充，应重视引导、启发、提示，回答正确答案后，特别要对其适当鼓励，如“××同学终于想出来了”“经过××同学自己的补充，问题完全解决了”，使被提问的学生觉得问题是自己答对的，感到自己完全有能力独立解答问题。

附录 1 数学课堂提问技能教案

班级 姓名 学号 训练时间 课题名称 一元二次方程组的应用 技能名称 数学课堂提问技能				
教学目标	通过提问技能结合其他技能把一元一次方程的应用过渡到一元二次方程的应用，培养课堂提问技能。			
时间分配	教师行为	教学技能	学生行为	教学媒体
2min	师：同学们还记得我们一元一次方程应用题的一般解题步骤吗？ 教师在黑板左侧把五个步骤写上，每个步骤中间间隔加宽。 师：很好。那么我们是不是可以猜测解一元二次方程的应用题的步骤与解一元一次方程应用题的步骤是一样的呢？	导入技能 提问技能（直问） 板书技能 提问技能 （设问）	思考， 大家一起回答	黑板
5min	师：下面我们就用实践来检验我们的猜测。 例题：有一个两位数，个位数字比十位数字大 5，如果把这两位数的十位数字与个位数字对换位置，那么所得的新数与原数的和是 143，求这个两位数. 师：首先，看到题我们要做的第一步是什么？ 师：但是我们这里应该要设几个未知量呢？ 师：两个，很好。那么现在请同学们讨论一分钟把我们这道题的等量关系找出。 师：很好。那么我们现在是该进行哪一步了？ 师：没错，接下来，我们就利用等量关系列出方程，那么这里是不是可以有两个方程？ 师：两个方程两个未知数可不可以解？ 师：那么这道题我们解决了吗？接下来请同学们用你们的火眼金睛来找出：解一元二次方程的步骤和一元一次方程的步骤的区别在哪里呢？	提问技能 （追问） 讲解技能 板书技能	全班集体回答 讨论、举手、回答	黑板
2min	在左侧黑板上修改步骤	板书技能	听讲	黑板

附录 2　数学课堂提问技能评价表

班级　姓名　学号　训练时间 课题					
请您听课后对以下项目进行评价，在相应的等级处打“√”。					
评价内容	评价等级				
	优	良	中	差	权重
1. 提问的主题明确，与课题内容联系密切					0.2
2. 问题的难易适合学生认知水平，能把握时机，促使学生思考					0.2
3. 提问有层次，循序渐进，有利于学生发展思维					0.2
4. 提问后稍有停顿，给予思考时间					0.1
5. 对学生的回答善于应变及引导					0.2
6. 能适当启发提示，点拨思维					0.1
总分					
评语：					

第十一章　数学变化技能

（1）学习目标：通过学习，掌握数学变化技能。

（2）考核要求：理解数学变化技能；能够结合具体教学内容进行变化技能的设计；把握变化技能训练要点并能对数学变化技能进行评价。

第一节　什么是数学变化技能

信息加工理论认为，人们在注意和学习时是有选择性的。课堂中，学生经常要面对众多的感官刺激和信息，他们需要有所选择地将注意力集中在他们认为重要的内容上。因此，教师应该合理地计划课程以使学生的注意保持在他们讲授的内容上，并且不受外界噪声和其他无关刺激的影响，这样学生才能做出明智的决策，决定什么样的概念或信息值得注意，需要加工和记住。

数学教学中，学生接受刺激与信息的通道主要来自“听”——接收声音信号；“看”——接收形色信号：符号、图像、表格及其关系；“做”——接收数学活动中得到的信号：来自手、脑活动、身体感知的刺激。研究刺激、信息在不同通道中传输、转换的方式，以及怎样传输、转换才能更有利于学生集中注意力、进而主动参与知识建构的行为方式，就是变化技能。

一、数学变化技能的内涵与作用

变化，实质是变化对学生的刺激，引起学生的注意，激活学生的知识经验，促使学生从无意注意转向有意注意，进而进行认知加工。

数学变化技能，是指教师在数学课堂上运用变化教学媒体、变化师生相互作用形式、变化信息传输方式等，引导学生从无意注意过渡到有意注意，从而减轻认知负荷，主动建构数学知识，并维持良好学习秩序的教师教学行为方式。因此，运用数学变化技能的实质，是根据课堂学习活动的需要转换数学信息、教学资源的传递方式，调整师生互动方式，达到激发学生积极思考，努力建构数学知识的目标。

例如，在“双曲线的标准方程”的教学中，引出“双曲线”的定义“平面内到两个定点F_1，F_2的距离之差的绝对值是常数（小于$|F_1F_2|$）的点的轨迹叫作双曲线。”为了使学生对定义中的关键词“绝对值”“常数”“小于$|F_1F_2|$”等有着深刻、系统的认识与理解，教师运用变化技能，设计概念变式如下。

变式一：将定义中的“小于$|F_1F_2|$”换为“等于$|F_1F_2|$”，其余条件不变，则动点的轨迹是什么？（通过演示、讨论可知，动点的轨迹为分别以F_1，F_2为端点的两条射线）

变式二：将定义中的“小于$|F_1F_2|$”换为“大于$|F_1F_2|$”，其余条件不变，则动点的

轨迹是什么？（通过演示、讨论可知，动点的轨迹不存在）

变式三：将定义中的“绝对值”去掉，其余条件不变，则动点的轨迹是什么？（通过演示、讨论可知，动点的轨迹为双曲线的一支）

变式四：令定义中的“常数”等于零，其余条件不变，则动点的轨迹是什么？（通过演示、讨论可知，动点的轨迹为线段 F_1F_2 的中垂线）

变式五：若将定义中的“小于 $|F_1F_2|$”去掉，其余条件不变，则动点的轨迹是什么？（通过演示、讨论可知，要分常数小于 $|F_1F_2|$，等于 $|F_1F_2|$，大于 $|F_1F_2|$ 三种情况讨论）

通过概念变式，学生对双曲线定义的理解就能摆脱静止的、机械的、肤浅的认知状态，而转向动态变化、相互联系、深度思维中进行认知。

二、数学变化技能的功能

美国心理学家艾帕尔·梅拉列斯将人们接收信息的效果概括为：信息的总效果=7%文字+38%音调+55%面部表情。所以，运用数学变化技能，准确、顺利、有效地变换信息传递、控制方式，能确保学生保持较高的注意水平，能让教学内容、教学策略等要素处于更为清晰、更富有节奏、更具有启发的状态，从而为学生感知、理解、巩固、运用数学知识创造一个更加适宜的学习环境。因此，数学变化技能具有如下功能。

1. 调节注意

教师运用变化技能，通过教态、语言、媒体和师生相互作用方式的交替接续，使学生因教学信息和数学学习活动刺激而激荡的大脑兴奋中心与教学进程同步迈进。所以，变化技能能够引起、维持注意，吸引学生对某一问题的兴趣，进而唤起学习热情，营造紧张、活泼、明快的课堂学习氛围和积极的思维环境。

2. 强化信息

从理论上讲，任何单一的感官都很难完成一节课信息的全面接收。如果教师运用变化技能，则可以利用学生的多种感觉器官来传递教学信息，学生在一堂课中运用视觉、听觉、触觉，动手、动脑、动口，并不断变换，这样既能把课上得多姿多彩、充满乐趣，显示教师丰富的教学素养和灵活的教育教学技巧与良好的教学能力，又能减少学生的疲劳程度，更有效地强化信息的接收并加工。

3. 增进理解

数学的基石是概念，数学概念抽象、复杂，本质属性比较隐蔽，需要归纳、抽象、概括才能得以显化。运用变化技能中的概念变式，对数学概念进行不同角度、不同层次、不同情形、不同背景的变化，有意识地引导学生从现象的“变”中发现本质的“不变”，从“不变”中探求实质，形成对数学概念的多元表征并进行互化与转译，达到对数学概念的深刻理解。

4. 高效建构

罗杰·斯佩里研究团队所进行的研究显示，大脑左半球确实具有一些特殊的功能，诸如语言、概念化、分析和分类。大脑右半球负责一段时间内信息的整合，如艺术与音乐、空间加工、面孔和形状识别及通常任务。同时，大脑还存在许多功能区。单一的、稳定不变的刺激所引起的神经疲劳位于大脑某半球或某一区域。变换刺激方式或者刺激强度，则能使大脑某一功能区或某一半球因疲劳进入抑制状态时，激活其他功能区或另一半球的神经活动，结果不仅能够使大脑持续不断地富有成效地接受外界刺激，使各功能区、各个半球的功能都得到开发，而且可以通过各功能区、各半球之间内在的神经联系，使其他功能区、另一半球得到更充分的休息。通过变化技能的运用，大脑各功能区、各半球能够张弛结合，高效地建构数学知识。

三、数学变化技能的要素

数学变化技能涉及教学信息源、信息传输方式及变化、变化契机三个要素。

1. 教学信息源

教学信息源，即数学教学中不同教学媒体呈现的各种刺激与信息。具体分为声音信息：教师话语、学生话语、多媒体话语；视觉信息：教师板书、投影、挂图、录像、实物模型等；触觉信息：演示、操作活动等。

2. 信息传输方式及变化

数学内容的表征具有丰富、多元的形态，根据表征的性质可以将表征分为叙述性表征与描述性表征。据此，可以将信息传输方式分为叙述性表征传输方式：口头语言、文字语言、符号语言等，以及描述性表征传输方式：操作语言、图形图表语言、模型语言等。因此，信息传输方式的变化主要体现在叙述性表征传输方式的变化、描述性表征传输方式的变化、叙述性表征传输方式与描述性表征传输方式的转换。以叙述性表征传输方式中的教师话语为例，在数学教学信息的传输过程中，表现为声音（音量、音调、节奏）的变化、停顿等。

3. 变化契机

数学课堂中，教师要根据学习任务的要求和学生注意水平的涨落特点，抓住有利契机运用变化技能，把不同变化方式统筹安排，相互配合，顺畅转换，协调应用。促进学生的深度思维与深入建构。

第二节　数学变化技能的类型

数学教学中运用恰当的变化技能，不仅可以调控学生的注意力，加强学生对知识的感知度，而且有利于学生对知识的记忆、理解和应用，促进由知识向能力的转化。根据教学信息的源头主体，并结合信息传输方式及其变化，可以将数学变化技能分为教师话语与教态的变化、师生互动方式的变化、教学媒体的变化。

一、教师话语与教态的变化

（一）教师话语的变化

教师话语的变化，是指教师讲话的语调、音量、节奏、停顿等因素的变化。这些变化可以使教师的讲解、叙述富有戏剧性或使重点突出，因而能很好吸引学生的注意力。

例如，教师引入《二倍角的三角函数》时，说："想当年苏东坡老先生（停顿，学生：笑声）曾告诫我们这些学数学的人，（提高音量）看问题要怎么看呢，（停顿，加重语气、缓慢）要横看、侧看、远看、近看。（充满感情、抑扬顿挫地）横看成岭侧成峰，远近高低各不同。今天，（正常语速、稍高音量）我们借鉴苏东坡老先生看问题的视角，一起探究二倍角的三角函数公式的运用（板书课题）。"

1. 音调变化

音调变化，就是让数学教学话语优美动听，声音高低涨落变化，涉及声音、语调和声调。具体而言，音调变化的要求体现在三个方面：一是高低相间、错落有致，学生都能清晰入耳；二是要根据教学活动的进程，从平缓、激荡、高亢、抑制四种语调中选择适宜的一种，引导学生深入思维；三是声调要亲切、柔和、富有音韵感。

2. 音量变化

数学教学中，要克服同一种音量一响到底的现象。应使音量有明显的变化，而这种变化可以引起、保持学生的注意。讲解数学概念、原理、公式、法则时，对于关键词、核心观念可以提高音量或降低音量，以突出重点，并使声音具有起伏变化的特性，同时要避免声音过高或过低。

3. 节奏变化

教师讲话速度快慢转换、相宜适度，体现为教学语言的节奏。这种节奏以师生情感变化为基础，与教学活动的节奏一致，因而对学生思维活动有重大的影响。教师必须根据教学内容的变化和学生在课堂上的情绪表现，调节自己的语言节奏，发挥启发、引导的功能。

4. 使用停顿

停顿是引起注意的一种有效方法，在特定环境下能够传递特定的信息。在讲述一个事实或概念之前作一个短暂的停顿，能够有效吸引学生的注意；在讲解中间插入停顿，可以起到同样的效果。这样的停顿一般在三秒左右，这样的停顿主要是要集中学生的注意。组织学生讨论，给学生独立思考的时间，停顿的时间应更长。停顿，是学生分析、思考的时间，是学生逻辑推理的时间，是学生记笔记的时间，是学生总结反思的时间。因而，教师的停顿为学生的建构预留了时空。

总之，教师讲话速度由快变慢，或由慢变快，易于把分散的注意力集中起来。讲解、叙述某一数学问题时，音量的增加或减小，也能起到突出重点的作用。使用停顿，则可帮助建构数学知识。

（二）教师教态的变化

教态是教师在课堂上运用的表情、眼神、动作等体态语，以此向学生传递信息，沟通情感的一种行为方式。教态的变化是最基本、最常用的一种教学技能，运用得当可以及时调整课堂教学氛围，焕发教学热情与感染力。因此，教态的变化涉及面部表情变化、目光接触变化、身体动作变化，以及身体位置变化等。

1. 面部表情变化

情感是促进学生智力增长的助推器。在师生情感交流中，教师的面部表情对激发学生情感具有重要作用。微笑、扬眉、满面春风，与板着脸、皱眉、冷若冰霜，传递给学生完全不一样的感受，进而影响课堂氛围的冷暖色调。前者，学生感受到的是教师的关心、爱护、理解与鼓励，激发学生调动已有知识经验，准备全身心投入课堂；后者，学生感受到的是教师的冷落、拒绝、疏离与讥讽，触发学生消极的情感体验，阻碍学生投入数学学习之中。

2. 目光接触变化

目光接触，既是课堂管理的要求，也是课堂反馈的需要，还是师生情感交流的需求。数学教学中，教师在绝大部分时间里，要正面面对学生。讲课时，要从“注视全班”到“注视部分学生”再到“注视个别学生”循环变化，让每一个学生在课堂上能够经常感受到教师目光的关注。这样，学生能感觉到教师的关爱，增加信任感，进而集中注意投入学习。教师与学生的目光接触还可以表达、传递教师对学生的期望、鼓励、探询、疑惑等情感，还可以表达对学生的暗示、警告与提醒。

3. 身体动作变化

教师的身体动作同样可以传达丰富的信息，是课堂中与学生交流的重要方式。教师在课堂上的举手投足之间都可以传递丰富的意义。研究表明，教师恰当的头部动作、手势、身体姿势等方面的变化，能够使学生的大脑兴奋持续而增长记忆的长度，增加记忆的强度，突出重点，使学生加深印象。例如，伸出的双臂表示两条直线平行、相交或异面；挥臂抡一圈可以表示顺时针或逆时针旋转一周，等等。另外，几乎所有的人际交往手势，课堂上都可以用：向上微抬的手势鼓励学生大胆表达观点；竖起手指轻点暗示小心出错；伸出一指、二指、三指引导学生梳理要点；利用摇头、叹息、惊惧、挑眉、摆手、撇嘴等表示婉拒、否定；利用点头、拍肩膀、鼓掌、掌心向上微抬表示鼓励、肯定，等等。

4. 身体位置变化

教师在课堂上位置的变化有助于师生情感的交流和信息的传递，教师讲课时以讲台为主，可以适当在讲台及其周围走动，这样可以避免课堂气氛单调、沉闷、乏味。组织课堂活动时，教师应根据课堂内容和要求调整自己的位置。例如：教师在讲台上及周围走动，使学生都能看到黑板的各个部分。当让学生到讲台前练习时，应当把讲台让给学生。自己走到学生中间一起观察并监控其他同学的练习效果。这样既避免分散学生的注意力，又可以无形中拉近师生之间的距离。当学生分组讨论时，教师可以走到某一组中间，参与他们的讨论，或者个别辅导，解答疑难，检查和督促学生完成任务。

二、师生互动方式的变化

数学课堂中的信息传递除了教师讲学生听之外，还有师生之间相互传递、生生之间相互传递。变化师生互动方式，能够增加教学信息的传递与反馈通道，增强学生学习的注意与参与，促进师生的交流与合作。教师与学生的互动方式包括师班互动——教师与全班同学互动、师组互动——教师与小组互动、师个互动——教师与个别学生互动；学生与学生之间的互动主要体现在共同活动与小组学习之中。

1. 师生互动方式的变化

师生互动方式，可以是教师面向全体学生进行讲解、启发提问、指导实验操作活动等；可以是教师面向小组的倾听、点拨启发、指导探究或合作等；可以是教师面向个别学生的教师提问学生回答，或是操作实验、辅导、点拨与指导。数学教学中，教师应采用多种方式与学生交流，了解学生的想法以及学习中遇到的问题，以便获得较全面的反馈信息。有时以教师教为主，有时以学生学为主，有时师生共同参与活动。几种互动方式的转换，有利于调节学生注意，学会倾听，并积极参与教学活动。

例如，“不等式的应用”教学中师生互动方式的变化。

师：前面我们学习了不等式的证明与不等式的解法，今天我们学习不等式的应用（板书课题）。请看例 1：已知 $x,y\in\mathbf{R}^+$，$x+y=1$，求 $P=xy+1/xy$ 的最小值。

（全班学生思考、解题，教师巡视指导，有选择地请学生板演。）

生：P 的最小值是 2。我的解法是：由 $x>0$，$y>0$，得 $xy>0$，$1/xy>0$，所以 $P=xy+1/xy\geqslant 2\sqrt{xy\cdot 1/xy}=2$，即 $P_{\min}=2$。

师：x，y 为何值时，$P_{\min}=2$？

生 1：当 $xy=1/xy$，即 $xy=1$ 时，$P_{\min}=2$。

师：对于 S_1 的解法，你们有什么看法？同意他的解法吗？为什么？

（学生思考、讨论，教师巡视，看见生 2 举手，就让生 2 陈述她的看法）

生 2：生 1 的解法不对，因为 $xy\neq 1$。由条件 $x,y\in R^+$，$x+y=1$，从而可以得出：$xy\leqslant((x+y)/2)^2=1/4$。所以 $0<xy\leqslant 1/4$。（其中 $x=y=1/2$，$xy=1/4$）

师：生 1 的解法存在合理的地方，不过无法取到等号。怎样才能取到等号呢？请分组讨论如何改进生 1 的解法？

（各个小组七嘴八舌地讨论起来，教师走到其中一个小组边上停了下来。）

2. 学生学习活动的变化

数学教学中，应根据需要安排一定的时间用于学生的个人学习、操作实验、小组学习、合作交流等，以激励学生投入数学学习，并让学生学会独立思考、探究、倾听、学会交流等。由于培养问题解决的能力是数学教学的要务，因而设计数学活动，让学生在活动中学习数学就显得非常重要。活动的具体形式有动手做、折、叠、画（做模型、折叠模型、画图）；动口述、说、评、议（叙述解题过程、定理内容，说明推理、思考过程，评价解证结果，议论是非得失）；动脑多疑善思（破除思维定式，排除直觉干扰，拓展线性思维，冲破逻辑约束）。

例如，“平面内点的位置与坐标”，利用数学活动引导学生开展数学化过程。

（在学生理解了用有序数对表示平面内点的位置后，教师组织活动。）

活动目标：能确定点的坐标，能根据坐标找出相应的点，掌握特殊点的坐标特征。

活动规则：两根长绳分别表示 x 轴、y 轴，以教室第四行、第四列所在直线分别表示 x 轴、y 轴，在教室中建立平面直角坐标系，使每一个学生处于所建立的直角坐标系内，每位学生表示一个点，相邻学生之间的间隔作为一个单位长度。

活动过程：

（1）每位学生报出自己所在位置的坐标。

（2）给出点的坐标，指出该位置是哪一位同学。

（3）复习象限的划分，组织认识特殊点的坐标的活动。

（i）某象限内点的坐标特征。请第一象限的同学站起来，然后逐一回答自己所在位置的坐标，再回答横纵坐标有什么特点。再请其他象限内的同学站起来，依次回答上述问题。

（ii）坐标轴上点的坐标特征。请位于 x 轴上的同学站起来，观察坐标有什么特点。请位于 y 轴上的同学站起来，观察坐标有什么特点。有没有既在 x 轴又在 y 轴上的点？请表示这个点的同学站起来。

三、教学媒体的变化

数学教学的信息通过五种感官传递至大脑，要全面感知数学知识，要求五种感官协同活动。对应于人类不同感官的媒体传递信息的效率是不一样的，因此在教学中应该适当变换教学媒体，交替使用直观教具、板书、幻灯、投影、录音、活动等，才能全面地向学生传递信息。即便使用同一种教学媒体，也要加以变化，才能促进学生认知加工。

（一）听觉媒体的变化

教师讲解、学生发言、录音等听觉媒体，在教学中使用率最高，通常中学课堂教学听觉通道的使用占 70%。由于对数学语言及语言变化前已论述，故下面仅从变化的视角探讨数学教学中“同义反复”的运用问题。同义反复，指从多角度剖析数学概念，让学生有一个“揣摩”“品味”的过程，目的在于帮助学生建构数学理解。注意，同义反复不是把一个句子重复地叙述多遍，而是从多个角度展开分析。

多角度剖析，一指改变观察问题的位置。比如，讲解例题：“求过直线 l_1，l_2 的交点，且过 P（0，1）的直线方程。其中，l_1 的方程为 $a_1x+b_1y+c_1=0$，l_2 的方程为 $a_2x+b_2y+c_2=0$。”教师引导：“因为所求直线过 l_1 与 l_2 的交点，所以所求直线具有这样的形式：$(a_1x+b_1y+c_1)+\lambda(a_2x+b_2y+c_2)=0$，又所求直线过点 P（0，1），即点 P（0，1）在所求直线上，因此点 P（0，1）的坐标适合所求直线方程，从而有（$a_1 \cdot 0+b_1 \cdot 1+c_1$）$+\lambda$（$a_2 \cdot 0+b_2 \cdot 1+c_2$）= 0，所以得到：$\lambda=-(b_1+c_1)/(b_2+c_2)$。故所求直线方程为：（$a_1x+b_1y+c_1$）$-(b_1+c_1)/(b_2+c_2) \cdot$（$a_2x+b_2y+c_2$）= 0。”在教师的引导性讲解中，将“所求直线过点 P（0，1）”，同义反复为“点 P（0，1）在所求直线上”，再同义反复为“点 P（0，1）的坐标适合所求直线方程”，学生对问题的理解就随教师的“同义反复”步步深入。改变观察问题的位置，常常需要用到逻辑中的换位法，关系命题中的逆关系，对称关系、逆否命题、充要条件等逻辑知识。例如，“$3>2$”，可以说“$2<3$”；“直线过某点”，可以说“某点在直线上”；“$\sin^2\alpha+\cos^2\alpha=1$”，可以说“$1=\sin^2\alpha+\cos^2\alpha$”；“三角形的内角平分线的交点是内切圆圆心”，可以说“三角形内切圆圆心是三条内角平分线的交点”；“若点在圆内，则点与圆心的距离 $d<r$；若点在圆上，则 $d=r$；若点在圆外，则 $d>r$”，可以说“若 $d<r$，则点在圆内；若 $d=r$，则点在圆上；若 $d>r$，则点在圆外。”等。

多角度剖析，二指改变事物的质。例如，课本习题：“平面内有 n 条直线，其中任三条不过同一点，任两条直线不平行。求证交点数 $f(n)=n(n-1)/2$”教师分析引导说：“任三条直线不过同一点，就是说不存在三条直线共点的情形；任两条直线不平行，就是说不存在平行直线。”这里把“不共点”换成“共点”不存在；把“不平行”换成“平行”不存在。

多角度剖析，三指改变量词的否定形态。例如，“有且只有一个”的否定形态是“没有一个，或者至少有两个”；“无限多个”的否定形态“只有有限个”；“至少一个”的否定形态“没有一个”；“不小于”的否定形态“小于”；“大于 0”的否定形态“小于或等于 0”。

（二）视觉媒体的变化

数学教学中的视觉媒体多种多样，包括实物、板书、挂图、模型、演示实验、投影片、幻灯片、录像片、教学电影等。视觉媒体最能引起学生兴趣，具有直观、形象、易懂、生动的特点，能吸引学生的注意，结合视觉媒体的变换，能取得更好的效果。

例如，“直线与圆的位置关系”的教学。教师先让学生观看日出视频。发现日出前太阳与地面没有交点，接着有一个交点，随后有两个交点，然后又是一个交点，没有交点。进而引导学生概括出，直线与圆相离时，直线与圆没有交点；直线与圆相交时，直线与圆有两个交点；直线与圆相切时，直线与圆有且仅有一个交点。同样是《直线与圆的位置关系》的教学，可以有不同的设计。教师用多媒体呈现唐朝诗人王维的名诗《使至塞上》：单车欲问边，属国过居延。征蓬出汉塞，归雁入胡天。大漠孤烟直，长河落日圆。萧关逢候骑，都护在燕然。品读后引导学生从数学的角度诠释“大漠孤烟直，长河落日圆”：一条直线垂直于一个平面，一个圆慢慢地靠近平面，这个过程可以做出三幅图，即直线与圆的三种位置关系。这两位教师变化的都是视觉媒体，将数学知识蕴涵在自然景观中。后者还结合古诗讲解，激起了学生的学习兴趣，使学生产生探究新知识的渴望。

（三）触觉媒体的变化

数学教学过程中，借助触觉媒体及其变化，可为学生认识数学的本质提供多角度、多层次的信息。通过触摸实物模型、观察实物模型、动手实验、操作练习等机会，学生在实践活动中培养和发展观察能力、思维能力，以及元认知能力。

（四）思维媒介的变化——变式教学

Bowden 和 Marton 认为，学习最重要的形式是让学生能够从不同的角度审视世界，应将学习能力看成是一种同时体验对象、主题、概念和其他很多方面的能力，以此建立个体与对象之间的关系。因而，在数学教学中，利用变化技能，运用变式教学——变化思维媒介，引导学生把握数学知识的本质就显得非常必要。所谓变式教学，是指有目的地引导学生从多方面、多层次、多维度思考、分析、学习数学知识，发展学生理解数学概念、灵活运用数学公式、提高解题能力的一种教学技能。包括数学概念变式，定理、公式变式，例题、习题的变式等。

1. 数学概念变式

凸显数学概念的形成过程，剖析数学概念的内涵与外延，有助于发展学生的思维能力及创新意识。通过多样化的变式，能够发展学生观察、分析、概括、抽象能力。数学概念变式主要包括概念引入变式、辨析变式、深化变式和巩固变式。

例 1　“正数和负数”的概念引入变式，通过五步变式，水到渠成引入“负数”概念。

学习有理数时，学生原有认知结构中没有适当的观念与负数相对应，因此需要创设学生熟悉的现实情境引入负数，扩充原有的非负数认知结构，帮助学生形成有理数的认知结构。

题目：搬运 100 个瓶子，每个搬到目的地得运费 2 元，打碎一个赔 3 元。假设某人最后得运费 160 元，问途中打碎了几个瓶子？

变式一：假设某人最后得到 0 元，问途中打碎了几个瓶子？

变式二：如果某人在途中打碎了 42 个瓶子，那么他得运费多少元？依题意，此人应得运费为：$2(100-42)-3\times42=116-126$（元）= 赔 10 元。

变式三：计算

（1）得 30 元 + 赔 15 元 =（　）（　）元；

（2）得 12 元 + 赔 18 元 =（　）（　）元；

（3）得 1/5 元 + 赔 4/5 元 =（　）（　）元。

变式四：为了简便，用符号“+”和“−”分别表示“得”和“赔”，同时把单位去掉，结合现实意义，去掉右边括号，则上面三个式子如何表示？

（1）（+30）+（−15）= +15；

（2）（+12）+（−18） = −6；

（3）（+1/5）+（−4/5）= −3/5。

变式五：“得数”与“赔数”是具有相反意义的量，在生活中还有很多具有相反意义的量，请同学们举出具有相反意义量的加法的例子，并用变式四的表示方法进行表示。

例 2 “一次函数”的概念辨析变式，促进学生深入的概念理解。

学习“一次函数”概念以后，教师设计概念变式如下。

变式一：下列函数中，哪些是关于 x 的一次函数？

（1） $y=3(x+3)$；（2） $y=1/x+2$；（3） $y=x/5+6$；（4） $y=3x^2-1$；

（5） $y=3/(3x-1)$；（6） $y=7+2/x$；（7） $y=(2x-7)/6$；（8） $y=x/k-b(k\neq 0)$。

变式二：已知 $y-3$ 与 $x+1$ 成正比例，请问 y 是不是 x 的一次函数？

例 3 “函数奇偶性”的概念深化变式，帮助学生透彻理解概念、灵活运用概念。

学习了“函数奇偶性”概念之后，教师设计如下变式训练。

变式一： $f(x)$ 为奇函数 $\Leftrightarrow f(-x)+f(x)=0$；

$f(x)$ 为偶函数 $\Leftrightarrow f(-x)-f(x)=0$。

变式二： $f(x)$ 为奇函数 $\Leftrightarrow f(-x)/f(x)=-1(f(x)\neq 0)$；

$f(x)$ 为偶函数 $\Leftrightarrow f(-x)/f(x)=1(f(x)\neq 0)$。

例 4 “抛物线定义”概念巩固变式，帮助学生梳理抛物线概念。

学习抛物线概念之后，教师设计抛物线概念巩固变式练习如下。

（1）抛物线 $y^2=2px$ 上一点 M（$4, m$）到焦点的距离等于 6，则 $m=$__________，$p=$__________。

（2）动点 P 到直线 $x+4=0$ 的距离减去它到点 M（$2, 0$）的距离所得的差为 2，则点的 P 的轨迹是（　　）

A. 直线　　B. 椭圆　　C. 双曲线　　D. 抛物线

（3）已知抛物线顶点在原点，焦点在 y 轴上。抛物线上一点 M（$m, 3$）到焦点的距离为 5，则 $m=$__________，此抛物线的方程为__________。

（4）已知抛物线 $x^2=4y$，点 P 是抛物线上的动点，点 A 的坐标为（12,6），则点 P 到点 A 的距离与点 P 到 x 轴的距离之和的最小值是多少。

（5）抛物线 $y^2=2x$ 的焦点弦的端点为 $A(x_1, y_1)$，$B(x_2, y_2)$，且 $x_1+x_2=3$，则 $|AB|=$__________。

2. 定理、公式、法则变式

定理、公式、法则变式，包括定理、公式、法则的形成变式、证法变式、变形变式、应用变式。

例 1 “面面平行的性质”的形成变式，引导学生观察、判断结论的变化，促进知识和方法的迁移，达到建构知识的目的。

原命题：直线 a、b、c，$a\perp c$，$b\perp c \Rightarrow a/\!/b$？（将直线 c 换成平面 γ，命题是什么？）

变式一：$a\perp\gamma$，$b\perp\gamma \Rightarrow a/\!/b$（变式一的逆命题如何写？）

变式二：$a/\!/b$，$a\perp\gamma \Rightarrow b\perp\gamma$（将直线 a、b 换成平面 α、β，命题如何写？）

变式三：$c\perp\alpha$，$c\perp\beta \Rightarrow \alpha/\!/\beta$（变式二的逆命题如何写？）

变式四：$\alpha/\!/\beta$，$c\perp\alpha \Rightarrow c\perp\beta$（课题）

例 2 “线面平行的判定定理”的证法变式，引导学生探求多种推导、证明方法，并进行比较。

证法一：使用反证法，利用与公理 4 矛盾；

证法二：使用反证法，利用与公理 2 矛盾；

证法三：使用反证法，利用与已知 $a/\!/b$ 矛盾；

证法四：使用反证法，利用与已知 a 在 α 外矛盾；

证法五：直接证法，证明平面 α 为任意一点都不在直线 a 上；

证法六：直接证法，证明直线 a 上任意一点不在平面 α 内。

例 3 “二倍角的余弦公式”的变形变式，有利于学生深刻理解公式的本质，有助于培养学生的逆向思维、发散思维，并助其建构良好的知识结构。

原命题：$\cos 2\alpha = \cos^2\alpha - \sin^2\alpha$。

变形变式一：$\cos 2\alpha = 2\cos^2\alpha - 1 = 1 - 2\sin^2\alpha$；

变形变式二：$\cos^2\alpha = (1+\cos 2\alpha)/2$；$\sin^2\alpha = (1-\cos 2\alpha)/2$；

变形变式三：$\cos\alpha/2 = \pm\sqrt{(1+\cos\alpha)/2}$；$\sin\alpha/2 = \pm\sqrt{(1-\cos\alpha)/2}$；

变形变式四：$\tan\alpha/2 = \pm\sqrt{(1-\cos\alpha)/(1+\cos\alpha)} = (1-\cos\alpha)/\sin\alpha = \sin\alpha/(1+\cos\alpha)$；

变形变式五：$\sin\dfrac{\alpha}{2} = \dfrac{\tan\dfrac{\alpha}{2}}{1+\tan^2\dfrac{\alpha}{2}}$；$\cos\dfrac{\alpha}{2} = \dfrac{1-\tan^2\dfrac{\alpha}{2}}{1+\tan^2\dfrac{\alpha}{2}}$；$\tan\alpha = \dfrac{2\tan\dfrac{\alpha}{2}}{1-\tan^2\dfrac{\alpha}{2}}$。

例 4 《两角和的正切公式》的应用变式，设计公式的正用、逆用、变用及综合应用。

问题一：不查表，求值：

（1）$\tan 75°$；（2）$\dfrac{\tan 12° + \tan 33°}{1-\tan 12°\tan 33°}$；（3）$\dfrac{\tan(60°+\alpha)+\tan(60°-\alpha)}{1+\tan(60°+\alpha)\tan(60°-\alpha)}$；

（4）$\dfrac{1+\tan 75°}{1-\tan 75°}$；（5）$\tan 15° + \tan 30° + \tan 15°\tan 30°$；

（6）$\tan 17°\tan 43° + \tan 17°\tan 30° + \tan 43°\tan 30°$。

问题二：已知 $\tan\alpha$ 与 $\tan\beta$ 是一元二次方程 $3x^2+5x-2=0$ 的两根，且 $0°<\alpha<90°$，$90°<\beta<180°$，求 $\alpha+\beta$ 的值及 $\cot(\alpha+\beta)$。

3. 例题、习题变式

例题、习题的教学中，在学生得到基本解法以后，可以通过改变题目条件、改变题目的结论、改变题目的情境等多种途径，加深学生对知识、方法的掌握与迁移，引导他们进行多方向、多层次的思维。例题、习题变式包括一题多解变式、一题多变变式、一法多用变式、一题多用变式等。其中一题多解变式在概念、定理、公式的变式中已涉及。

1）一题多变

一题多变，指对某一题目变换条件、结论、情境，使一个题变为一类题，达到举一反三、触类旁通的目的。包括条件变式、结论变式等。

例 1　已知圆的方程是 $x^2+y^2=r^2$，求经过圆上一点 $M(x_0, y_0)$ 的切线方程。

这是一道经典例题，利用条件变式可以囊括圆的切线的相关问题。

变式一：已知圆的方程为 $(x-a)^2+(y-b)^2=r^2$，求经过圆上一点 $M(x_0, y_0)$ 的切线方程;

变式二：如果 $M(x_0, y_0)$ 是圆 $x^2+y^2=r^2$ 外一点，请判断直线 $xx_0+yy_0=r^2$ 与圆的位置关系;

变式三：如果 $M(x_0, y_0)$ 是圆 $x^2+y^2=r^2$ 内一点，请判断直线 $xx_0+yy_0=r^2$ 与圆的位置关系;

变式四：如果 $M(x_0, y_0)$ 在圆 $x^2+y^2=r^2$ 的外部，过点 M 作圆的切线 MA，MB，其中 A，B 为切点，则 $xx_0+yy_0=r^2$ 为圆的切线方程。

例 2　已知 $|z|=1$，求证：$\overline{z}=\frac{1}{z}$。

利用结论变式，可以帮助学生深刻理解复数模的性质，进一步明确 $|z|=1$ 的不同用法。

变式一：已知 $|z|=1$，求证：$z+\frac{1}{z}$ 是实数;

变式二：已知 $|z|=1$，求证：$\frac{z-1}{z+1}$ 的实部为零;

变式三：已知 $|z|=1$，求证：$z^n+\frac{1}{z^n}=2\cos(n\arg z)(n\in\mathbf{N})$;

变式四：已知 $|z|=1$，求证：$z^n+\frac{1}{z^m}\leqslant 2(m,n\in\mathbf{N})$。

2）一法多用

一法多用，也叫多解归一，是用一种方法解决不同类型的问题。

例 3　已知 $|x-2|+|y+3|=0$，求 xy 的值。

利用一法多用变式，设计如下问题，突出非负数的本质。

变式一：已知 $\sqrt{x-2}+\sqrt{y+3}=0$，求 xy 的值;

变式二：已知 $(x-2)^2+(y-3)^2=0$，求 xy 的值;

变式三：已知 $(y^2+3)(x-2)^2+(x^2-2x+2)|y+3|=0$，求 xy 的值；

变式四：已知 $x^2+y^2=4x-6y-13$，求 xy 的值。

3）一题多用

一题多用，就是利用课本中的例题、习题，通过改编发掘其功能。

例 4　用 $\sin\theta$ 表示 $\sin 3\theta$。

利用两角和的正弦、余弦公式可以推导出结论：$\sin 3\theta = 3\sin\theta - 4\sin^3\theta$。可以进一步引导学生得出 $\cos 3\theta$，$\tan 3\theta$ 及其变形如下：

$\sin 3\theta = 3\sin\theta - 4\sin^3\theta = 4\sin\theta\sin(60°-\theta)\sin(60°+\theta)$；

$\cos 3\theta = 4\cos^3\theta - 3\cos\theta = 4\cos\theta\cos(60°-\theta)\cos(60°+\theta)$；

$\tan 3\theta = \tan\theta\tan(60°-\theta)\tan(60°+\theta)$。

上述公式形式一致，便于记忆，利用它们可以解决相关问题。

第三节　数学变化技能练习原则与要点

管理学生注意，变换信息的传输通道，凸显数学知识的本质特征，引导学生进行有效的数学知识建构，是数学变化技能练习时要把握的重心。为此，在练习数学变化技能时要注意以下原则并把握具体的要点。

一、数学变化技能练习原则

（一）自然、流畅

在一节课中，教师的声音、教态、师生相互作用、媒体的变化应该自然流畅地融入教学过程中。运用变化技能，要做好铺垫，使变化的出现自然、流畅、连续。强调某些内容时，声音的提高要有一个循序渐进的过程，语调要抑扬顿挫，表情转变要符合学生的预期，身体的移动张弛有度。流畅的变化技能能让学生的目光追随教师，从教师的前一个动作、言语、神情过渡到下一个动作、言语和神情，思维的翅膀则随教师引导走入数学的深邃世界。因此，运用不同变化方式时，要精心真构思，做好计划，凸显变化的自然与流畅。

（二）适度、恰当

教师运用变化技能要适度、有分寸。教学媒体过度频繁变化，教师在教室中不停来回走动，声音轻重、音调变化过于激荡，师生相互作用过于快捷，都会让学生感到眼花缭乱。授课不同于表演，教师教态、声音变化的强度和幅度都要恰当，否则会喧宾夺主，产生消极作用。

（三）有效、明确

变化技能的运用要追求实效，起到吸引注意、引导思考、深化思维的作用。一要考虑将教学任务分成几个层次，哪些是重点、难点，采用何种变式方式；二是要针对学生情况，考虑学生的认知水平、兴趣特点及信息过程中的思维活动特点，组合哪些变化类型，安排运用顺序；三要根据课堂教学的特征，针对突发情况，预设变化方式。这样才能使变化技能的运用目的清晰，明确有效。

二、数学变化技能练习要点

数学变化技能的练习要把握以下要点。

（一）根据教学目标设计变化模式

练习数学变化技能，应以实现教学目标为归宿，促进学生在知识与技能、过程与方法、情感态度价值观方面得到发展。要利用教师声音及教态的变化、师生相互作用的变化促进学生情感态度方面的发展，利用师生相互作用方式的变化，以及媒体的变化，尤其是概念变式，定理、公式、法则变式，习题、例题变式，知识运用变式促进学生知识技能、数学思考以及问题解决方面的发展。

（二）根据学习任务设计变式教学

练习数学变化技能，要考虑学习任务特点。数学概念，设计概念引入变式、概念辨析变式、概念深化变式和概念巩固变式；对于定理、公式、法则，要设计定理、公式、法则的形成变式，定理、公式、法则的多证（解）变式，定理、公式、法则的变形变式，定理、公式、法则的应用变式；例题、习题，要设计一题多解（证）变式、一题多变变式、多题归一（一法多用）变式、一题多用变式。

（三）根据变化技能要素选择变化功能

数学变化技能涉及教学信息源、信息传输方式及变化、变化契机。一要充分利用各种信息源：视觉、听觉、触觉，促进学生进行多元表征学习；二要借助信息传输方式及变化，吸引并管理学生注意，引导学生深入思维，建构数学知识；三要预设并把握教学中生成的变化契机，帮助学生全面发展，提升素养。

（四）根据学生特点选择变化方式

学生的特点表现为年龄特征与个体差异，变化方式的选择与运用要兼顾两个方面，从而选择恰当的变化类型及其组合，有效管理学生注意，促进学生有效建构数学知识。

附录 1　数学变化技能教案

班级　　　　姓名　　　　　　　　学号 训练时间课题名称　等差数列前 n 项和公式　　技能名称　变化技能				
教学目标	1. 掌握等差数列前 n 项和公式及公式的推导方法； 2. 培养学生发现问题，解决问题的能力。			
时间分配	教师行为	教学技能	学生行为	教学媒体
2min	1. 请同学们看看图片，想一想展示的是什么场景。现在要修建一个剧场，打算第一排设置 18 个座位，往后每一排都比前一排多 2 个座位。如果设置 10 排，一共有多少个座位?设置 20 排呢？设置 25 排呢?	导入 提问 变化（变化设计）	情景引入，引起学生学习的兴趣	多媒体
3min30s	2. 那么这个数列的三个求和问题怎么解决呢？这就是今天我要和同学们共同探讨和研究的——求等差数列的前 n 项和的数学模型。	提问 板书	学生观察、议论	黑板
6min	3. 例一：高斯的故事：1+2+…+100=? 例二：一个堆放铅笔的 V 形架，最下面一层放一支铅笔，往上每一层都比它下面多放一支，就这样一层一层地往上放。最上面一层放 120 支。求这个 V 形架上共放着多少支铅笔？	讲解 板书 提问 变化（变化实施+协调变化）	学生思考，首尾配对成 50 对	多媒体
9min	4. 那么我们把问题推广到一般的等差数列又是什么样的情形呢？ 回顾刚才研究的两个问题， 问题 1：　　　问题 2： $S_{100}=1+2+\cdots+100$　　$S_{121}=1+2+\cdots+121$ $\boxed{=(a_1+a_{100})\cdot\frac{100}{2}}$　　$\boxed{=(a_1+a_{121})\cdot\frac{121}{2}}$ 请同学们大胆的猜测等差数列前项的公式 $S_n=a_1+a_2+\cdots+a_n$　（$s_n=(a_1+a_n)\cdot\frac{n}{2}$ ①）	提问 变化（协调变化+师生交流）	学生联想到“倒序相加”，并猜测得到①	黑板
10min	5. 你们猜测得对吗？请各小组验证你们猜测的结论，给出严格的推导过程！ 究竟同学们猜测得正确吗，推导得合理吗？下面我们一起来探讨这个问题！	提问 结束 变化（协调变化+师生交流）	各小组讨论展示成果	多媒体

附录 2　数学变化技能评价表

班级　　　　姓名　　　　学号　　　　训练时间 课题					
请您听课后对以下项目进行评价，在相应的等级处打“√”。					
评价内容	评价等级				
	优	良	中	差	权重
1. 能引起注意，有导向性					0.2
2. 运用变式教学，强化教学信息传递，有效激发学生兴趣					0.2
3. 声音节奏、强弱变化适当					0.2
4. 手势、动作变化自然得体					0.1
5. 变化教学媒体，课堂生动活泼					0.2
6. 师生相互作用变化					0.1
总分					
评语：					

第十二章　数学强化技能

（1）学习目标：通过练习，掌握数学强化技能。

（2）考核要求：了解强化技能；掌握数学强化技能的类型；把握数学强化技能的练习要点并能对其进行评价。

第一节　什么是数学强化技能

数学课堂中，教师捕捉学生的疑点进行发掘，因势利导把所学的知识引向深入；当学生开动脑筋探寻出解决问题的具体思路并做出解答后，教师不失时机地加以表扬、鼓励；在数学概念、原理、公式、法则引入与学习之后，在范例学习、问题解决之后，教师采用一定的手段，对所学知识、方法、思想进行梳理、强调和突出，等等。上述行为方式就是教师在数学课堂中运用强化技能，促进学生深度学习。

著名行为主义心理学家 B. F. Skinner 指出：学习是“复杂情境中各种反应的重新组合”，其中条件反射是指“由强化引起行为的加强”。也即是说，反应受结果控制。从它作用于环境产生某种效果来看，这种行为是操作性的：“如果某种操作性行为一出现紧接着就出现强化刺激，那么该行为的强度会提高……如果经过条件反射强度已经提高的操作性行为一出现，没有强化刺激相伴随，那么该行为的强度就会降低。”上述观点成为教师运用强化技能促进学生学习的理论基础。

一、数学强化技能的内涵与作用

强化是行为主义心理学中的一个重要概念，“使主体在学习过程中增强某种反应重复的可能性的力量称为强化”。Skinner 做过一个著名的实验：他设计了一个箱子，箱子里有根杠杆，旁边有一个食盒。每当老鼠用前脚压杠杆之后，一粒食物就会自动落进食盒。于是老鼠的压杠杆动作因得到食物而增强。最终老鼠形成了一种习惯，每当想获取食物时便用前脚去压杠杆。在这一情境中，食物就是一个强化物，它的出现伴随于反应，成为反应的后果。这种后果形成一种反馈作用，引起反应概率的改变。这种能增强反应概率，增强行为重复次数的力量就是强化。因此，强化可用于塑造行为和保持行为强度。教师根据“操作性条件反射”的原理，对学生的反应采取各种肯定或奖励的做法，或采取引导学生进行自我检验的方法，使教学材料的刺激与所希望的学生反应之间建立起稳固的联系，进而起到帮助学生形成正确的行为和促进学生思维发展的作用。

数学强化技能是教师依据“操作性条件反射”的心理学原理和信息强化理论，对学生在数学教学过程中积极、正向的反应采用不同的肯定或奖励的方式，使数学学习资源的刺激与教师希望学生出现的反应之间建立比较稳固的联系，进而帮助学生形成正确的行为，促进学生思想发展的一类教学行为方式。

数学教学中运用强化技能，目的是要引导学生的数学学习活动和数学思维活动朝更加积极、深入的方向发展，并改变出现的错误、模糊的行为或思维方法，让数学学习更加有效。因而，强化技能也称为导向技能、表扬技能、激励技能。强化技能广泛运用于数学课堂中，适用于个别、小组或全班学生。

二、数学强化技能的功能

提高强化技能运用意识，就能抓住强化时机，能促使师生互相信赖，学生的学习热情更加高涨，师生之间的互动交流就会更加活跃。具体而言，数学强化技能的功能有以下几个方面。

1. 保持注意

在数学教学过程中运用强化技能，能引起学生的注意，使其注意力集中于数学教与学的活动中，预防和减少非教学因素等与学习活动无关的刺激产生的干扰，增强学生注意的持续性。

2. 促进参与

利用数学强化技能的导向功能，激励学生积极主动参与数学学习活动，与教师、同学进行多向、深入交流，开展高水平数学认知活动。

3. 养成习惯

习惯的形成方式主要是简单的重复和有意识的练习。运用强化、惩罚，帮助学生在数学课堂中形成适当的行为方式：认真听讲、积极思维、深入探究、主动合作、大胆交流，等等。此外，教师还可以运用学生的观点，通过重复、提炼、引申学生的思路，呈现学生的新观点等方式有意识地培养学生良好的数学思维习惯，进而提升学生在数学课堂上学习与行为表现方面的自我管理能力，逐步减少外部奖励，转变为自我强化与自我激励。

4. 增进自我效能

运用接纳学生的情感，肯定、表扬、鼓励学生，接受学生的观点等手段，承认学生的努力和成就，促进学生将积极、正向的反应行为得到巩固，使学生的努力在心理上得到适当的满足，进而提升其数学学习的自我效能感。

三、数学强化技能的基本要素

操作性条件反射的基本模式为三项相倚关系模式：S^D（前提）→R（行为）→S^R（后果）。其中，辨别性刺激（S^D）提供了一个引出反应（R）的机会，反应之后出现的就是强化刺激（或强化，S^R）。因此，强化是任何一个当辨别性刺激再次出现时使做出反应的概率提高的刺激（事件、后果等）。可见，数学强化技能的运用涉及强化与惩罚、强化程序、强化契机等要素。

1. 强化与惩罚

强化和惩罚是通过给予（+）想要的愉快刺激，或者消除（－）厌恶刺激来实现。强化和惩罚可以依据刺激物的性质，及呈现与取消进一步分为正强化与负强化，正惩罚与负惩罚（表 12-1）。其中，正强化物指的是反应之后出现的，使该反应今后在情境中出现的可能性提高的刺激物，如教师的肯定与夸奖、自由活动、张榜表扬、高分数等；负强化物指的是反应之后被取消的，使该反应今后在情境中出现的可能性提高的刺激物，如教师的训斥与批评、限制活动、张榜处分、低分数等。

表 12-1　强化与惩罚表

辨别性刺激：S^D→	反应：R→	强化（惩罚）刺激：S^R
正强化（出现正强化物） 例：教师安排数学探究的时间	学生进行数学探究	给予个体想要的愉快刺激 教师表扬学生做得不错
负强化（取消负强化物） 例：教师安排数学探究的时间	学生进行数学探究	消除个体厌恶的刺激 教师告诉学生不用做课外作业了
呈现性惩罚（出现负强化物） 例：教师安排数学探究的时间	学生看课外书、闲聊	给予个体厌恶的刺激 教师要求学生做额外数学作业
移去性惩罚（取消正强化物） 例：教师安排数学探究的时间	学生看课外书、闲聊	消除个体想要的愉快刺激 教师告诉学生不许玩喜欢的数独

2. 强化程序

强化程序指的是确定什么时候给予强化（惩罚），即根据个体的学习特征，合理地安排各种形式的强化。例如学习新的运算法则时，学生的每一个正确的反应都要得到强化，就要采用连续强化；而当学生掌握新运算法则后，为了更好地保持新运算法则，则需要间断强化。一般而言，存在两种基本的间断强化类型，第一种是时间程序——以强化物之间所经历的时间量为基础；另一种是比率程序——以强化物之间学习者所作出的反应数为基础。时间和比率程序可以是不变的，也可以是变化的，如表 12-2 所示。

表 12-2　强化与程序表

程序	定义	例子	反应建立的方式	强化终止后的反应
连续强化	在每个反应后都给予强化	凡运算正确都表扬	迅速地学会反应	反应几乎没有持续性，并迅速地消失
定时强化	在一个固定的时段后给予强化	周测验	随强化时间的临近，反应数量迅速增加，强化后反应数量迅速降低	反应具有很短的持续性；当强化时间过去且不再有强化物出现时，反应迅速降低
不定时强化	在不定的时段后给予强化	随堂测验	反应建立缓慢、稳定，强化后反应不会暂停	反应具有更长的持续性；反应降低的速度缓慢
定比强化	在固定反应数后给予强化	单元测验	反应建立迅速，强化后反应会暂停	反应具有很短的持续性；当达到预期的反应数或不再有强化物出现时，反应迅速降低
不定比强化	在不定反应数后给予强化	课堂测试	反应建立的速度很快，强化后几乎不会暂停	反应具有最长的持续性，且保持在很高的水平上，难以消失

可见，为了鼓励数学学习行为的持续性，运用不定比强化程序最合适，这是因为出现的强化不固定，所以个体必须始终保持反应状态。

3. 强化契机

由于学生在一节数学课中会做出无数种反应，教师要对每一个学生的每一个反应都做出回应并考虑是否需要强化。但是，教师希望学生在数学学习过程中保持或增强学习状态，希望学生深入思考、努力探究、合作交流，这样，当学生出现上述反应时，就应予以适当的合适的强化。也就是说，教师要抓住强化契机。从事件发生的顺序看，先是学生在课堂上做出了某种反应，然后是教师捕捉到了这一反应并迅速作出判断是否需要强化。因此，强化契机出现的前提是教师获取了学生的反应信息，且学生希望得到教师的正面评价和肯定，以便确定可以采取的后续行为。因此，强化的最佳契机就是：①学生某项活动结束之时；②学生刚回答完教师的提问之际；③学生完成课堂练习或板演之后；④学生提出了一个不是很有把握的解题思路之刻；⑤学生发现规律、提出猜想的时刻……。强化契机的把握取决于教师的观察、倾听、目光交流，捕捉有用信息，并判断学生学习行为的价值。

第二节　数学强化技能的类型

各种各样的事物都可能成为强化物，而不同的强化物会对不同的学习者有效。根据强化物从具体到抽象，可以将强化物分为初级强化物与次级强化物。其中，初级强化物能够满足基本的生理需要，如食物、水、温暖之源、情感与拥抱等；次级强化物并不能满足任何生理需要，但是通过与其他强化物联系在一起，随着时间的推移而变得具有强化作用，如表扬、好成绩、奖品、钱、甚至责骂等。数学课堂中所用的强化物主要是次级强化物，次级强化物可以分为外部强化物与内部强化物。外部强化物包括具体强化物、社会强化物、活动强化物、正反馈等，内部强化物并不是可观察到的，但是学生会很清楚地为了某种行为所带来的内在满足感而独自去行事，为内部强化物而做事反映了内部动机。因此，可以将数学强化技能分为外部强化行为与内部强化行为。

一、外部强化行为

具体强化物是实实在在的物体——能够触摸到的东西（如点心、粘贴物、玩具等）；社会强化物是一个姿势或符号（如微笑、注意、表扬，或是一声“谢谢你”），常常传达一种积极关系；活动强化物是指从事某种喜爱的活动的机会；正反馈是明确告知学习者他们哪些方面做得很好，或者告知他们为了提高成绩应该做什么时，就会非常有效。由于中学阶段相对较少使用具体强化物，因此将数学外部强化技能分为语言强化、活动强化、标志强化、正反馈强化四种。

（一）语言强化

语言强化，是指教师运用口头语言、书面语言、体态语言等言语方式对学生的反应、回答或行为作出判断、表明态度，给予表扬、鼓励或批评，或引导学生相互评价、质疑、激励来强化学习效果的行为。

1. 口头语言强化

口头语言强化，是指教师用口头语言评价学生的反应和行为，同时做出针对性确认，予以表扬或批评，以达到强化的目的。例如，当学生在课堂上正确回答教师提问时，教师赞许地说："很好，学习数学就应该勤于思考，把知识用活。"几句话把学生心头说得热乎。如此通过语言的强化，既让回答问题的学生享受到成功的喜悦，得到了心理上的满足，又为其他学生指出了努力的方向，具有群体激励功能。教师常用的口头强化语言有：很好、非常好、太棒了；回答得很完整、逻辑清晰，你给出了一个十分有意思的想法、这个说法是动了脑筋的、这个回答为我们的探索提供了一个重要的方法，保持下去、你进步很快，等等。批评也是口头语言强化的基本方式，指教师对学生的学习行为或结果进行否定性评价。批评要注意方式，尽可能使学生在心理上、情感上能够接受。

例如，"反比例函数图像与性质"在引出反比例函数概念与解析式以后的师生对话。

师：形如 $y=k/x$（$x\neq0$）的函数就是反比例函数。对于反比例函数，大家还有什么问题？

生 1：老师，在一次函数 $y=kx+b$ 中系数 k 有几何意义，那么反比例函数中 k 的几何意义书上怎么没有说呢？

师：生 1 提的问题很有水平，你们怎么看？

生 2：生 1 平时爱动脑筋，提问题。

生 3：生 1 用了类比的思想方法。

师：不错，大家的鉴赏水平挺高啊！那么，k 的直观意义究竟是什么呢？

生 3：把反比例函数解析式稍作变形，得到：$k=xy$。因此，k 是反比例函数图像上任意一点横坐标与纵坐标的乘积。

生 4：如果 x,y 都为正数，那么 k 为正数，k 表示从图像（第一象限）上任意一点作两坐标轴的垂线段与坐标轴围成的矩形面积就是 k。

师：生 4 把生 3 的想法推进了一步，两人都非常棒！我们能把他们的想法进一步扩展吗？如果 x,y 都为负数，或者一正一负，又怎么样呢？

生 5：不论 x,y 的正负情况怎样，都可以统一为：从图像上任意一点作两坐标轴的垂线段与坐标轴围成的矩形面积就是 $|k|$。

师：你们真聪明！你们从反比例函数的解析式入手，通过变形联想到矩形面积公式，从而探索出了课本中没有的内容，这样的学习和探究的思路在以后学习各种函数、曲线方程时经常要用到，也就是利用方程研究曲线的性质。现在大家思考一个具体的问题，如果已知反比例函数图像上任意一点到两坐标轴的距离之积是 3，同学们能够写出这个反比例函数的解析式吗？

生 6：$y=3/x$。

师：对吗？要考虑周全哪！大家看看。

生 7：还有 $y=-3/x$，因为距离之积是垂线段围成的矩形面积，因此是 $|k|$，故有两解。

师：很好，注意别忘了互为相反数的情况。同学们在学习的时候能够积极动脑，善于提出问题，又能利用已经学过的知识解决问题，充分发挥了学习的主动性，希望今后继续保持！

上述案例中画线的部分，体现了口头强化技能的运用，包括教师、学生的口头语言强化，其中教师的口头语言强化既有表扬，也有批评，既有引导性话语，也有总结性话语，还有思维方法的强化。

2. 书面语言强化

书面语言强化，指教师在学生的作业本或试卷上所写的批语，而对学生学习行为产生强化作用的行为方式。

例如，一位对数学作业书写潦草、马虎的学生，经老师耐心细致引导之后，学习更加用功，书写变得工整，正确率也明显提升。教师在仔细批阅作业的同时，应该写下适当的批语："作业认真，书写工整；能积极思考，思路清晰，正确率大有提升，错误减少；你进步明显，还有潜力；如果再下功夫，一定能取得更大的进步！老师将为你喝彩！"经过反复鼓励与引导，该学生对待数学学习与数学作业的态度就会有较大的改变，这样的书面强化语言比单纯地给个分数，或笼统地画星号、红花，或写"好""有进步"有更大的强化作用。

3. 体态语言强化

体态语言强化，指教师运用身体动作、表情、姿势等非语言行为对学生在课堂中的反应和行为表达态度、情感、评判，从而对学生的课堂行为产生强化作用的行为方式。一个会心的微笑，一种审视的目光，一副严肃的表情，一个夸张的姿势，都能传递教师的期望与情感。

常用的体态语言强化方式有：①手势。如拍手、鼓掌、挥手等，对学生的行为给予强烈的鼓励、支持或制止；②目视。对学生的反应与行为表示关注、关心、鼓励或提醒；③点头或摇头。对学生的表现给予肯定或否定；④接触。教师有意识地走向学生身旁，观察其活动，或与之交谈，倾听想法，参与讨论。当学生有较好的想法，教师可以轻拍其肩，或摸摸头表示赞赏；⑤沉默。当学生就某一问题自主探索、热烈讨论，或有学生违纪时，教师沉默以对，可以成为一种强有力的强化与控制手段，起到"此时无声胜有声"的功效。

对学生进行言语强化，应以表扬、鼓励为主。表扬作为教育方法与手段，含有肯定、鼓励、化解矛盾等多种功能，相对批评更易于为学生接受，有更为广阔的时空。

（二）活动强化

活动强化，指教师把学生喜欢的活动作为强化因子，安排在难度较大的数学学习活动之后，先张后弛，作为对困难学习任务完成的奖励的强化方式。教师安排的学生活动应该与教学目标有关，且学生喜欢参与，这样就可以强化困难数学内容的学习。在数学教学中，学生经过一段紧张的思维活动之后，初步理解了数学概念，教师可以提出一些有趣、有挑战性的问题，引导学生解决这些问题进而深化对概念的理解，这是对数学概念的强化；还可以在一段高强度的数学思维之后，设计一些学生感兴趣的活动，吸引他们参与，起到促进数学学习的强化作用。活动强化行为常见的有竞赛活动、动手操作、辅导活动等。

1. 竞赛活动

竞赛活动是强化所学数学经常运用的活动形式，适当的竞赛活动能激发学生学习数学的积极性。数学教学中，可以常开展“一题多解”“多解归一”“一法多用”“一题多变”等竞赛活动，促进学生开阔解题思路，掌握解题方法，提升解题能力。例如，在学习利用一元一次方程解应用题的学习中，组织“一题多解”竞赛活动：“有这样一道应用题：一辆手推车满载时，可以装半袋面粉和180斤大米，或者4袋面粉5斤大米，求一袋面粉重多少？”请各位同学用尽可能多的方法（提示：算术方法、代数方法）解决本题。学生通过这样的解题竞赛活动，强化了所学知识。

2. 操作活动

操作活动也是强化所学数学经常运用的活动形式，适当的操作活动可以激发学生的已有知识经验与学习热情。同时，操作活动可以体现知识的发生、发展过程，加深学生对数学知识的理解。数学教学中，模型制作、折纸、模拟活动等都是常见的方式。例如，为了引入“相似与相似比”的概念，教师设计如下操作活动：“教师课前在黑板上画好一只‘巨人的手’。上课开始前，同学们议论纷纷。上课伊始，教师对学生说：‘昨晚外星人访问了我们的教室，发现教室中的桌椅对他来说太小了，于是在黑板上留下了一个巨大的手印。今天晚上他还会来访问我们的教室。请大家为巨人设计桌椅的高度以及大小。”这是一个十分经典的情境创设。学生们用自己的手和巨人的手进行比较，得出相似比，然后把桌椅按比例放大，得到巨人使用的桌椅高度与大小。这样，学生在形成相似比的概念时就有了亲身的体验，强化了学生对“相似”与“相似比”概念的理解。

3. 辅导活动

辅导活动就是请学生做“小先生”，即承担成人责任。年龄越小，学生越踊跃。在数学课堂上给予学生自我表现的机会，可以有效地调动学生的潜力。比如，当某学生对一道例题提出了新颖独到的解法时，就请该学生到黑板上为大家讲解，并陈述思路探寻的过程。这样做，能充分利用生成的、学生带进课堂的数学学习资源，很好地强化学习效果。

（三）标志强化

标志强化，是指教师使用醒目的符号、色彩的对比、图表显示等方法来强化数学教学活动的行为方式。例如，对全班同学或个人的学习、遵守纪律、值日、好人好事等情况利用图表向全班展示，以显示对进步学生、优秀学生的鼓励，对落后学生的督促；学生板演后，教师用红色粉笔判“√”，还可以写上“好！”；对学生的作业，可以用五星、红旗的印章加盖完成好的作业，表示肯定或表扬。

在数学教学中，运用标志强化，更多是对学习内容的重点、难点及关键的处理，如加下划线、波浪线、着重号，或用彩色粉笔予以圈点、画曲线等形式，强化学习内容的关键之处。例如，学习“同角三角函数的基本关系式”时，可以运用标志强化行为。

“同角三角函数基本关系式”共有三组关系。

倒数关系：$\sin\alpha\cdot\csc\alpha=1$，$\cos\alpha\cdot\sec\alpha=1$，$\tan\alpha\cdot\cot\alpha=1$

商数关系：$\tan\alpha=\sin\alpha/\cos\alpha$，$\cot\alpha=\cos\alpha/\sin\alpha$

平方关系：$\sin^2\alpha+\cos^2\alpha=1$，$1+\tan^2\alpha=\sec^2\alpha$，$1+\cot^2\alpha=\csc^2\alpha$

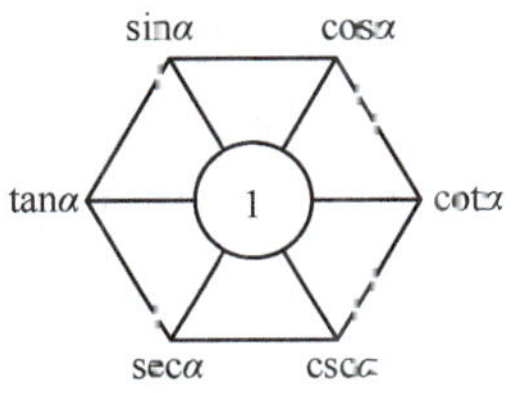

图 12-1　同角三角函数基本关系式

为了帮助记忆，可画一个正六边形，中心处标上“1”在六个顶点依次“显示”$\sin\alpha$，$\cos\alpha$，$\cot\alpha$，$\csc\alpha$，$\sec\alpha$，$\tan\alpha$（图 12-1 所示）。然后依次“显示”：三条对角线两端的函数具有倒数关系；三个倒三角形的顶点所对应函数，具有平方关系；上半部分四个函数与 1 形成两个平行四边形，构成商数关系。

（四）正反馈强化

正反馈强化，是运用正反馈对教师期望发生的学生反应加以强化的行为方式。所谓正反馈，是指向巩固和强化学生的正确反应的反馈方式，如表扬。多数情况下，正反馈可以提高学生的动机水平，增进学习效果。教学中发布一个简单的信息，如“你这个答案是对的”或“你这个任务完成得很好”都足以强化学生的学习行为，这就是正反馈的效用。尤其是当正反馈能够明确告诉学习者他们什么方面做得好，甚至更进一步地告知他们为了提高成绩应该做什么时，正反馈就会非常有效。因此，运用有意义的表扬能充分发挥正反馈的积极作用。

有意义的表扬与学生的成就动机之间存在着密切联系。例如，教师不仅要告诉学生正确答案，还要告知何以正确的原因：学生仔细严密的逻辑思考；学生认真钻研了教材；学生受到了其他同学的启发，等等。美国课堂教学研究专家 Brophy 总结出了教师高效率表扬指南：①有意识地进行表扬；②对取得特别成绩和表现的学生给予特别表扬；③对学生的表扬要自然真实，灵活多样，表现出教师对学生学习的关注与关心；④对能达到一定成绩标准（包括高标准）的学生给予表扬；⑤向学生指明他们的能力或学习成绩；⑥引导学生欣赏自己，使他们向更高的学习目标进步，更好地解决问题；⑦以学生个体的进步作为表扬的标准；⑧对那些回答出困难问题的学生进行表扬；⑨将学生的成绩归因于他们的努力和能力，预示着他们将来还会取得同样的成绩；⑩培养学生的内部归因（要让学生相信他们在学习上努力是因为他们喜欢学习，希望提高自己解决问题的技能等因素）；⑪让学生关注自己的学习行为；⑫学习过程结束后，培养学生欣赏自己的学习行为，进行内部归因。总之，教师的表扬应更多地体现在两个方面：一是解释学生回答的价值，即向全班解释答案为什么是正确的，同时指出做出这种回答的能力与思维品质，暗示做出这样回答的学生非常优秀；二是重复、理解、应用、拓展学生的回答，即教师重复学生的回答并加以解析，教师应用学生的回答解决问题，或者教师拓展、深化学生的回答，并用于下一步的教学。

二、内部强化行为

内部强化行为，是指促进学生自我强化的行为方式。自我强化，是指人们在不同的活动中，对自己的行为或取得的成绩设置一定的标准，若达到或超过标准，予以自我奖赏，表现为自豪感或满足感；若未实现预期目标，则予以自我惩罚，表现为羞愧、内疚或情绪低落。个体以这种方式促进自己不断改进行为方式，提高操作水平以努力实现某一目标。人们的大部分行为都受到连续性自我强化所控制。自我强化虽说与认知有关，但与内部动机的联系却更加紧密。Deci 和 Ryan 认为，当社会环境满足人们对自主、胜任和关联的需要时，它们会激发人们的内部动机。也就是说，在这样的环境中，人们受到驱动，感到与他人有联系，能有效地发挥作用，并在此过程中有一种个人创始感。当教师和课堂氛围都有助于满足这些需要时，学生会觉得是自我激励和内部驱动，外部的影响就转化为内部强化行为。

因此，促进学生内部强化的行为包括三类。一是对学生的自主需要做出反应：鼓励学生成为自主的学习者；允许学生作选择。二是满足学生能力发展的需要：给学生创造积极反应和获得即时反馈的机会；让学习活动带有游戏或娱乐休闲的特点。三是满足学生的关联需要：为学生提供与同伴合作的机会；强调纯粹的合作学习方式；根据学生的兴趣调整活动。总之，要改进传统的学习活动设计方式，从而更好地激发学生的内部动机，促进学生的自我强化、内部强化。

第三节　数学强化技能练习原则与要点

在数学教学中运用强化技能，目的是要塑造学生良好的学习习惯与思维习惯。达到这一目的，要遵循这样的步骤：首先了解学生现在能做什么（起点行为），然后了解希望学生表现的行为（终点行为），接着识别学生所在环境中的潜在强化物，随后把终点行为分解成可以按顺序掌握的细小的步骤，最后经过不断地强化每一个接近终点的行为，使学生由起点行为逐渐地向终点行为靠近。因而，数学强化技能的练习要依循一定的原则，并把握基本的要点。

一、数学强化技能训练原则

根据行为塑造的步骤，可以确立如下数学强化技能练习的基本原则。

1. 目的明确

强化的目的，在于将学生当前能做的起点行为，逐步过渡到教师希望学生表现的终点行为。即一定要将学生的注意力吸引到学习任务中。提高学生参与数学学习活动的意识，督促学生形成良好的学习行为与思维习惯。

2. 准确有效

对学生的反应行为进行快捷、准确的判断，要让学生明白教师的表扬、奖励、批评是针对其特定的学习行为，进而准确理解教师的强化意图，确保教师希望的行为发生在学生身上，这样经过不断地强化才能逐步接近终点。

3. 真诚恰当

运用强化技能时，态度要真诚，表扬要适度。让学生感受到教师的强化可信赖、有意义、自然而然又恰到好处，适合班级、学生的能力水平与年龄特点。

4. 变化配合

要发挥强化技能的功能，一方面要注意变换不同的强化方式，以适应不同学习的特点，即使使用同一类型的强化技能，也要结合课堂情境因地因时制宜。另一方面要把强化技能与其他技能配合，从而发挥更大的作用。如把强化技能与结束技能相结合，不仅能帮助学生形成梳理知识的良好学习习惯，也能提升学生建构知识体系的能力；把强化技能与板书技能相结合，既能强化学生掌握数学思维策略，又能让学生理解学习重点、线索。

二、数学强化技能练习要点

从行为塑造的步骤中，可以提炼出数学强化技能的练习要点。

1. 了解个体发展水平，选择有效强化物

强化物，可以是外部强化物，如具体强化物、社会强化物、活动强化物、正反馈等；也可以是内部强化物，是由学生自己提供的或是完成挑战性作业所固有的，涉及内部动机。学生对各种强化物的偏爱往往会随年龄而改变，表 12-3 呈现了对不同年级的学生有效的各种强化方式。

表 12-3　不同年级的学生有效的强化方式

年级水平	典型的年龄特征	建议采取的策略
学前 ～ 2 年级	1. 喜欢小的、即时的强化物而不是大的、延迟的强化物 2. 喜欢的强化物：具体强化物（粘贴物、蜡笔、小饰品）；教师赞许（微笑、表扬）；委以“成年人”的责任（辅导同学）	● 对恰当行为给予即时表扬 ● 描述可能伴随学生当前行为的令人愉快的结果 ● 使用色彩丰富的粘贴物指引学生把事情做好，选择符合学生兴趣的粘贴物（如有趣的动漫人物） ● 学生做了教师期望的行为后让他们排队去休息、吃午餐或解散 ● 轮换履行课堂责任的机会，使这样的责任与恰当行为相倚
3 年级 ～ 5 年级	1. 增强延迟满足的能力（即为了得到更大的强化物而放弃小的强化物） 2. 有效强化物：具体强化物（糖果、铅笔、小玩具）；教师的赞许和正反馈；好学生证书；自由时间	● 只是偶尔使用具体强化物，可能是为了增加课堂活动的新奇性 ● 在确定学生把事情做得很好后，授予他们本周好学生证书，确保每个学生每学年至少获得一次证书 ● 为那些有良好出勤记录的学生制定到当地公园游玩的计划（这对有可能面临学业失败风险的学生特别有用）
6 年级 ～ 8 年级	1. 越来越希望有与同伴进行社交的时间 2. 有效强化物：有空闲时间和朋友在一起；同伴的接纳和赞许；教师的赞许与情感支持（到中学后很重要）；对学业表现的具体正反馈（私下给予反馈更可取）	● 将与同伴交往的短时间自由与完成所布置作业相倚 ● 一对一的和学生，特别是和那些社交孤立的学生待在一起 ● 对于学生在什么事情上做得好给予明确反馈（如他们在几何课中顺利完成手工）
9 年级 ～ 12 年级	1. 具有更强的为得到期望的长期结果而延缓即时满足的能力 2. 关注得到好成绩（特别是对努力备战高考的学生） 3. 有效强化物：与朋友交往的机会；对学业表现的具体正反馈；对群体表现的公共认识（媒体关于社团的公益活动）；责任职位（担任社团职位）	● 承认学生对渴望得到好成绩的关注，但要将他们的注意引导到学习具体科目的自身的价值 ● 确保好成绩与学生自身的努力相倚；采取防范措施确保欺骗和抄袭不会被强化 ● 在当地、学校的新闻媒体上宣传课外小组和运动队的成绩 ● 为学生提供独立做决定并承担责任的机会，尤其是当学生表示他们能做出明智决定的时候

2. 了解学生个体的好恶，识别有效的强化物

要使强化、惩罚有效，教师必须了解学生个体的好恶。一个学生可能喜欢当众被表扬，另一个学生可能不喜欢。根据个体的喜好选择强化物，使用他们非常喜欢的强化物就比其他强化物更能有效地增加教师希望行为的发生频率。教师要找到学生在课堂上的喜好，可以从代币制、相关联的协议，以及集体绩效中选择恰当的策略。

3. 了解关注的作用，发挥其正强化的功能

如果学生对实际的奖励有特别的偏好，那么在强化或惩罚中对学生给予关注可以得到有效的结果。通过增加或减少关注的程度，教师可以改变课堂上的问题行为。教师必须估计其对问题行为的关注是增加还是减少个体学生行为发生的频率，然后相应地改变自己与学生的关注，使关注成为正强化。

4. 积极使用强化，谨慎运用惩罚

如果仅使用惩罚，只能教会学生什么事情不能做，而不知什么事情应该做。另外，很难实行惩罚连续程序。因此，教师应该用强化增加所希望的行为发生的频率，而不是执意于用惩罚减少不良行为出现的频率。即使运用惩罚，也只能用有效惩罚。有效惩罚是指不仅能阻止某个不良行为，还可以使人明白为什么不允许做出这样的行为。更重要的是，有效惩罚意味着使用这个惩罚的合理性远远超过其负面影响。因此，下列惩罚因不符合有效惩罚的标准而被禁用：体罚；心理惩罚；额外的作业；取消课间休息；停课、停学。

5. 明确期望行为，确保所有学生都有得到强化的机会

教师应该用确切的、具体的、可观察的术语，描述希望学生在课堂上表现的学习行为。这样既给教师自己也给学生一个努力的目标，教师就可以更好地判断学生是否朝着这些目标前进。此外，教师要确保课堂成为一个让所有学生都能用这样或那样的方法强化其成就的场所。教室是一个非常忙碌的地方，可能很容易就会忽视少数需要教师关注的学生。在这种情况下，可以教给学生寻求与得到强化的方法。

附录 1 数学强化技能教案

班级 姓名 学号 训练时间 课题名称 平行四边形 技能名称 数学强化技能				
教学目标	理解平行四边形概念，练习数学强化技能			
时间分配	教师行为	教学技能	学生行为	教学媒体
0.5min	1. 教师出示一个平行四边形，说：“这是一个什么图形？” “说得对！是平行四边形。”	导入； 提问； 反馈与强化（表扬）	观察； 回答：平行四边形。	教具
4min	2. 教师：“谁能类比梯形的定义，给平行四边形下一个定义？” 教师将学生 1 的回答以主板书方式书写：两组对边平行 ⇔ 平行四边形。说：“×××同学结合观察，给出的定义是正确的！很好！”教师停顿，细心观察其他学生的反应。 教师对学生 2 的回答，点头，微笑。	提问； 反馈与强化（语言强化、标记强化）； 变化； 强化与反馈（动作强化）	学生 1：两组对边平行的四边形叫平行四边形； 学生 2：一组对边平行且相等的四边形叫平行四边形。 学生互相议论。	黑板
6min	3. 教师：“谁还能给出不同的定义？” “说得对！请大家讨论讨论，三位同学给出的定义哪一种最好？为什么？” 教师写下学生 2、学生 3 的定义。 教师：“你们同意学生 4 的观点吗？”	提问； 反馈与强化（语言强化、活动强化）； 板书； 提问	学生 3：对角线互相平分的四边形是平行四边形。 学生 4：第一个定义比较好，因为体现与梯形定义的联系与区别。	黑板
8min	4. 教师：“非常好！今天大家结合图形给出了平行四边形的不同定义，并与梯形的定义进行了比较。”并由此引出课题。	反馈与强化（表扬）； 结束	学生 5：同意。并继续思考	黑板

附录 2　数学强化技能评价表

<table>
<tr><td colspan="6">班级　　　姓名　　　学号　　　训练时间
课题</td></tr>
<tr><td colspan="6">请您听课后对以下项目进行评价，在相应的等级处打“√”。</td></tr>
<tr><td rowspan="2">评价内容</td><td colspan="5">评价等级</td></tr>
<tr><td>优</td><td>良</td><td>中</td><td>差</td><td>权重</td></tr>
<tr><td>1.强化目的明确，学生理解教师意图</td><td></td><td></td><td></td><td></td><td>0.3</td></tr>
<tr><td>2.强化引起了学生的注意，促进了学生参与</td><td></td><td></td><td></td><td></td><td>0.2</td></tr>
<tr><td>3.在教学重点、难点、关键处，运用强化，标志清晰</td><td></td><td></td><td></td><td></td><td>0.15</td></tr>
<tr><td>4.教师使用强化技能时，情感真诚，可信、有效</td><td></td><td></td><td></td><td></td><td>0.2</td></tr>
<tr><td>5.运用多种强化类型，灵活多样，自然、流畅</td><td></td><td></td><td></td><td></td><td>0.15</td></tr>
<tr><td>总分</td><td colspan="5"></td></tr>
<tr><td colspan="6">评语：</td></tr>
</table>

第十三章　数学结束技能

（1）学习目标：通过练习，掌握数学结束技能。

（2）考核要求：理解数学结束技能的内涵与功能；掌握数学结束技能的类型；把握数学结束技能的训练要求并能对数学结束技能进行评价。

第一节　什么是数学结束技能

一堂充满艺术魅力的好课犹如一支宛转悠扬的动听乐曲，导入——“起调”引人入胜，让人神往；探究——“主旋律”撞击心扉，扣人心弦；结束——“终曲”绕梁三日，余音不绝。诚如特级教师李观博所言：“一节课上下来后，也要注意这节课的结课方式。比方说，吃花生，如果开始和中间吃的花生都很香，而最后一颗却是发霉的，那么其结果不但香味没有了，而且留下满嘴苦涩。一堂课的结束也是如此，结课的好坏直接影响课堂教学效果。”

课的结尾如同农民收割庄稼，将所学分散知识集中起来，进行系统的归纳总结，帮助学生完成从零散理解到系统认识的飞跃；课堂教学的结尾如同聚光灯，收拢学生纷繁的思绪，帮助他们理清思路，使学生对所学知识了然于胸；课堂教学的结尾，又好像助推器，指引学生在旧知识的基础上探求新知。

课堂教学要经历若干阶段，每个阶段都有相应的任务和特点，而且后面的学习与前面的学习会互相影响。而通过小结，可以引导学生进行简要的回忆和整理，理清知识脉络，找准新知识的生长点，进而建构良好的数学认知结构。

一、数学结束技能的内涵与作用

数学结束技能，是指当教师完成一项教学任务时，通过重复、强调、概括、总结以及学生实践等活动方式，对所学知识进行巩固，并及时系统化，使新知识稳固地纳入学生认知结构的行为方式。

数学结束技能既可应用于一节课、一个单元的结尾，也能应用于教学过程中任何相对独立的阶段。数学教学中讲完一个概念、一个定理、一个公式、一项法则、一道例题、一类问题之后，都应该使用结束技能。正是结束技能的运用，使得课堂教学变得张弛有度：时而节奏加快，引导学生投入高认知水平的思维活动，探究新知识；时而节奏舒缓，引领学生巩固新知识，建构联系，提升元认知能力。

因为学生总是基于已有知识经验进行新知识建构的，因而在学习过程中需要安排再认、重组、强化，以帮助他们在头脑中建构起新数学知识的认知结构，这就是数学结束技能运用的心理基础。

二、数学结束技能的功能

数学结束技能，包含师生如下行为方式：教师——概括主要内容，明确学习要求，总结解题思路、方法、策略及注意点；学生——归纳、总结、提炼、评价等。因此，数学结束技能具有如下功能。

（一）巩固知识

通过对一个时段、一节课、一个单元所学知识的系统总结、巩固与应用，学生所学的知识变得更加清晰，逻辑结构主线更为突出，从而能够将数学知识从瞬时、短时记忆转化为长时记忆，起到巩固所学知识的目的。

（二）突出重点

对数学重点内容的复述与强调，能够揭示所学数学知识的关键，明确概念的本质及定理、法则、公式的运用要点。这样既加深学生印象，又能使其在更宽广的视野中理解重点内容的价值，并在知识体系中建立更为稳固的联系。

（三）形成结构

在数学知识的展开与深化过程中，学生往往聚焦于具体内容而忽视其来龙去脉，因而陷入只见树木不见森林的困境。通过总结归纳，则能帮助学生反思并梳理数学知识，建立新旧知识之间的联系，同时在运用新知识解决问题的过程中内化所学知识，将其纳入认知结构，使得新知识与已有知识建立自然的、本质的、非人为的联系，进一步完善数学认知结构。

（四）及时反馈

教师按教学计划完成某一项教学任务之后，可以组织学生完成各种作业：练习、操作、问答、小结、判断评价等，以检查学生的理解与掌握程度，查清知识缺漏情况，为教师改进教学提供具体、明确的建议。

（五）提升思维

以学生为主体的结束技能运用，能够引导他们总结、反思，逐渐形成总结归纳、主动思考的习惯。这有利于发展学生的元认知，提高其元认知水平。利用结束技能中的师生行为，能够发展学生思维：引导学生总结数学猜想、证明、计算的思维过程，领悟其中蕴涵的数学思想方法，发展数学思维能力；引导学生参与评价、反思等，使之主动认识、领悟所学内容，归纳解题方法与数学思维策略；利用留下的悬念与伏笔，促进其思维深化，促进后续学习。

三、数学结束技能的基本成分

引起学生的注意，让他们做好小结的心理准备，是数学结束技能运用的起点。这样，才能顺利进行小结并组织学生实践活动。因此，数学结束技能的基本要素包括相互联系的三个方面：调适心理、加工知识、分析评价。

（一）调适心理

数学结束技能体现的是教学活动的转换——从一个数学学习活动转入另一个数学学习活动，因此应帮助学生做好心理准备，这样才能引导学生积极主动参与到知识的总结、归纳、系统化，以及知识的应用之中。这就要求教师在某一概念、公式、法则、定理，或解决一个问题、完成一节课或一个单元教学之后，要向学生明确提示：要对这一阶段的数学知识、数学思想方法、解题思路与策略等进行概括与总结。提示的方式可以直接陈述："同学们，刚才我们学习了……，下面对……进行小结"；也可以以问题的形式引导学生进行总结：教学中对某部分数学知识，通常先以主问题的形式明确教学目标，当这部分内容学完以后，要求学生思考主问题的解决途径与方法；还可以引导学生进行反思："经过刚才的学习，大家有什么收获和体会？请大家说说。"运用这些方式，能很好地为学生调适心理，为主动参与总结提供准备。

（二）加工知识

运用数学结束技能的主要目的，是帮助学生巩固所学，因而重点在于对所学知识进行加工：概括知识、沟通知识、深化知识、拓展知识、应用知识等。

1. 概括知识

每一节课涉及的内容繁多，通过概括使得数学知识的主线变得清晰，使得教学要点变得清楚、明确、突出。概念的意义、定理与公式的内涵、解题思路的突破口，每段教学的结论与关键点，都需要通过概括，以凸显其重要性。

2. 沟通知识

不论任何数学知识的教学，都要经历引入、探究、运用、巩固几个阶段。一旦这一过程完成，就需要将引入时提出的问题与获得的结论之间的关联剖析清楚。同时，要揭示新旧知识之间的区别，建立新旧知识的联系，形成知识体系与结构。

3. 深化知识

尽管概括知识与沟通知识都能起到深化知识的作用，但是还有一个重要的方面与深化知识关系更为密切，那就是数学思想方法的概括、提炼或渗透。因为对于一个定理的证明、一个公式的推导、一道问题的解决，都是在某种数学思想方法的引导下得到的。因而揭示解题过程背后的策略性知识，总结数学方法与解题思路，可以深化学生对数学的理解，把握数学思想方法、数学探究方法、数学论证方法，形成看问题的着眼点。

4. 拓展知识

变式教学、拓展结论等，均为加工知识的重要手段。通过一题多解、多解归一，变换题目的条件或者结论等手段，将所学知识进行拓展。

5. 应用知识

教师组织各种类型的应用练习，帮助学生运用所学数学知识解决各种问题，促进学生巩固、深化所学知识。

（三）分析评价

自主评价、分析与评估是教学过程中的重要环节。在教学过程的某一阶段，或一节课、一个单元的末尾，教师要求学生交流本节课、本单元中的思考、收获和疑惑，分析与评估不同的证明方法、解题方法，以及知识展开脉络，并进行比较、分析、评价、重构，能够理清逻辑线索与学习路径，提高学生的数学理解能力与判断能力。

第二节　数学结束技能类型

数学结束技能的类型，有很多的划分方法。如果考察课堂教学的主体要素，则能发现结束技能涉及教师和学生。不过，很多教师都认为结课是教师的事，不用学生参与。但是，从教学的性质来看，教学是引起、促进和维持学生学习的活动。因此，把总结作为学生学习数学的一部分是合情合理的。如此，可以将数学课堂结束技能划分为两大类：学生主导型与教师主导型。

一、学生主导型

学生学习应当是一个生动活泼的、主动的和富有个性的过程。认真听讲、积极思考、动手实践、自主探索、合作交流等，都是学习数学的重要方式。因此，在课堂总结概括时，突出学生的数学活动，不仅体现主体原则，也反映了课程改革的基本要求。

数学学习的重要环节是知识的内化，而内化需要对学习过程进行反思，所以学生对所学数学内容进行总结概括，有助于加深对知识的理解，建立知识之间的联系，逐步完善认知结构。尽管学生给出的总结没有教师的精练，出现的错漏也多，但假以时日，随着学生总结水平的发展，他们会趋向完美和成熟。而且，有些数学知识，只有在学生自己进行总结、反思的情形下才能获得，如元认知能力与策略性知识。学生主导的数学结束技能可以是对一堂课的整体概括，也可以是对一节课某一个方面的概括。

（一）整体概括

一堂课所讲授的概念、定理、公式、法则及其来龙去脉，需要学生理解并掌握；在学习过程中产生的过程性知识、体验性知识，也需要学生进一步感受与反思，因而这两个方面成为对一节课概括的主要内容。例如，“计数原理”一课结束时，教师引导学生概括本节内容。

师：这节课学习的主要内容有哪些？运用这些新知识解决问题要注意的关键点在哪里？先独立思考，然后同桌交流。（片刻之后，有同学举手示意）

生 1：学习了分类计数原理与分步计数原理。分类计数原理，解决一个问题有很多种方法，每种方法都可以直接解决问题。而分步计数原理是将一个问题分成几步，每个步骤有很多小阶段，每个步骤是分步连接的，因而能解决这个问题。总体来说，都是为了解决一个问题的总数，涉及总数的问题。（有同学举手）

师：（指向生2）你的观点与生1的相同吗？同意他的看法吗？

生2：我基本同意生1的观点，但有一些补充。分步计数就是一个问题分成几个步骤，然后每个步骤不是分成许多小阶段，而是每个步骤都有许多不同的方法。这些步骤就像链子一样，前后衔接，顺序不能调换。（有同学举手）

生3：我就补充一句话，一般先分类，再分步。

师：为什么？

生3：因为人的思维有一个先简单再复杂的过程，就是说……

师：这个问题下课后再讨论。还有没有其他想法？（有同学举手）

生4：先分步，再分类。（又有同学举手）

生5：既非先分类，也非先分步。而是要弄清楚问题是分类的（用加法），还是分步的（用乘法），或者是分步之中包含分类（步中有类用加，步间用乘）。分类要做到不重不漏，分步要做到步骤完整。

师：很好！能否精练一些?

生5：简单地说，就是：分清类步，用准加乘：是类则加，是步则乘；步中有类，步中加、步间乘。

师：非常好！我把这段话写在黑板上，大家记在笔记本中。

（二）局部概括

教学过程中，可以针对一节课的某一方面引导学生总结概括，以加深对教学重点、难点或关键内容的理解与掌握。局部概括可以比较自由地用于教学的任何一个环节，转换师生相互作用的方式，使教学过程富有变化。具体地，可以引导学生对一节课中的某个概念、定理、公式、法则的特征与使用方法进行概括；可以引导学生对解题方法进行概括；可以引导学生观察、分析数学问题，并对数学问题进行分析、拓展。

1. 概括某一知识点

通过对一节课中的某个概念、定理、公式、法则的特征及运用条件的总结，促进学生重构该知识，实现新知识内化。例如，“指数函数”教学中，教师引出指数函数概念之后，为了加深对概念的理解，教师启发学生着手总结。

师：学习指数运算时，我们知道指数x可以是正整数、负整数和零；也可以是有理数和无理数，即x可以取全体实数。下面请大家思考，为了使x能够取到全体实数，对于$y=a^x$中的底数a需要作怎样的限定？大家不妨先考虑特殊情形，看一看底数在什么范围取值时，指数无法取全体实数？底数在什么范围取值时，指数可以取全体实数？

生1：因为a是实数，故可以从大于0，等于0，小于0几种情况分类讨论。若a大于0，则x可以取到全体实数；若a小于0，则x无法取到全体实数，比如x取1/2时，就出现了负数开平方的情况；若a等于0，则为定值1。

生 2：其实 a 等于 0 时，x 不能取 0，也不能取负数。

生 3：当 a 等于 0 时，若 x 大于 0，则恒为定值 1；另外，当 a 大于 0 时，也存在取到定值的情况，那就是当 a 等于 1 时，函数值恒为 1。因此，为了让 x 可以取到全体实数，我们可以限定 a 大于 0，为了避免讨论常量，再加上 $a \neq 1$。

生 4：因此，对于 $y = a^x$ 要求限定 a 大于 0，且 $a \neq 1$。

2. 概括解题方法

探讨一节课所涉及的例题、习题的解法，也是学生主导的结束技能类型之一。这样的总结概括有助于学生通过举一反三提高解题能力，建立起不同知识之间的联系，这也是变式教学运用于结束技能的体现。尽管学生总结解题方法的能力参差不齐，但经过自己总结得出的解题规律、方法等，更易于记住并能够迁移。例如，求 $\sin^2 10° + \cos^2 40° + \sin 10° \cos 40°$ 的值。利用降幂求解完这道例题以后，教师诱导学生总结概括。

师：这是一道三角函数化简求值的问题，求解的基本思路是什么？再次观察题目的整体结构、局部特征、微观联系，能否有新的发现？

生 1：这道例题的求解是利用降幂公式，把平方项变为一次项，再用三角函数积化和差公式，经化简得解。运用的数学思想是化归，具体方法是恒等变形。

生 2：从题目的整体结构来看：这既是一个二次三角式，又是一个二次齐次式 $a^2 + b^2 + ab$；

生 3：从题目的局部结构来看，这是由满足互余关系的正弦值与余弦值构成的式子；

生 4：就题目的微观联系而言，一方面角度之间有着特殊的关系 40°−10°=30°，30°−20°=10°，30°+20°=50°。

师：根据题目的整体结构、局部特征以及微观联系，你能构想怎样的解题思路？

生 2：对于二次三角式可以利用降幂公式 $\sin^2\alpha = \dfrac{1-\cos\alpha}{2}$，$\cos^2\alpha = \dfrac{1+\cos\alpha}{2}$，以及三角函数积化和差公式 $\sin\alpha\cos\beta = \dfrac{1}{2}[\sin(\alpha+\beta) + \sin(\alpha-\beta)]$；

生 5：对于二次齐次式可以进行恒等变形，将 $a^2 + b^2 + ab$ 配方：

$$a^2 + b^2 + ab = \left(a + \frac{b}{2}\right)^2 + \left(\frac{\sqrt{3}b}{2}\right)^2 = \left[\frac{\sqrt{3}(a+b)}{2}\right]^2 + \left(\frac{a-b}{2}\right)^2 = a^2 + b^2 - 2|a|\cdot|b|\ \cos 60°$$

（或 120°），配方后可利用勾股关系或利用余弦定理构造图形求解；

生 3：互余关系启发我们利用正余弦的互余关系转换，$\cos 40° = \sin 50°$，将原题化为二次正弦式；利用角度关系 40°−10°=30°，结合三角函数积化和差与和差化积公式；

生 4：利用角度关系 30°−20°=10°，30°+20°=50°，化余弦为正弦，再进行角度组合。

师（总结并反思以上解题思路的形成过程与具体的转化技巧，再一次引导学生思考）：上述解法中，哪一种更具有一般性？不同解法之间有无关联？若有关联说明了不同的知识之间有着怎样的联系？

……

3. 概括数学问题的特点

观察、探寻数学问题的解题思路，并对可能的解题思路进行评价，或对问题进行推广等，同样是学生主导的结束技能。一般由教师提供包含本节课知识点的题目，在不要求具体求解的情况下，让学生通过观察、联想，探寻题目的求解思路，并进行交流；随后对各种可能的思路进行评价。评价的侧重点在于可能性、简洁性、一般性、创新性等方面。例如，在复习“一元二次方程根与系数的关系”时，教师在梳理知识结构后呈现一组问题。

例 1 已知 $x^2-6x+m=0$ 的一个根是 -4，求另一个根及 m 的值。

例 2 已知 $\alpha^4+\alpha^2-1=0$，$\beta^2+\beta-1=0$（$\alpha^2\neq\beta$），求 $\beta-\alpha^2$ 的值。

例 3 k 取何值时，一元二次方程 $2x^2-(4k+1)x+(2k^2-1)=0$，（1）有两个不相等的实数根；（2）有两个相等的实数根；（3）没有实数根。

例 4 若二次函数 $y=2x^2-(4k+1)x+(2k^2-1)$ 的图像与 x 轴的两个交点在原点的同侧，试求 k 的值。

师：这组题目有什么特点？这些特点对于解题思路的探求有什么启发？先思考 3 分钟，提出各个题目的解题设想，然后并与同桌交流。（5 分钟后请同学回答）

生 1：四个问题均涉及一元二次方程的根与系数的关系问题，并要求对根的情况进行判定。

生 2：第一个问题与根、系数都有关系，也可以不用韦达定理直接求解。

生 3：第二个问题说明 α^2，β 是同一个一元二次方程 $x^2-x-1=0$ 的两个根。将 $\beta-\alpha^2$ 平方后展开再配方，则可运用韦达定理求解，最后再开方。

生 4：第三个问题直接用判别式判断，可能要分类讨论。

生 5：第四题可直接求解方程，感觉运算比较烦琐，且含参数比较复杂。根据方程 $2x^2-(4k+1)x+(2k^2-1)=0$ 的两根同号，可以利用韦达定理解决问题。

二、教师主导型

数学教学活动，应引发学生的数学思考，鼓励学生的创造性思维；要注重培养学生良好的数学学习习惯，使学生掌握恰当的数学学习方法。

教师主导的结束技能，重在引领学生掌握数学学习的方法与思维策略，形成良好的数学学习习惯。如果总结概括仅仅涉及本课范围，可将其分为：总结归纳法、练习评估法；如果总结概括的目的在于拓展本课内容，建立知识的纵向、横向联系，则可将结束技能分为：新旧对比法、拓展延伸法、承前启后法。

（一）课内知识总结

课内知识总结，重在理清脉络、巩固新知、查缺补漏。

1. 总结归纳法

总结归纳法，指教师用简洁的语言，将一节课的主要内容和数学思想方法提纲挈领地总结概括，从而给学生系统、完整的印象，促进学生深化对所学知识的理解和记忆，优化其认知结构。这一方法使用便捷、时间易控，教师意图也能顺利贯彻。从总结归纳的对象来看，可以是新课、习题课、复习课的总结概括。不论用于何种课型，都要强调对数学思想方法的总结概括。

由于新知识的展开一般循着提出问题、探究新知、解决问题的基本过程，因而这一过程的主要步骤、关键的突破点，自然就成为新课总结概括的主要内容。例如，高中《圆与圆的位置关系》一节课的小结。

教师：对于今天所学的内容，可以概括为“三、二、一”，具体如下。

三类位置关系：相离（外离、内含）、相切（外切、内切）、相交。

两种判定方法：判定圆与圆的位置关系常用的几何法、代数法。

一个圆系方程：经过两圆 $f_1(x,y)=0$， $f_2(x,y)=0$ 交点的圆系方程为

$$f_1(x,y)+\lambda f_2(x,y)=0。$$

一种数学思想：数形结合的思想。

对新课内容的总结，也可聚焦于一节课的重点。因为，强调重点亦是一种系统总结。例如，“曲线与方程”的小结。

教师：本节课我们通过对实例的研究，掌握了“曲线的方程”“方程的曲线”的概念。在领会定义“如果曲线 C 上的点与一个二元方程 $f(x,y)=0$ 的实数解之间建立了如下的关系：①曲线上点的坐标都是这个方程的解；②以这个方程的解为坐标的点都在曲线上。那么，方程叫作曲线的方程，曲线叫作方程的曲线。”时一定要牢记①和②两者缺一不可，两者都满足了，“曲线的方程”和“方程的曲线”才具备充分必要性，才是一一对应。这样，就把“曲线”和“方程”统一起来了。如此，我们就可用代数方法研究几何问题，即“以数论形”，这也是解析几何的基本思想和基本方法。我们在阅读、思考、解题时，应更加自觉地将“由形及数”与“由数及形”结合起来，从而在观念上把曲线与方程相统一。

数学中的概念、公式、法则、定理等只有在运用的过程中，才能让学生加深理解，起到有效迁移的目的。所以数学课堂教学中涉及的例题、习题、练习都多。但是过度练题，甚至运用“题海战术”却于事无补。运用结束技能，则可帮助学生总结概括方法、提升观点。在例题教学之后，可以总结概括，对题目分析、解题方法与步骤、解题思路策略进行回顾与反思。例如，在讲完题目“过椭圆 $x^2/a^2+y^2/b^2=1$ 右焦点的一直线与椭圆相交，求交点弦长。”之后，可作如下总结。

教师：请注意，这个题目求解的关键是先假设过右焦点的直线方程，然后将直线方程与椭圆方程联立解方程组，得到关于 y 或 x 的一元二次方程，最后运用韦达定理求得结果。

对数学题目的总结，也可以用于整节习题课的结束。通过总结，归纳题组题型及共性、差异，理顺概念、公式及定理的应用要点，思考、解题的基本策略等。例如，“不等式的证明”习题课后，可以总结如下。

教师：在证明不等式时，常常先用分析法思考，然后运用综合法来表述；在不等式

证明中常常要综合应用其他的数学知识，如函数的单调性等；同向不等式相乘也是用综合法证明不等式的常用手段，但要注意正、负的区别；基本不等式也是重要的手段。可以用树形图如图 13-1 所示。

- 不等式的证明
  - 常用方法
    - 比较法
    - 分析法
    - 综合法
  - 基本不等式法
    - $a^2+b^2\geqslant 2ab(a, b\in \mathbf{R})$
    - $(a+b)/2\geqslant \sqrt{ab}\ (a, b\in \mathbf{R}^+)$
    - $a^3+b^3+c^3\geqslant 3abc(a, b, c\in \mathbf{R}^+)$
    - $[(a+b+c)/3]\geqslant \sqrt[3]{abc}\ (a, b, c\in \mathbf{R}^+)$

图 13-1　“不等式证明”树形图

复习课是对某一节、某一单元或某一章数学知识的梳理和归纳，能使分散的知识系统化、结构化，使隐含的数学思想方法得以显化，有助于学生理解、记忆、掌握和运用。因而结束技能的运用重在概括方法、优化结构、突出重点、明确主线。例如，《求数列的前 n 项和》一节课的小结如下。

教师：好，我们回头看看，当我们面对一个数列求和的问题时，刘同学想到化归，化成等差数列或等比数列，然后运用公式直接求解，不过要注意讨论；李同学强调化归时，先把通项找出来，进而分析通项，得出通项公式。由此可见，数列求和的最基本的思想方法是化归——化成我们熟悉的、能够解决的数列求和问题。化归时，可能会用到一些特殊方法，如裂项求和法、错位相减法、倒序相加法，等等。大家讲得非常好。高三的复习，解题是必要的，但更重要的是要学会思考。现在我们不妨再回头看看，问题 1 我们是怎样思考的：首先，两道问题是求数列的前 n 项和，我们的目标是要求 S_n；抓住谁？抓住 a_n，原来的 a_n 我们不熟悉，把它转化之后就熟悉了。后面一个问题，又乘了 b_n，同样既不是等比数列，也不是等差数列，还是不会求。怎么办？化归，化归为两个数列，都是等比数列，这个问题也解决了。这样一步一步地追问，一步一步地化归，就把问题解决了。

进行总结概括除了考虑内容之外，也要考虑总结概括的方式。通常可以利用采用列表或画图的方式，这样不仅明确、形象，而且方便记忆，有助于学生对所学内容的整体感知。具体例子可以参考板书技能中的相关案例。

2. 练习评估法

练习评估法，指教师在课堂结束时，通过提问或小测验等形式，对数学知识技能进行检测，并给予评价的数学结束技能。该方法虽为教师主导，但相当程度体现了学生参与。通过练习、评估，可以加深学生对数学知识的理解与记忆，并让师生对教学情况有比较清晰的了解。例如，在“函数的奇偶性”下课前，布置课内练习检测学习情况。

1）判断下列函数的奇偶性：

（1）$f(x)=x^{-2}+x^{1/2}$；（2）$f(x)=x-1/x$；（3）$f(x)=\sqrt{x^2}$；（4）$f(x)=|x|/x$。

2）一次函数 $f(x)=ax+b$ 在什么情况下是奇函数？

（二）串联知识总结

串联知识总结，指教师将课堂内所学数学知识与先前所学知识进行对比，或者将课堂中所学的数学内容拓展延伸到课外，或者建立本节课所学数学知识与后续内容的潜在联系，从而在不同的数学知识之间建立联系。

1. 新旧对比法

新旧对比法，突出新知识与相关旧知识的联系，并着重分析比较。这种凸显新旧知识异同的结束方式能让学生更为深入地理解数学内容，从而为新知识的生长建立稳固的联结点。新旧对比常渗透类比思想：概念类比、结论类比、方法类比，方法的类比一般渗透进前两者的比较之中。通过类比培养学生的联想思维，帮助其探索规律，提出设想，这是一种发散的、直觉的合情推理。开普勒说过："我珍视类比胜于任何别的东西，它是我最可信赖的老师，它能揭示自然界的秘密，在几何中它应该是最不容忽视的。"

数学概念的比较分析，是将新概念与旧概念、并列概念、相对概念、相近概念进行比较，找出本质特征，以及与其他概念的联系与区别，达到分化概念、将概念系统化的目的。例如，学习函数的"对应说"之后，可以采用新旧对比法进行总结：一方面，引导学生将初中的"函数变量说"与高中的"函数对应说"进行比较，帮助学生理解函数的对应定义是对初中定义的扩展，并澄清了初中定义的含糊之处；另一方面，引导学生将对应、映射、函数三个概念进行对比，帮助他们理解映射是特殊的对应，函数是特殊的映射。

数学结论的比较分析，就是运用结束技能进一步强化对定理、公式、法则及其关联的理解与认识的方法，亦常采用新旧对比之法。例如，"相似三角形的判定定理"的小结可以采用对比分析的方式，如图 13-2 所示。

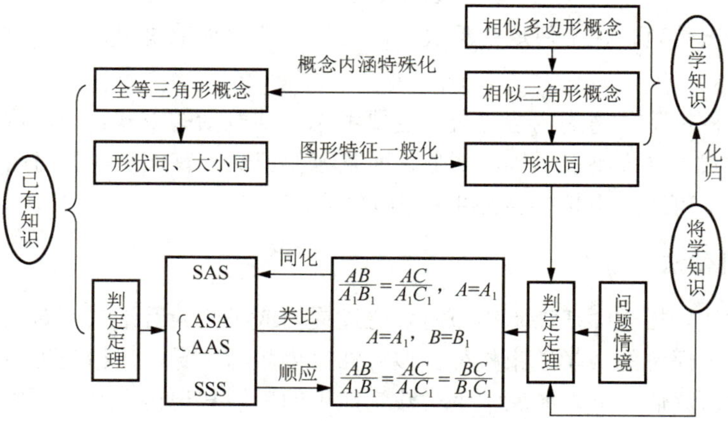

图 13-2　对比分析法

2. 拓展延伸法

在数学知识的学习告一个段落或在新课结束时，教师把学过的知识向其他方面延伸，以拓宽知识面，进一步浓厚学生的学习兴趣，帮助他们形成知识网络。这种结束给学生留下“言有尽而意无穷”的含蓄结尾，使学生展开丰富想象，进入知识的新天地。众多数学知识，往往是对先前知识的推广、拓展，在总结时必须指明，从而使学生对旧知识认识更深刻，对新知识掌握得更牢固。例如，在推导出两角和的余弦公式

$$\cos(\alpha-\beta)=\cos\alpha\cos\beta+\sin\alpha\sin\beta$$

后，教师应用拓展延伸法总结概括：

（1）强调公式的特点：公式左边是角度差的组合，右边是单一的角度；公式中的角度α，β是任意角。

（2）公式的推导：可以利用单位圆中大小相同的圆心角对应的弦长相等；也可以利用向量的数量积加以推导。

（3）特殊情况：

当α分别取0，$\pi/2$，π，$3\pi/2$，2π时，得到相应的诱导公式；当β分别取$-\pi/2$，$-\pi$，$-3\pi/2$，-2π时，则得到另外的诱导公式。

以$-\beta$替换β，则有$\cos(\alpha+\beta)=\cos\alpha\cos\beta-\sin\alpha\sin\beta$。

以$\alpha+\pi/2$替换α，则有$\sin(\beta-\alpha)=\sin\beta\cos\alpha-\cos\beta\sin\alpha$。

以$-\beta-\pi/2$替换β，则有$\sin(\beta+\alpha)=\sin\beta\cos\alpha+\cos\beta\sin\alpha$。

（4）新知预告：

利用同角三角函数的基本关系，可以推出更多的公式，同学们可以先行尝试。

3. 承前启后法

承前，指与教学起始阶段相呼应。导入阶段的悬念，预习中的疑问，到结束阶段必须得到回应，将问号变成句号或感叹号，同时予以强调说明；启后，则指将本节课的知识作为下节课的铺垫和伏笔，为新知识的学习奠定生长点。启后应点到为止，避免画蛇添足。例如，在“圆面积的计算”一节课结束时，使用承前启后法。

教师拿出一张正方形纸片，用剪刀剪出一个圆，问同学们：“怎样求圆的面积？”（复习$S_{圆}=\pi r^2$）。然后拿起剩下的部分，问学生：“如何求它的面积？”（有$S_{剩下部分}=S_{正方形}-S_{圆}$）；教师拿起圆形纸片，再用剪刀在其中任意剪去一个三角形，举起剩下的部分，问学生：“怎样求它的面积”（$S_{剩余部分}=S_{圆}-S_{三角形}$）；最后，教师拿起圆形纸片，将其对折一次，问：“能求出它的面积吗？”再一次对折，问：“还能求出面积吗？”运用这种方式结束一堂课，学生感到兴奋、欢乐、有趣，能够激发起他们探究的动机，并为后续学习扇形面积、组合图形的面积，以及割补法和化归思想奠定基础。

第三节　数学结束技能练习原则与要点

明代文学家谢榛谈及文章的开头和结尾时说：“起句当如爆竹，骤响易彻；结句当

为撞钟，清音有余。”一节课中的暂停、一堂课的结尾也是如此，应该留下不绝于耳的清音，不绝于心的激荡，不绝于脑的思考。一般而论，数学结束技能的训练要体现其基本要素，并与使用的类型相匹配。

一、数学结束技能练习原则

（一）目的明确

依据教学目标确定“数学结束技能”的内容与实施方式，紧扣数学教学的目标、重点和知识结构，针对学生掌握知识的状况采取合适的方式，深化重要事实、情境、概念、原理，引导学生精心加工并获得系统化、简约化和有效化的数学知识网络，达成零散知识的“串联”与“并联”，把握概念、原理的来龙去脉。

（二）适时运用

学习新概念、公式、法则、定理，学习新方法、思想，学习数学知识的新运用，探索新旧知识、数学与外部世界的联系等教学重、难点，都要适时总结回顾，帮助学生开展认知的精细加工，完善数学认知结构。另外，运用结束技能，要严格控制时间，准时下课。

（三）多样趣味

数学结束技能的形式、方法要多样丰富，不同内容、不同课型要选择不同的结束方式，追求水到渠成、脉络贯通。要有意识地设置悬念，力求“点而不透、含而不露、意味无穷”，鼓励学生发散性思维、展开想象，引领他们主动、积极思考与探究数学问题。

（四）首尾呼应

数学结束技能的运用，一般需要对导入时设置的问题进行总结性回答，或者将导入时引进的想法进一步延伸和拓展。做到首尾呼应，使导入与结束脉络贯通。

二、数学结束技能练习要点

（一）把握要素

学习是一个不断巩固、深化的过程。在这个过程中，及时总结、进行周期性的回顾起着关键的作用。要发挥数学结束技能的上述功能，则要把握三个基本要素：调适心理、加工知识、分析评价。

（二）选择类型

要根据教学目标的要求，结合学情、课型、教学情境，选择恰当的结束技能类型，采用适合的方式进行总结概括，既能提高学生的兴趣，又尽量与导入相呼应，还可以一锤定音，结论明确，更可以余音绕梁，鼓励探究。

（三）简明扼要

数学结束技能的运用要提纲挈领、简洁明快，采用精练的语言、明快的图表、准确的模型、适合的情境，抓住要点和精髓，帮助学生回忆、检索和运用，概括结构，深化重要的事实、情节、规律和概念。

（四）调适思维

不论在教学过程中，还是在课末运用结束技能，都要引导学生调适思维，将紧张、高强度的认知活动转换成为相对舒缓的回顾、反思，并将学习延伸到课外。

附录 1　数学课堂结束技能教案

班级　　姓名　　学号　　训练时间

课题名称 条件语句　　技能名称 数学结束技能

教学目标	通过条件语句的教学，训练数学结束技能			
时间分配	教师行为	教学技能	学生行为	教学媒体
0.5min	1. 现在请大家对这节课做一个回顾总结，一是知识，二是方法。先想想	结束（心理调适）	回顾	口语
1min	2. 哪位同学说说？	提问； 结束（学生主导、加工知识）	学生 1：知识方面学习了条件结构和条件语句，这种语句是中间要作出判断，符合条件进行一个操作；不符合条件，做另一个操作。方法方面嘛，嗯……	口语
2min	3. 方法方面可以回顾刚才的解题过程，看看编写程序有什么可循的方法和窍门	讲解 结束（学生主导、加工知识）	学生 2：从刚才几题的过程看，编写的方法首先要设计算法，画好框图，然后再编写程序，最后输入计算器运算	口语
3min	4. 如果遇到嵌套结构，有没有技巧？	提问； 结束（加工知识）	学生 2：也没有特别的技巧，就是先写出一个条件语句的完整结构，比如先写好 If A Then B Else C 什么的，再把嵌套结构填进去，再就是编写时可以用缩进法	黑板
4min	5. 说得很好！今天课后留给大家一道思考题（PPT），如果要解决这样一个问题，应该怎么办？	强化； 结束（加工知识）	学生在笔记本上抄录："思考题：写出解方程 $ax^2+bx+c=0$ 的算法语句，并画出程序框图，编制程序。"	PPT 呈现
5min	6. 这题中，我把 a 和 b 的限制条件去掉了，含有多个嵌套，留作课后思考题，下节课交流。下课	讲解； 结束（分享评价）	思考：如何实现多个嵌套的条件语句？	口语

附录 2　数学课堂结束技能评价表

班级　姓名　学号　训练时间 课题					
请您听课后对以下项目进行评价，在相应的等级处打“√”。					
评价内容	评价等级				
	优	良	中	差	权重
1. 结束技能使用目的明确，与教学目标相一致					0.1
2. 结束技能的运用有学生参与					0.1
3. 教师对知识的概括简明扼要，逻辑性强，使知识系统化					0.2
4. 总结了教学的重点内容、基本方法、基本数学思想					0.2
5. 激发学生的探究热情					0.2
6. 结束时机恰当，作业布置清楚					0.2
总分					
评语：					

第四部分　教学后数学教学技能

第十四章　数学听课、评课技能

（1）学习目标：通过练习，形成数学听课与评课的基本技能。

（2）考核要求：了解数学听课、评课技能；把握数学听课、评课的内容；掌握数学听课、评课的基本技术，形成初步的评课能力。

第一节　数学听课技能

听课、评课，是职前教师转变角色，尝试以教师的身分进入课堂，学习教学设计、组织并实施教学的重要途径。通过听课、评课，职前教师熟悉并逐渐适应中小学数学教学研究文化，学会与指导教师进行专业对话，进而为专业发展奠定基础。听课与评课相生相伴，即先听课、再评课。为此，先介绍数学听课技能，再介绍数学评课技能。

一、数学听课技能的内涵、特点与分类

数学听课技能，指学习者或研究者凭借眼、耳、手等自身的感官及辅助工具（记录本、调查表、录音录像设备等），直接或间接地从数学课堂情景中获取信息资料，从初步感知到理性分析、评价及研究的一种行为方式。听课，要求听课者应具备基本的教学理论，还要掌握一定的听课技术。听课是一种以观察、听讲、记录、思考、分析、探讨等多种活动协调为保证的综合技能。

通过听课，职前教师可以多视角地理解学生；尝试运用专业话语进行对话，获得情感体验的支持；学会立足现实，从而理解课堂教学的复杂性、动态性、社会性与非连续性；明确今后努力的方向；感受教师职业的困惑与幸福，建立自信；学会通过教学表达自己的热情；学会反思，能够灵活机智地处理教学中遇到的问题；形成专业眼光，提升专业能力，走向自立自信。

不论何种形式的听课，都具有以下特点。一是目的性。听课总是有着一定的目的：为什么听课？听什么样的课？希望通过听课解决什么问题？对职前教师来说，主要是观摩在职教师：怎样激发学生动机、怎样处理教材、怎样组织教学活动、怎样与学生互动、怎样突出重点并突破难点、怎样运用教学手段与教学媒体、怎样营造课堂氛围等，然后尝试练习。二是主观性。尽管课堂教学具有一定的客观性，但课堂活动中的教师、学生、听课者都具有主观意识。当人们尽力理解某些事情时，就确立了自己对外部世界的根本看法，形成了特有的认识期待。这种期待影响着人们以特定的眼光进行观察，从而对有

些东西高度关注，对有些东西却熟视无睹。三是选择性。听课者的教育哲学会影响其对听课对象、听课内容、听课侧重点等进行选择。四是情境性。课堂是一个高度情景化的场所，教师、学生、听课者同处于公共的课堂情境之中。听课者获得的听课资料、产生的感觉、形成的理解都会带有情境性，因而不可避免地带有不稳定性与偶然性。

从听课的目的维度，可以将听课分为：检查性听课、评比性听课、观摩性听课、调研性听课。由于职前教师要参加见习、实习，因而听课类型则限于观摩性听课与调研性听课。观摩性听课，指职前教师通过听课，学习并总结指导教师的教学经验与教学方法。通过认真地听、看，并记录有特色、有亮点之处，学会教学设计并找到改进的突破口。调研性听课，指职前教师在实习过程中主要通过听课的形式探究数学教育教学问题或调查课程改革带来的影响。调研性听课对职前教师的要求较高，一要准备好调研提纲、调研工具（相关表格、辅助工具）、调研的课型；二要全神贯注听课，认真填写调研表格；三要主动与授课教师交流，并结合访谈，进一步搜集授课教师的建议、要求与看法；四要及时整理好调研材料，用心构思并写出调研报告。

二、数学听课内容

初次进入课堂，职前教师首先关注的是教师行为：各类教学技能、课堂教学推进、教学资源的利用、教学目标的达成；然后才关心形而上的内容：教师的教学观念，对课堂教学的进一步研究。下面以张奠宙、宋乃庆主编的《数学教育概论》中的视频资料——董林伟老师《不等式的应用》为例，说明听课的内容。

1. 教学技能运用

董老师的语言技能，穿着大方利索、教态轻松自然、表情丰富恰当、语言平实多变、体态与口语配合。导入技能，运用情景导入，利用生活场景“买鱼”引出制作一个体积尽可能大的无盖长方体鱼盒的问题，通过对制作方法的探讨，切入不等式的应用。讲解技能，采用问题中心式，围绕中心问题“如何制作一个尽可能大的鱼盒”展开：引出问题→明确标准→选择方法→解决问题→得出结果。讲解科学，条理清楚，注意启发和点拨学生思维。板书技能，黑板书写—提纲式板书，主板书是两种制作方法及解法，副板书是一种制作方法应用均值不等式的探索过程；投影设计—注意教学内容的呈现和动态演示。两类板书形式简洁、朴素、实用。提问技能，主要采用应用性提问、分析性提问、综合性提问、评价性提问等高认知提问，突出了对元认知训练的要求。变化技能，主要有教学信息传递通道的变化、师生相互作用方式的变化、教学媒体的变化等。强化技能，突出口头语言的强化、书面语言的强化和体态语言的强化。体态语言的运用到位，如手势、目视、点头或摇头、接触等的使用。结束技能，采用教师主导的总结归纳，有助于学生加深对所学知识的理解，提升其综合概括能力。

2. 教学过程实施

教学过程实施，涉及教学方法的实施效果、课堂管理情况、教学艺术三个方面。《不等式的应用》采用问题驱动的探究教学。教师从学生熟悉的生活实例出发，构建问题探究情景，并运用投影进一步明确问题。通过富有启发性的问题、师生交流等方式将教与学融为一体。利用核心问题“怎样做一个尽可能大的鱼盒？是不是尽可能大”引导学生层层探索，让学生的思维充分暴露。在对思维过程和结果的不断反思中，学生的思维得以发展。由于教师着力体现学生是学习主人的观念，围绕“中心问题”的分析、反思、深化，让学生自我发现、纠正、完善问题的解决途径。教师适时引导、介入，学生的思维被引入到一个又一个上升空间。教师的课堂管理，也进入了优化课堂人际环境和调节课堂心理气氛的理想状态。通过创新设计，教师引导学生对思维定式负面影响导致的“错误”进行分析，使学生认识到了解问题的重要性，加深理解均值不等式的应用及其适用条件，深刻地揭示了教学内容的本质，突出了重点、突破了难点，抓住了关键。在教学的引入、展开以及课堂调控的艺术等方面，显示了教师较为坚实的基本功和丰富的经验积累。

3. 教学资源开发

数学课程资源分为四类：外显素材性资源（教材或媒体上显示的数学知识）、外显条件性资源（课程实施的人力、物力和财力资源）、内隐素材性资源（蕴涵在数学知识中的材料背景知识、逻辑知识、思想方法以及过程性知识）、内隐条件性知识（教师根据对素材性资源的理解，结合外显条件性资源构建的适于学生学习的环境）。课例中，董老师讲授的内容准确、科学（个别错误6中探讨），对知识之间的逻辑关系梳理清晰。为帮助学生思考，教师使用投影、设计动画，使得学生思考方向更加明确。对内隐素材性资源的开发不遗余力。首先重视背景性知识的利用，生活中的建模问题及教材的例题（将一个长方形的四角截去相同的四个小正方形之后折成一个长方体，问小正方形的边长为多少时长方体的体积最大？）带来思维定式犯的“错误”。其次注意内隐于知识中的逻辑命题、逻辑规律、逻辑演算的运用。再次强调数学思想方法如建模思想、化归思想、待定系数法的应用。最后突出过程性知识的学习，引导学生体验知识的产生、发展、结果和应用。

4. 教学目标达成

课例中，教师对学生实质参与意识的激发、自主学习的激励、创新意识的养成、对待实际问题的态度等，都给予了充分关注，凸显学生是学习主人，教师是学习的组织者、引导者与合作者。学生思维空间逐步扩大的过程，也反映出师生思维交互的合理化、严格化、程序化。这折射出教学的基本理念与课程总目标保持一致；教学目标既重视认知目标也关注情感态度，既重视行为目标也关注过程性目标；教学过程中，学生的思维常常滑出教师的预设，生成了新的教学目标。

5. 教师教学观念

数学观念方面，董老师凸显的是全面的数学观。因为重视过程性知识，在教学中反映了人文主义的数学观和拟经验的数学观：偏重于对学生的思维训练、人文熏陶和个性发展；学生的学习方式更多的是探究、合作与交流，重视合情推理，强调“可误”。从板书设计与小结看，科学主义的数学观以及绝对主义的数学观并没有淡出课堂教学，依然是课堂中的重要观念。教学设计与实施，均重视情境的作用，积极建构教师与学生、学生与学生之间交流、对话、互动的平台；强调个体认知的发展；以学生的个性发展为目标，注重情感教育，提倡在学习中发展自我；积极关注学生在认知、解释、理解世界的过程中建构自己的知识。

6. 课例分析研究

对于本课例，可以选择适当的角度进行更深入的研究。

其一，对学生课堂参与度的分析。①为了促进学生深入思考，教师充分利用高级认知提问，重视对学生元认知的开发。例如，应用性提问："请苏静同学回答，你是怎么考虑的？"分析性提问："你发现这个地方取不到等号，原因是什么？"综合性提问："这个是不是所求的尽可能大的体积？"评价性提问："同意她的话吗？不同意？好，你请讲。"；"刚才我们在讨论尽可能大的过程中产生了这么多结果，你觉得哪一种最喜欢？"②面向全体，提供了充分的思维时空。在对全班同学提出的 8 个问题中，留给学生思考的时间最长一次是 3 分 10 秒，最短一次为 30 秒，平均 1 分 55 秒。③个别提问中，教师对学生不清楚的表达，在领会其意图后用准确的话向全班陈述，让学生思维得到充分表露。个别提问共 12 次，除了结束前，对长方体盒制作方法进行评价的四次"打乒乓球式"的提问外，其余 8 次提问用时最短 40 秒，最长 3 分 55 秒。其中 3 分钟以上 3 次，1 到 2 分钟 4 次。④个别提问有 12 次，其中 3 人回答了 2 次，从座位分布看很不均匀。请看座位表：

				学生 10 √	
				王小露(5) √ √	苏　静 √
			学生 9 √ √	学生 1(6) √ √	
学生 7 √				学生 3 √	学生 2 √
			学生 4（8） √ √		
			讲　　台		

（说明：学生 6 即学生 1；学生 5 即王小露；学生 8 即学生 4）

其二，教师数学处理的一些遗憾。董老师在教学过程中出现了几处小失误，后来都更正了。但有一处大失误，使师生陷在其中长达 11 分 14 秒，导致拖堂 5 分 05 秒，这十几分钟也是师生交流最为困难的时光。即：在学生 1 对苏静的解法反思之后，提出修正办法，得到

$$V=\frac{1}{2ab(a+b)}[a(80-2x)][b(50-2x)][2(a+b)x]\leqslant\frac{1}{2ab(a+b)}\left(\frac{80a+50b}{3}\right)^3$$

当且仅当 $a(80-2x)=b(50-2x)=2(a+b)x$ （⊙）时取等号。董老师由于对方程（⊙）思考不足，认识不够，认为方程（⊙）解不出，但他没有直接说明，而是将问题抛给学生："能解出 a、b 来吗？请大家解解看。"经过近两分钟探讨，学生没有得出结果。于是教师引导学生得出"方程数不够"的结论，并提出"将一个系数提出去"的"糊涂"建议。因为教师否定学生 1 的思路在先，所以同学们难以理解教师后来的建议。学生瞎忙一阵后，无法突围。教师只好自己上阵，勉强给出了在本质上与学生 1 的处理完全一致的方法，带领学生又走了一段弯路。事实上，由方程（⊙）可解得 $b=2a$ 或 $b=-\frac{4}{5}a$（舍去，因为此时 $50-2x<0$），代入（⊙）得 $x=10$，从而得 $V_{max}=18000(cm^3)$，根本不需要求出 a，b。可见，教师对方程（⊙）认识不足，在学生遇到困难时也缺乏必要的反思。

三、数学听课技术

听课，怎样做才能有实效？简单地说，要把握以下技术细节。

（一）充分准备，有"备"而听

进入课堂前，听课者要明确听课目的、要求，做好计划；要尽可能了解教材、学生、教师和学校的基本情况；要做好物质准备，检查记录本、笔，以及课堂观察需用的表格、计时器，录音录像设备、电池等；要本着真诚的求学之心进入课堂，虚心学习、重视交流；要审视自身教学观念，减少对教学行为的误解；要构思教学初步方案，勾勒大致教学框架，与授课教师比较，学其所长。

（二）集中注意，做好记录

听课时高度集中注意力，既要运用课堂观察技术，有效地"看"师生课堂互动行为，又要利用课堂观察表格做好相应记录。

1. 课堂观察的基本方法

课堂观察，是指观察者带着明确目的，凭借感官及辅助工具（观察表、录音录像设备等），直接或间接从课堂情境中收集资料，开展研究的一种教育科学研究方法。课堂观察记录的常用方法有叙事性报告，包括：故事型报告、人类学报告、主题型报告（实例 1）、直观图像型报告（图 14-1）；课堂行为频度记录，包括：罗列清单式测量、累积度量式测量（实例 2）；课堂行为量度记录，包括记数式测量、符号式测量。

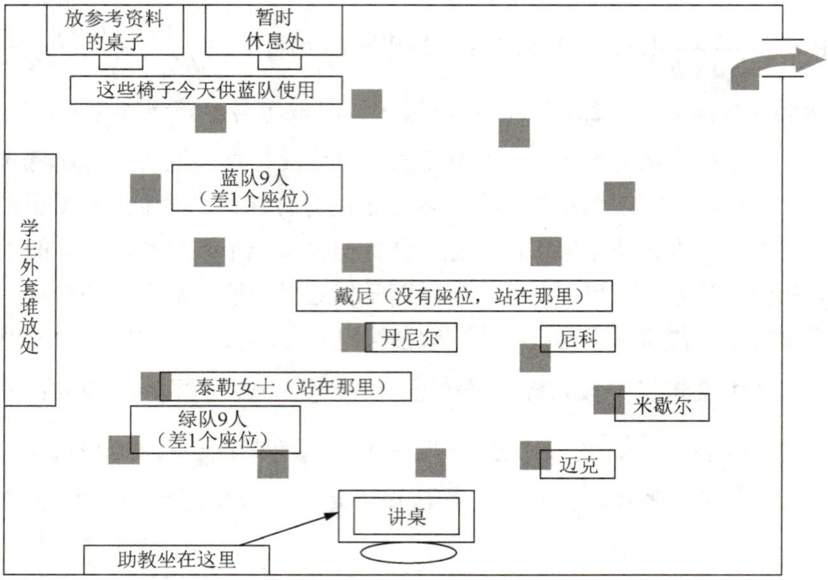

图 14-1　直观图像型报告图

实例 1：主题型报告——感受教学过程的节奏。

第一个 15 分钟：分别记录师对生、生对师的交流次数，记入表 14-1。

表 14-1　交流次数表 1

教师指向学生的行为	学生指向教师的行为

第二个 15 分钟：继续观察师生之间的交流次数，记入表 14-2 中。

表 14-2　交流次数表 2

指向教学内容的师生交流	指向日常事务的师生交流	指向课堂管理与维持纪律的师生交流

第三个 15 分钟：继续观察师生之间的双向交流，记录时长（表 14-3）。

表 14-3　记录时长表

短时交流（$t \leqslant 5$ 秒）	长时交流（$t > 5$ 秒）

实例 2：累积度量式测量。

测量教师课堂教学的清晰度

教师下课时明确学生应该掌握的技能与达到的理解能力：

总是________；经常________；有时________；偶然________；从未________。

2. 认真做好听课记录

记录的内容主要是课堂实录与教学点评。课堂实录通常采用人类学报告的方式逐字逐句地进行记录，要有重点，注意详略得当。一般记录教学过程、板书设计、主问题、学生的关键言语、师生互动的情况、教学方法与手段、教学特色或失误等。教学点评主要记录自己的主观感受、思考与判断，以及断续的分析。

（三）及时整理，做好总结

听课应及时整理听课记录，进行理性思考：分析、归纳、总结一堂课的成功经验，提出改进的建议。必要时与授课教师面对面交流，交换对教学的设计、实施及细节的看法，抓住重点，尽可能用委婉的语气提出建议。

第二节 数学评课技能

《基础教育课程改革纲要（试行）》指出："建立促进教师不断提高的评价体系。强调教师对自己教学行为的分析与反思，建立以教师自评为主，校长、教师、学生、家长共同参与的评价制度，使教师从不同渠道获取信息，不断提高教学水平。"所以，完善对教师的评价体系，尤其要突出对课堂教学的评价，有助于优化教学形式，提高教学效率。

一、数学评课技能的内涵与作用

特级教师徐世贵认为："评课，是指对课堂教学的成败得失及其原因做切实中肯的分析和评价，并且能够从教育理论的高度对一些现象做出正确的解释。科学的评价能较好发挥应有的功能。"

数学评课技能，指对照数学教学目标，对教师和学生的课堂活动以及由这些活动所引起的变化进行价值判断与交流，并促进教学反思的过程。数学评课的根本的目的在于相互学习、促进反思，从而优化教学目标、优化教学内容、优化教学策略、优化教学过程、优化作业设计、优化课堂管理、优化教师的教学技能等。

二、数学评课内容

数学评课，主要评价数学教学中教与学的过程及其效果。因此，数学评课的内容包括评教学目标、评教学实施（内容处理、教学策略）、评教师教学技能、评教学效果几方面。

（一）评教学目标

教学目标是教学活动的归宿，因而评价一节课成功与否最关键的因素就是目标的达成度。教师备课时要依据课程标准、数学内容与学生认知制订科学、合理、明确、可测的教学目标，并以三维一体的方式进行陈述。

教学目标陈述的是学生在理想状态下的学习结果，因此评教学目标时要关注预设与生成的平衡。具体言之：先看教学目标是否科学、合理、明确、具体，是否可以操作、观察和检测，是否能用清晰、准确的语言进行陈述，是否包含三个维度；后看教学目标是否体现了学习结果的层次性，反映了不同的要求水平；再看教学目标是否关注了中长期目标的落实；最后看教学目标是否发挥了导向作用、激励作用与标准作用——教学目标在教学过程中落实的程度。

（二）评教学实施

教学实施包括教学策略的运用与教学内容的处理。

教学策略的运用，表现为教学方法的选择与组合、教学媒体的选用。其中教学方法又隐含教法运用、学法指导。因此，评价教学策略主要评价教法运用——教师主导作用的发挥与教学方式、教学媒体的运用，以及评价学法指导——教师在教学中对学生学习方法的指导情况和学生主体地位的体现情况。对教学策略评价的具体操作细则可以参考表 14-4。

表 14-4　教学策略评价参考表

<table>
<tr><td rowspan="10">教学策略的运用</td><td rowspan="4">1. 因课制宜，选择有效的教学方法与教学媒体</td><td>选择的教学方法符合学生心理特点与认知水平</td></tr>
<tr><td>选择的教学方法符合教学内容的主、次，难、易程度</td></tr>
<tr><td>选择的教学方法有利于教学目标的完成</td></tr>
<tr><td>选择的教具与信息技术手段服务于教学实施</td></tr>
<tr><td rowspan="3">2. 恰当处理主导与主体的关系</td><td>准确把握学生数学学习心理，有效激发动机</td></tr>
<tr><td>善于启发、示范，恰当把握对学生数学学习指导的“度”，有良好的教学组织能力与应变机智</td></tr>
<tr><td>注重学生自主学习与个性发展，合理地运用合作、探究学习方式</td></tr>
<tr><td rowspan="3">3. 面向全体，注重课堂信息反馈与调节</td><td>因材施教，分别指导，关注学习困难学生的进步</td></tr>
<tr><td>暴露思维过程，促进数学化学习，让学生全身心投入数学学习</td></tr>
<tr><td>即时反馈，了解学生“四基”把握情况，及时纠正学习错误</td></tr>
</table>

对教学内容处理的评价，一般从处理教材与安排教学过程两个方面进行评价，具体可细分为六个方面，详细的评价方法参考表 14-5。

表 14-5　教学内容的处理评价方法参考表

<table>
<tr><td rowspan="6">教学内容的处理</td><td rowspan="2">1. 传授基础知识、基本技能扎实</td><td>为新知识学习提供了充分的认知、情感与操作准备</td></tr>
<tr><td>为新知识的学习进行了复习，弥补学生知识的缺陷</td></tr>
<tr><td rowspan="4">2. 传授内容科学、严谨</td><td>准确把握并表达数学概念、原理、问题</td></tr>
<tr><td>推导过程、解题步骤合理规范</td></tr>
<tr><td>恰当提炼或渗透数学内容蕴涵的数学思想方法</td></tr>
<tr><td>准确把握教材内容的逻辑联系，创造性地使用教材，结构清晰</td></tr>
</table>

续表

教学内容的处理	3. 重点难点处理得当	准确把握了教材的重点与难点、抓住了关键
		突出重点，围绕重点内容组织教学，将主要精力用于关键问题
		分散、突破难点，利用文本、图片、模型、活动等进行铺垫
	4. 教学过程安排合理	根据课型、教材特点设计教学过程，教学环节科学、合理、完整
		教学环节之间联系紧密，过渡自然，构成一个有机整体
		教学容量适中，时间安排恰当，教学节奏富有变化
	5. 传授知识与培养能力相结合	注意建构并完善学生的认知结构
		通过训练帮助学生形成数学基本技能
		注重培养与发展学生的数学思维能力，运用数学解决实际问题的意识与能力
		注意培养学生的观察、记忆等一般能力
	6. 重视数学思想方法的训练与数学活动经验的积累	引导学生经历数学知识的形成、展开、拓展与应用的思维过程
		创设数学问题情境，结合教学过程，渗透数学思想方法
		引导学生经历数学学习活动，形成基本数学活动经验

（三）评教师技能

教师的教学技能，即教师基本功，指教师完成课堂教学任务所需要的基本教学行为，包括教学设计、语言、导入、板书、组织、演示、提问、讲解、强化、变化、结束、指导等技能。对教师教学技能的评价前面已详述。

（四）评教学效果

评课应重视“以学论教”——关注学生的学习成效：学生群体的参与程度、学生的教学目标达成度。评教学效果，先看是否在规定时间内完成教学任务，学生是否在知识技能、数学思考、问题解决、情感态度等方面都得到发展，实现了教学目标的要求；再看学生的表现：是否注意力集中，是否积极主动，能否进行自学阅读、探究学习、合作学习，能否获得较高水平的成功，能否归纳出一节课的主要内容，能否独立进行课堂小结并对自己的学习进行自我评价等。

三、数学评课技术

评价一堂数学课成功与否，先要确立好课的标准。分析《义务教育数学课程标准（2011 年版）》与《普通高中数学课程标准（实验）》的要求，可以将好课的标准归纳为：既有科学、合理符合素质教育要求的三维目标，又有体现现代教学理论的课堂教学设计与实施；真正凸显由教师的教向学生的学的转变，使学生在自主、合作、探究的学习氛围中获得全面发展。

怎样才能把课评好？一要把握原则，二要把握标准，三要把握尺度。

（一）把握评课原则

评数学课，要把握下列原则。一是激励性原则。评课的目的在于促进教师的专业发展，因而帮助执教者进行教学反思，进而改进教学最为重要。评价者要站在执教者的角度去分析思考问题，执教者才能接受评价者的真诚帮助。二是真实性原则。评课必须依据课堂的真实场景进行分析、反思与评价，本着客观、实事求是的精神，才能找准问题，发现亮点，互相学习，共同进步。三是侧重性原则。评课要突出重点，选择有代表性的问题进行深入的探讨：改进的方法，完善的途径，个人的特色。四是艺术性原则。评课要依据执教者的情况分别对待，对待新手教师、成熟教师、骨干教师、学科带头人，应该秉持不同的标准。同时要掌握“谈话”的策略，对事不对人，充分评课，少评论人。

（二）把握评课标准

评价一堂课没有绝对的标准，但有基本的要求。下面介绍中国教育学会数学教学专业委员会组织全国中学青年数学教师参加优质课评比活动，所制定的数学课堂教学评价标准。

课堂教学要以《义务教育数学课程标准（2011 年版）》或《普通高中数学课程标准（实验）》为基本依据，贯彻“以学生的发展为本”的教育观，根据教学内容选择恰当的教学方式与方法，充分发挥学生的主动性、积极性，激发学生的学习兴趣，引导学生开展自主活动与独立思考，切实搞好“双基”教学，注重提高学生的数学能力，加强创新精神和实践能力的培养，注重培养学生的理性精神。课堂教学通过现场教学实践的方式进行。

课堂教学评价标准包括如下几个方面。

1. 教学目标

根据学生的思维发展水平和当前的教学任务，正确确定学生通过课堂教学在基础知识和基本技能、数学能力以及情感态度等方面应获得的发展。教学目标的陈述应准确而没有歧义，使目标成为评价教、学结果的依据。

2. 教学内容

正确分析本堂课中学生要学习的各部分知识的本质、地位及其与相关知识之间内在的逻辑关系。包括对所教学的知识的本质及其深层结构的分析；对如何选择、运用与知识本质紧密相关的典型材料的分析；对如何从学生的现实状况出发重新组织教材，将学过的知识自然融入新情景，以旧引新，以新强旧的分析；对如何围绕数学知识的本质及逻辑关系，有计划地设置问题系列，使学生得到数学思维训练的分析等。

3. 教学过程

正确组织课堂教学内容：正确反映教学目标的要求，重点突出，把主要精力放在关键性问题的解决上；注重层次、结构，张弛有序，循序渐进；注重建立新知识与已有相关知识的实质性联系，保持知识的连贯性、思想方法的一致性；易错、易混淆的问题有计划地复现和纠正，使知识得到螺旋式的巩固和提高。

在学生思维最近发展区内提出“问题系列”，使学生面对适度的学习困难，激发学生的学习兴趣，启发全体学生开展独立思考，提高学生数学思维的参与度，引导学生探究和理解数学本质，建立相关知识的联系。

精心设计练习，有计划地设置练习中的思维障碍，使练习具有合适的梯度，提高训练的效率。

恰当运用反馈调节机制，根据课堂实际调适教学进程，为学生提供反思学习过程的机会，引导学生对照学习目标检查学习效果，有针对性地解决学生遇到的学习困难。

4. 教学资源

根据教学内容的特点以及学生的需要，恰当选择和运用教学媒体，有效地整合教学资源，以更好地揭示数学知识的发生、发展过程及其本质，帮助学生正确理解数学知识，发展数学思维。其中，信息技术的使用注意遵循必要性、有效性、平衡性、实践性等。

5. 教学效果

使每一个学生都能在已有发展的基础上，在“双基”、数学能力和理性精神等方面得到一定的发展。

6. 专业素养

（1）数学素养。准确把握数学概念与原理，准确理解内容所反映的数学思想方法，准确把握教材各部分内容的内在联系。

（2）教学素养。准确把握学生的数学学习心理，有效激发学生的数学学习兴趣，根据学生的思维发展水平安排教学活动，贯彻启发式教学思想，恰当把握对学生数学学习活动指导的“度”，具有良好的教学组织与应变能力。

（3）基本功。

（i）语言：科学正确、通俗易懂、简练明快、富有感染力。

（ii）板书：正确、工整、美观，板书设计系统、醒目。

（iii）教态：自然大方、和蔼可亲、富有激情与活力。

（三）把握评课尺度

评课具有高度的技巧与智慧，恰如其分的点评，能让执教者心悦诚服，受到启迪，因而把握评课的尺度非常必要。

首先，评课要规范。评课要准备充分——对听课材料进行细致分析与整理，拟好提纲：优点、经验、特色，不足，改进建议等；评课要讲求程序，有目的、有计划、有组织地进行：执教者自评→富有经验的教师主评→听课者评议→撰写评课报告；要以科学的态度进行评说，结合教育理论用客观数据说话。

其次，要尊重执教者。注意从研究和讨论的角度，用商榷的、平和的、善意的语气与之进行平等对话与交流。充分肯定成功之处，委婉提出改进建议。

再次，评课可以采取多种形式，针对不同课型采取相应的方式，要注重实效。

总之，评课是教师应该具备的一项基本技能。掌握这项技能，要求职前教师认真钻研教育教学理论，领会新课程的基本理念，在观摩、模仿、练习、反思、交流的过程中大胆探索，努力实践，才能真正掌握评课技能。

附录 1　数学评课案例

这则评课案例选自罗增儒的《中学数学课例分析》(课例源自《中学数学教学参考》1996 年第 1-2 期)之课例 6：函数的奇偶性。教师评课如下：

我有幸经常听到一些中学、大学优秀教师的讲课，感觉到并非总是一样的。有些学者型的课，语调平缓，没有一句渲染的话，但对数学实质的揭示“入木三分”，实在令人为之倾倒；有些激情型的课，抑扬顿挫，高潮迭起，总是插上了情感的翅膀，讲授披上了艺术的灵光，听来是一种享受。另有一些课，表演得挺热闹，但信息量不大，深刻度不够，缺少思维落差，形同原地踏步。每到关键处总有一些实质性的要害话说不出来，学生倒是挺高兴的，而我却感到压抑。今天的这份课例，介于倾倒、享受与压抑之间，我说，这堂课体现了年轻教师的成长、成熟和成功。

成熟，是指对传统教学模式的继承已经达到了成熟的地步，这里说的传统，包括苏联凯洛夫的教学论思想和我国孔子的启发式教学。

成功，首先指在克服传统教学弊端、努力进行启发式教学的创新上获得初步成功；其次，也指这节课是成功的。

成长，是说年轻教师在业务上的成长和思想上的成长，从不熟悉到熟悉、到满腔热情地投入，这是一种双丰收，同时还预示着继续成长的良好前景。

下面，从四个方面对这节课做出评议，并随时插入我的一些联想。

1. 体现结构的完整性

1）教学环节完整

20 世纪 50 年代以来，我国逐渐形成了一套教学模式，其操作程序如下：

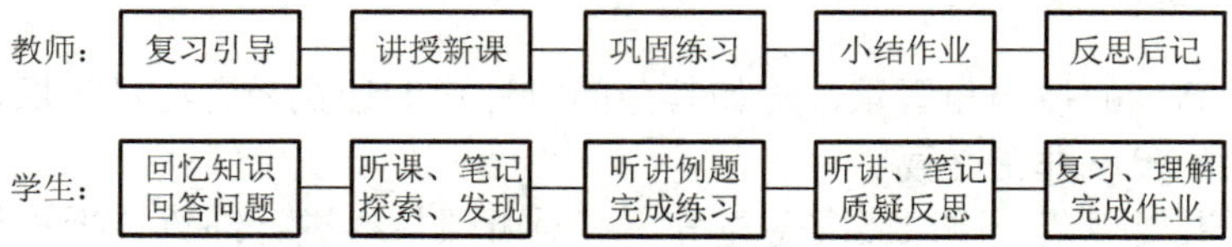

函数奇偶性的课例中，上述环节是完整的，并且每一个环节都进行了启发式的设计，并力图自然过渡。

2）知识结构完整

知识的整体是有结构的，函数的奇偶性也有结构。奇偶性与初中的对称图形有关系，与已经学过的函数性质也有关系，与后继知识也有联系，本课例的设计已经注意到了这些联系，并作为引进新概念的生长点，同时也为下一节课讲定理做好了铺垫，这是知识结构完整性的一个表现（见下图）。

其次，函数奇偶性概念本身有“定义—定理—方法—应用”的完整性，教材中写了一个定义、一条定理、三道例题，如何安排课时，仁者见仁。有的教师第一课时只讲例 1，而本课例是讲到例 2。我赞成后一处理，其好处是：

（1）能提供函数奇偶性一个“概念—方法—应用”的完整认识，信息量充足，前、后两节课的分量也比较均衡。

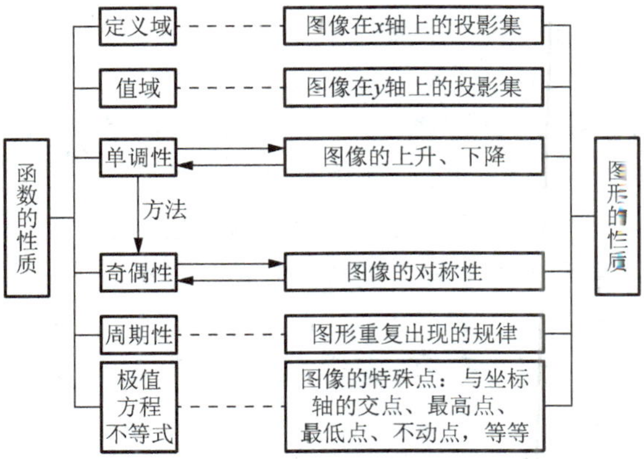

（2）与上节函数单调性的联系密切，引进较自然，并能前后照应。

这两点都有利于知识点的整体把握和知识结构的形成。

3）知识理解完整

仔细阅读整个课例，可以看到整个活动是环绕着“定义”来展开的，从6个方面来理解定义。

（1）字面理解。定义由两句话构成，每句话都有关键词“任意”“都有”。

（2）实质理解。指出“都有恒等式”这句话对概念的刻画和对概念掌握的重要性。

（3）程序理解。给出的奇偶性判别方法，实质上是将定义分成四个步骤来理解。

（4）反面理解。讨论非奇非偶函数，实质上是讨论“定义”的反命题，即对定义进行否定形式的陈述，给出了非奇非偶函数的判别方法。

（5）分类理解。按照奇偶性把函数分成了四类，概念的外延清楚了，内涵也更把握得好。

（6）直观理解。课例中两次提到几何意义，一次是作为引进概念的生长点，一次是下节课要讲的定理、新的奇偶性与旧的对称性的结合，抽象与具体也就自然合二为一了。下节课讲完之后，这种理解将在学生头脑中形成更强烈的印象。

此外，众多的例题，也在实践中理解了概念。

总之，概念学习的“名称、定义、示例、属性”四要素都有了。

4）学习过程完整

本课题的教学性质属于“概念教学”。在教学实践中，仅用“概念形成”的方式不符合学习的经济性和简约性原则；而仅用“概念同化”的方式又使学生难以把握形式化的数学概念背后的丰富材料，也难以掌握概念的本质属性。鉴于此，本课例在总体上采用了概念形成的方法，而在给出概念的定义之后，则又借鉴了概念同化的方式，互为补充。其基本过程为：对感性材料的抽象概括→给出概念的定义→揭示概念的本质属性→辨认概念的正例与反例→实际应用强化概念→建立新旧概念的联系形成概念系统。

2. 注重学生的参与度

这节课中，学生的参与程度既是广泛的，又是深刻的，表现在3个方面。

（1）通过紧凑的安排，从引进到小结，45分钟都有一浪接一浪的活动，这些活动本身就是动员令、进军号（也是向45分钟要效率、要质量）。没有具体安排和实质性的活动，学生参与，充其量也只是形式上的。

（2）通过有启发性的问题，调动学生积极的思维投入。

对单调性的回忆，对 5 个图形的观察，对 $f(-x)=f(x)$ 关系的探索，对函数：$f(x)=(2x^2+2x)/(x+1)$ 奇偶性的争论，以及对例 2 证明思路的分析等，问题一个接一个，难度一个高于一个，学生的思维活动是非常紧张的，也是非常活跃的。思维活动的参与是最本质的参与。看一部动人的电影，观众没有说一句话，没有做一个动作，但泪流满面，这就是参与，这就是投入。

（3）通过提问、板演、讨论等多种方式，让学生直接参与课堂活动，将教与学融为一体。

我们看到，整个课堂活动不是只对少数学生进行的，全班学生都被动员起来了（当然会有程度上和形式上的区别），直接参与提问、板演、讨论的学生不下二三十人。这就为学生主动学习提供了广阔的空间，也为教师的教学调控提供了足够的反馈信息。没有足够的、现场的即时信息，课不可能上得这样生动，但话又说回来了，如果没有丰富的专业基础和坚实的教学基本功，又怎敢放手展开这严峻的动态平衡。

更重要的是，教学思想还得转变，要承认、尊重学生的主体地位，要爱数学、爱教学、爱学生。社会赋予教师管理者的责任、指挥者的责任，但这并不天然地包含着权力、专制主义和命令主义，当师生之间存在一种人为的不平等关系时，当教学被曲解为教师才华单向的简单输出时，讲授将无艺术可言，学生参与也只是一句空话。

3. 追求教学的艺术性

大科学家牛顿不是一个好教师，这一事实告诉我们，教学需要艺术，但教学艺术不是一种技术，而是一种风格与气质，技术可以通过重复训练而掌握，而气质则需要激情、修养、磨炼与领悟才能形成。

在“函数的奇偶性”中，我们看到了一个教师的激情与投入，如同在现场目睹那举手投足间所显示出来的教师气质；同时，一个有气质的教师也将出现在对教学艺术不懈追求的远景中。

这种追求体现在以下 4 个方面。

（1）教学内容的深刻揭示。

数学教学的魅力首先来源于数学内在的科学美，从教材中感受美、提炼美，并向学生创造性地表现美，就是对教材进行深入的钻研、深刻的揭示。

函数奇偶性的多角度整体理解，函数奇偶性的应用揭示，单调性、奇偶性概念形成的思想方法描述，以及函数奇偶性图像的对称性美感等，都体现了数学教学的艺术。

（2）引入的艺术。

主要表现为三点：①通过复习提问承上启下地引入；②通过观察图像，从具体到抽象地引入；③通过对单调性研究方法的移植与类比引入。

（3）展开的艺术。

艺术性表现在：①多角度；②启发式；③学生积极参与；④有思想交锋。

（4）课堂调控的艺术。

哪些问题要展开，展开到什么程度？什么时候要放，什么时候要收？哪些地方要详，哪些地方要略？在学生认为平安无事的地方，要提出尖锐的问题；在学生感到险阻处，要归结为一个已经解决的问题，等等。课例中，都有一些恰如其分、恰到好处的设计与处理，这就是艺术。

并且这种临场的调控艺术，既不能缺乏理论修养，更少不了实际经验，除非每日每时都当教学的有心人，除非每节课都研究瞬息万变的学情，否则就要在教与学的动态平衡中慢半拍。是的，教学的艺术是一种遗憾的艺术，但是，认真的教师每节课下来的遗憾都不会重复，而成为不断前进中的新起点。

这节课很容易上成：①给出一个定义；②做上两道例题；③总结几个步骤。学生则跟在后面做笔记，想例题，回去模仿完成作业。

但本课例没有这样做，函数奇偶性概念的提出、概念的形成、概念的理解、概念的巩固、概念的应用，都是在学生的参与下、在探讨研究的氛围中，有血有肉地生长出来的，体现了对教学艺术的追求。

4. 商榷与建议

（1）课例中把重点与难点放在一起，使人分不清什么是重点？什么是难点？实际上所列的“重点难点”并未指出难点。“理解函数奇偶性的概念；掌握函数奇偶性的判别方法”其实是重点。难点恐怕难在代数形式的抽象性与逻辑推理的形式化上。

此处研究的是抽象函数 $f(x)$ 的性质，不仅脱离具体事物，而且脱离具体函数。在抽象描述奇偶性时，记号 $f(-x)$ 已涉及复合函数概念。这些都会使学生有一种说不清、道不明的费解（抽象性、形式化）。

其次，证明 $f(-x)=f(x)$ 或 $f(-x)=-f(x)$ 是纯粹的形式化推理，与几何上有直观图形可供借鉴的逻辑推理是不同的。应该说，比几何推理更抽象，其中还有忽视定义域的陷阱。

应该说，课例对抽象性已经设置了直观图像作铺垫，对例 2 的抽象性也进行了由特殊到一般、由具体到抽象的过渡，还进行了解题思路的分析。但这更像是就事论事的自发行为，还缺少直截了当的明确。

（2）本节课还缺少一个让学生“质疑与反思”的环节，这可能与课堂容量已经不小有关。一线教师的实践表明，表面上学生不难接受这节课，但实质上并未真正理解。下一节课可以补充这一环节。

（3）对例 1（3）非奇非偶函数的判断，教师应加强评议，突出“举一反例即可否定”。

附录 2　数学评课技能评价表

评价指标	评价因素	分值	评估等级				得分
			A	B	C	D	
教学目标	1. 预设目标科学、明确、适度，关注生成目标	10	5	4	3	2	
	2. 教学过程围绕目标展开		5	4	3	2	

续表

评价指标	评价因素	分值	评估等级				得分
			A	B	C	D	
内容处理	3. 传授基础知识、基本技能扎实	40	6	5	4	3	
	4. 传授内容科学、严谨		7	5	4	3	
	5. 重点难点处理得当，关键抓得准		7	5	4	3	
	6. 教学过程安排合理		7	5	4	3	
	7. 传授知识、培养能力有机结合		7	5	4	3	
	8. 重视数学思想方法的渗透、数学学习策略的培养		6	5	4	3	
教学方法	9. 因课制宜，选择有效的教学方法与教学媒体	25	9	7	5	3	
	10. 正确处理教师主导与学生主体关系		8	6	5	3	
	11. 面向全体，注重课堂信息反馈与调节		8	6	5	3	
教师基本功	12. 语言清晰，表述科学、准确、精练	15	5	4	3	2	
	13. 板书工整、美观，设计合理		5	4	3	2	
	14. 教态自然，热情亲切，灵活驾驭课堂		5	4	3	2	
教学效果	15. 课堂气氛融洽、学生参与度高	10	5	4	3	2	
	16. 学生的“四基”落实好，目标达成度高		5	4	3	2	

第十五章　数学教育研究技能

（1）学习目标：了解与掌握数学教育研究的基本价值、基本过程。

（2）考核要求：了解数学教育研究的基本价值；掌握数学教育研究的基本过程。

第一节　数学教育研究的基本价值

数学与应用数学（师范）专业毕业生的基本就业去向是从事中小学数学教学工作。为了将来能够更有效地从事中小学教学与研究工作，在高师院校学习期间，数学与应用数学（师范）专业的学生都要学习一定的数学教育研究方面的知识，并进行一定的数学教育研究实践。因为，对于师范专业的学生而言，学习数学教育研究具有以下的基本价值。

（1）掌握基本的数学教育研究方法，具备基本的数学教育研究能力。

中小学数学教师既是教育实践者，也是教育研究者，必然要在数学教育实践中进行一定的数学教育研究。“教师在教育研究中可以学到很多，不仅仅在于提高教学质量和学习成绩这方面，而是在于能够更加深入地理解教育和教学，能够更加深入地认识和理解教学中出现的各种问题。”因此，在高等院校学习期间，一方面，师范生通常要学习一定的数学教育研究方面的专门知识，掌握数学教育研究方面的基本方法，具有从事中小学数学教育研究的基本能力等。另一方面，各种数学教育研究的成果（比如研究文献）也体现出了研究者对数学教育的认识与看法，因此，学习数学教育研究的过程，同时也是进一步了解数学教育，积累数学教育经验的过程，这也在一定程度上为师范生将来更有效地进行数学教学工作做了认识上，思想上与能力上的准备。

（2）具备研究与解决在数学教育实践中“遭遇”的各种数学教育问题的基本能力。

“现在西方教育界有一个普遍共识，就是真正优秀的教育研究是以问题为导向的。这些问题是什么？就是教师遇到的问题，就是教学实践中的困难与挑战”。“教育研究的价值不应该停留于学者之间的学术互动，而应对一线教师的教育教学工作发挥作用”。教育研究应该持续关注课堂教学，“力求回答教师在日常教育教学过程中提出的问题，着重解决教师在实践中产生的困惑。唯有如此，才能不至于让教育研究变为无源之水、无本之木”。另外，“对于教育研究者而言，需要时刻牢记的一点是，教育研究者并不能代替教师去解决教学实践中的问题，只有教师自己才是问题的解决者”。一位年轻数学教师的专业成长之路绝对不会是一帆风顺的，年轻的数学教师，必然会在教学过程中遇到各种各样的数学教育问题。有些数学教育问题可能具有一定的共同性与普遍性，而有些数学教育问题则可能具有一定的个别性与特殊性，这些问题是与一个个独特的学习者（学生）息息相关的，也是与特定的数学教师，数学教学过程密不可分的。但不管是什么数学教育问题，都不一定能在数学教育的教科书找到直接的立即可用的“解决之道”，因为要有效解决数学教育中的具体问题，往往需要具体问题具体分析。因此，需要中小学数学教师具有一定的数学教育研究意识与研究能力，掌握基本的数学教育研究方法等，这样他就可以根据自己特定的数学教育问题，进行相应的研究，解决自己在数学教学中面临的具体问题。“授人以鱼，不如授人以渔”，只有掌握了基本的数学教育研究方法，具有基本的数学教育研究能力，数学师范生才有可能在将来的数学教学过程中，发现自己的数学教育问题，研究与解决自己的数学教育问题，才能为自己的专业发展提供源源不断的发展动力等，也才有可能从研究自己的数学教育问题，进而发展到进行更为广泛，更为专业的数学教育研究等。

（3）具备一定的自主学习能力，为其专业发展奠定相应基础。

通过学习数学教育研究，促使师范生掌握数学教育研究的基本内容，基本方法，具有进行数学教育研究的基本能力。通过学习数学教育研究，引导师范生掌握查找、整理、分析与概括数学教育研究文献的基本方法，具备批判性研读数学教育研究文献的基本能力等。通过适当的方式，比如经典数学教育研究文献导读，分小组讨论，读书汇报等，有意识地在教学过程中渗透研读数学教育研究文献的基本要求，以及培养数学专业师范生的自学能力。如果师范生具备了基本的自学能力，他们就可以在以后的数学教学过程中，根据自己的数学教学需要，以及专业发展需要和数学教育研究兴趣等有针对性地进行自主学习与自主发展。对于数学教师的专业发展来说，外部的动力固然重要，但更重要的是具有自我专业发展的强烈动机，具有一定的自主学习与自主发展能力，这样他就可以根据自己的专业发展需求自主地实现专业发展。“对一个教师来说，每选择一个研究课题，就是确立并努力追求实现一个具体、明晰的奋斗目标，每进行一个课题研究，就是在不断地获取新的教育信息，掌握新的理论与方法，实现认识上的新飞跃。在不断研究中，教师不再仅仅是知识的传声筒，而是一个有理想、有见解、有独立判断能力的人，是教育活动的反思者和研究者”。

第二节　数学教育研究的基本过程

教无定法，贵在得法。严格地说，教育研究或数学教育研究也没有所谓固定的程序或套路，只要研究过程科学、合理、可行、有效即可。但对于初学者而言，把进行教育研究或数学教育研究的一些常用的基本步骤，作为一定的程序“固定”下来，使之便于学习和模仿，这既重要又可行。

郭法奇认为，教育研究的基本过程可以概括为：①提出要研究的问题，并指出解决该问题的现实意义；②收集资料，指出解决该问题历史脉络及假设；③提出解决问题的可能的假设，然后根据现实，对假设进行修正；④“进一步对提出的可能的假设进行深入研究，针对要解决的问题，提出策略和办法”。袁振国认为，从科学方法的一致性，从研究过程基本的、系统的要素来看，教育科学研究的基本步骤可分为：①确定问题；②查阅文献；③收集资料；④分析资料；⑤推导结论。也有研究指出，数学教育研究的国际规范是：“①选定需要研究，前人尚未解决的问题；②收集完备的文献进行分析；③设计研究方法，论证此研究方法可以达到解决问题的目标；④建立实证的证据，包括如何收集和分析数据；⑤运用相应的理论和创见来表述研究成果。”

参考以上和其他已有研究，我们认为进行一项（数学）教育研究，其基本的研究过程可以概括为：确定研究问题、查阅研究文献、确定研究框架、具体开展研究、呈现研究过程与研究结论。

一、确定研究问题

从逻辑上说，确定恰当的研究问题应该是进行一项教育研究的起点。因为科学研究始于问题，选题决定教育研究的方向，选题反映了研究者的研究水平，选题决定研究活动的成败。但实际的情形要比逻辑上的分析复杂得多，也丰富得多。比如某一研究者如果对某些教育研究领域感兴趣，他完全可以通过初步查阅这些教育研究领域的已有文献，通过进一步解读相应研究文献，发现相应的研究热点，研究不足，等等，进一步聚焦和明确自己的研究问题。因此，确定研究问题和查阅研究文献必然会有一定的交叉和反复，另外，在整个研究过程中，不同的研究步骤之间也会出现一定的交叉与反复，这正是教育研究具体性与复杂性的“集中体现”。

一般来说，确定（数学）教育研究问题要注意以下几点。①科学性。所确定的研究问题是科学的，是（数学）教育中确实存在的真实而重要的问题，是源于数学教育实践的现实问题，同时对研究问题的界定是科学、清晰而合理的。②价值性。所确定的研究问题是有一定重要性的，是值得研究的，对（数学）教育研究有一定的理论贡献或实践指导。③明确性。（数学）教育研究课题的界限清晰，陈述明确，具体。④可行性。就现有的研究基础，研究条件，以及自己的研究能力等角度而言，所确定的（数学）教育研究课题是可行的，可以完成的。有些研究课题本身很重要，但对初学者而言，不一定适合研究，因为可能相应的研究基础，研究条件，自身的研究积淀等都不具备。另外，从研究时机上来说，其研究也应“正当其时”，所进行的研究是有益于社会，有益于个人的。⑤创新性。创新性是科学研究最显著的特征，也是科学研究最根本的价值，毫无创新的研究是没有多少科学价值的。“教育理论可以借鉴，但更需要创新”。一般来说，教育科学研究的创新性主要表现在：①解决前人没有解决的问题；②解决前人没有完全解决的问题。但是，我们也要明白教育科学研究的创新性是相对而言的，没有哪一项研究是完全的，绝对的创新。任何教育研究的创新也都是基于已有研究的，是相对的创新。另外，对于初学数学教育研究的人来说，其研究过程更大的意义在于感受、学习与实践数学教育研究，不能对其数学教育研究的创新性提出不切实际的要求。

如何具体确定一个（数学）教育研究问题呢？①基于一定的（数学）教育实践确定研究课题。可以通过自己的（数学）教育实践经验去确定相应的研究课题，通过反思自己的（数学）教育实践过程，反思自己在（数学）教育实践中存在的问题，试图通过教育研究解决自己存在的教育问题，促进自己的专业成长等。②通过研读已有的研究文献确定研究课题。这种确定研究课题的方法很基本，也很重要。如果研究者对（数学）教育领域中的某一个主题很感兴趣，就可以首先查阅该主题的相关研究文献，通过研究发现已有研究的研究热点、研究方法、研究结论、研究不足等，确定自己的研究切入点，进一步明确自己的研究问题。尤其对于数学师范专业的本科生而言，可能比较缺乏完整的长期的（数学）教育实践经验，那么结合自己的研究兴趣，通过查阅与研读某一研究主题的已有研究，无疑是发现与明确研究问题的重要方法。③通过与同学的交流与讨论确定研究问题。有时候当自己在研究过程中处在一种“胶着”的状态中，比较迷茫，也难以确定的时候，可以去和同学交流，集思广益，这是一种发现解决问题思路的有效方法。常言道“当局者迷，旁观者清”，可能同学不经意的一番话就可以“点醒”迷茫中的你，再者不同的人看同一个问题的角度，方法等都有所不同，一定可以拓展你的思路。因此，当你确定教育研究问题一筹莫展的时候，不妨和同学去交流，去讨论，一定可以有一些意料之外的收获。④向指导老师寻求帮助。一般而言，指导老师关于（数学）教育研究的经验和见识都要比学生深厚得多，丰富得多。因此，在确定研究问题出现困难，比较彷徨的时候，可以在自己思考的基础上，去寻求指导老师的帮助，他不一定会替你确定研究问题，但他一定会给你明确的，具体的建议与指导。

确定一个（数学）教育研究问题的时候，应主要考虑研究问题的科学性、价值性、明确性、可行性与创新性。确定一个（数学）教育研究问题的过程是复杂的，也是非常重要的，可能还存在一定的反复，但这些辛苦与付出都是值得的，因为“良好的开头是成功的一半”，并且在整个研究过程中，研究问题还可能会有一定的聚焦和进一步的细化等。

【案例 1】（数学英才教育，或数学天才儿童的培养）

当时笔者既想写关于数学天才儿童的小论文，博士学位论文也想研究数学天才儿童。于是看了二十多天七八十篇中文文献，也做了相应的笔记。当时的想法是先写一篇有关数学天才儿童的小论文，如果连小得也写不出来，那大的学位论文就不用想了，结果写了 1500 字，实在写不下去，感觉写得很不像东西，即使勉强写出来，也可能是浪费时间，也没有地方发表。纠结了好几天之后，就彻底放弃了。关于数学天才儿童的小论文也不写了，关于数学天才儿童的学位论文也不做了。

大论文（指学位论文）不做数学英才教育，或者数学天才儿童的培养，更深入的原因在于：①笔者不是天才，无法和天才打交道；②天才不好找，也没见过多少数学天才，找不到合适的学校，进行天才儿童研究；③天才儿童的培养，可能美国、德国、法国，甚至韩国做得都比较好，相对成熟，而我们国家实际上做得相对差一点，刚刚起步，这更增加了研究的困难。

虽然不做有关数学天才儿童的东西，但对相关的文献的阅读与整理，也还是有一定益处，至少现在说说相关的东西也能说一点，阅读相关的文献或听相关的报告也容易一点。

现在看来，关于数学英才教育或数学天才儿童培养的研究依然是相当重要，非常值得研究，也非常具有挑战性。之所以最终放弃这个研究课题，根本原因是，对于笔者而言，进行相关研究的主客观条件都不成熟。但对于某些研究者而言，他可能正好具有研究该课题的强烈兴趣，也完全具有研究该课题的主客观条件，那么他完全可以“当仁不让”，进行该课题的研究。

【案例 2】(关于数学活动经验的研究)

有一段时间笔者一直想写有关数学活动经验的东西，因为“数学活动经验”或“基本的数学活动经验”是四基之一，谈的人很多，研究的人也很多，但大家的说法很不统一。甚至在主要的概念上也没有达成基本一致的看法。笔者就找了 40 篇质量比较高的中文文献，看过之后发现在有关数学活动经验的研究论文当中确实有很多问题没有说清楚，也有很多问题可以继续研究，比如以下的很多问题都不清楚，都值得研究：

(1) 什么是“数学活动经验”或“基本的数学活动经验”？

(2) 四基之间的关系如何?

(3) 在数学教学中如何培养学生的数学活动经验?

(4) 学生获得的数学活动经验如何检测?

(5) 数学活动经验如何进行测试与评价?

这 5 个问题经过思考，感觉还是不好下手，主要找不到适合的切入点，也想不到一个很好的很响亮的论文题目。看相关材料和思考大概花了两三周时间，当时笔者把研究问题主要锁定在(3)、(4)、(5)。但如果要研究如何通过数学教学培养学生的数学活动经验，又一时找不到合适的教学实践场所，如果概括总结相应主题的已有研究，由于已有的相关研究也多是基于教学实践的经验之谈，缺乏应有的理论性与概括性等。关于学生获得的数学活动经验的检测与评价，相关的研究很少触及，可见，关于学生获得的数学活动经验的检测与评价是实实在在的一块“硬骨头”。对笔者而言，要啃这样一块“硬骨头”的主客观条件未必完全具备。

感觉进行该主题研究又有点难以为继了，觉得又白白浪费时间了，最后想想实在不行就放弃吧，浪费的时间越多，损失越大。

快放寒假的时候笔者又有点不死心，就又查找一批有关数学活动的研究论文，想想在家里说不定可以找到合适的切入点。在家里阅读相关文献的时候，突然想到写数学活动经验的基本特征，标题就是《论“数学活动经验”的基本特征》，这个标题简洁，响亮，笔者很喜欢。

另外，“数学活动经验”的特征已有多人研究，可以借鉴，比如有写 4 个基本特征的，有写 5 个基本特征的，等等，不同的人的看法有相同的地方，但更多的是差异，因此，很有进一步分析与梳理的必要。

论文题目确定之后，也就相当于确定了研究问题与写作方向。于是就暂时把手头的参考文献置于一旁，开始思考，开始写，整理出了 8 个基本特征，有 4000 余字。然后重新阅读相关文献，充实完善，并在鲍建生教授的悉心指导下，反复修改论文初稿。大概修改了 10 余遍，待明确主线将全文串接之后，就知道这篇论文可以接受了，最终定稿 6000 余字。去泰国前投的稿，回来没几天就录用了(从投稿到录用一个月时间)。

《论“数学活动经验”的基本特征》这篇论文从阅读相关材料，写成初稿，修改定稿，应该是花了一个月时间，(连续的一个月，不是断断续续的一个月)，现在笔者手头接近定稿的版本还有 5 个，都是反复修改后留下的。

后来这篇论文发表在《数学通报》，(马文杰，鲍建生，2013. 论“数学活动经验”的基本特征[J]. 数学通报，52(9)：7-10)目前已经有其他的研究者分别引用 20 余次，可以说这篇论文得到了大家一定的认可与重视，这成了笔者“引以为傲”的事情，也推动着笔者继续进行相关领域的研究。

二、查阅研究文献

在确定研究问题的过程中，就需要查阅相应的文献。在阅读已有的研究文献的过程中发现研究兴趣，初步确定研究问题（这时候确定的研究问题可能不清晰，也可能不可行，等等）。在确定了比较明确的研究问题之后，就需要比较系统地研究与分析和研究问题高度相关的已有研究。查阅已有的研究文献的主要来源有：各种常用的大型数据库、图书馆、档案馆，以及其他的研究机构，等等。通过查阅文献，明确关于该主题的研究主要有哪些研究内容，主要运用了哪些研究方法，主要有哪些研究结论，主要有哪些研究不足（已有研究薄弱之处或忽视之处等），其中研究不足，也应该是后续的研究者需要努力突破之处，对自己研究的启发主要有哪些等。查阅研究文献的过程对自己进行研究的启发可能在于研究问题的聚焦，也可能在于具体的研究思路与研究方法，或者具体的研究过程，等等。“在教育研究中，别人的答案或结论只是进一步研究的基础。只有在别人研究的基础上提出新的答案才是真正的研究”。

（一）收集数学教育研究文献

数学教育研究材料的内容广泛，形式多样。从广义上来说，和数学教育以及数学教育研究有关的所有的材料，包括研究文献、实物、录音、录像，以及教学材料等都是数学教育研究的文献资料。从狭义上来说，数学教育研究材料主要指数学教育研究文献，包括纸质的研究文献和电子文献。纸质文献主要指各种有关数学教育研究的著作、期刊论文，以及研究报告等，而电子文献主要指各类数据库或网络中存在的数学教育研究文献。互联网的飞速发展，大大加强了获取数学教育研究文献的便捷性与丰富性。收集（某一主题）数学教育研究文献时要遵循以下标准。①新。一般而言尽可能收集该主题最近几年或十几年所发表的研究文献（关于某一主题的历史研究等除外）。②全。所收集的研究文献要尽可能全面、详尽。另外要注意，在查阅已有文献的过程中，对已有文献“新”和“全”的要求是相对的，并没有绝对的标准，只要对于自己的研究，所收集的研究文献足够“新”，足够“全”，可以把自己的研究建立在已有研究扎实的基础上就可以了。③高。所收集的数学教育研究文献质量要高。应该是专业的研究人员进行的专门研究，而非泛泛的经验之谈。研究问题真实而有价值、研究方法规范、研究过程科学、研究结论可信。

（二）整理数学教育研究文献

从广义上来说，在研究过程中收集的各类数学教育研究材料，都需要以适当方式进行整理与储存，以备在研究过程中对其进行查阅、分析以及使用。从狭义的角度而言，整理数学教育研究材料，主要指整理数学教育研究文献，即根据相应研究需要，研究问题，对已经收集好的数学教育文献进行阅读与分析，并进行分门别类的整理，以及适当的概括总结，可以做阅读笔记、阅读卡片，或者进行批注，等等。

（三）使用数学教育研究材料

在数学教育研究过程中，收集和整理数学教育研究材料的根本目的，是为了在接下来的研究中使用这些研究材料。在使用过程中首先需要根据研究问题，研究需要，对研究材料进行适当的取舍，同时需要仔细思考，确定适当地呈现研究材料的方式，等等。就以数学研究文献的使用来说，在文献综述过程中时刻离不开参考文献的支持，在确定研究问题、形成研究框架、确立研究方法的过程中需要参考文献。在整个研究过程，以及呈现研究结论的过程中，也离不开文献的支撑。而对研究文献的引用有直接引用和间接引用，直接引用用双引号，引文的文字、标点符号等需与原文完全一致，间接引用是用研究者自己的话概括原文献的主要观点、主要思想等，直接引用和间接引用都需要以适当方式标注所引用论文的作者、文献名称、出处，等等。

三、确定研究框架

研究框架即研究方法，研究程序的进一步明确与细化。在确定研究框架的过程中，应该综合考虑研究问题、研究条件、研究方法，以及研究过程，并把这些因素进一步的明确与细化，形成基本的流程与具体的框架。从一定意义上来说，研究框架类似于打仗时的“作战计划”，学习时的“学习计划”，以及作文时的“写作提纲”等。形成研究问题的时候，脑海里可能就会有一定的研究框架，查阅研究文献的过程中，已有的研究会对研究者在进一步聚焦研究问题、明确研究思路与研究方法等方面产生直接而重要影响，这在一定程度上可以说是对研究框架的进一步明确。在此基础上，加上研究者自己的深入思考，参考别人的建议与指导等，就可以形成比较完善　比较具体的研究框架。

确定研究框架的时候要注意以下几个方面：①科学性。制订的研究框架的科学性要有充分的保障。研究框架的制订是基于对已有相关研究的深入分析，同时又有一定的教学实践支持。另外，研究者在确定研究框架的过程中要深入思考，全面分析，并综合考虑导师，以及相关领域的其他研究者的研究建议与意见等对研究框架进行充分的修改与完善。②明确性。研究框架必须要具有实战性，是要实实在在“以之为纲”进行研究的。因此，对研究问题的阐述，研究条件的确定，研究方法的分析，以及研究过程的说明等必须具体而明确。③可行性。所确定的研究框架应该是行得通的。研究时机是适当的，选择的研究问题具有一定的重要性与价值性，研究该问题“正当其时”。有充分的外部条件保障研究过程可以顺利进行，研究设备和研究资金等都有相应的保障，并可以得到专家及时的指导等。研究者也有足够的能力与精力可以投入到整个研究过程中去，整个研究对于研究者而言处在其“最近发展区”，通过研究者的努力是可以保质保量地完成的。④灵活性。研究框架是研究方法、研究程序，以及研究过程的进一步明确与细化，具有一定的确定性与稳定性，但又不是一成不变的“教条”，而是具有一定的灵活性，可以根据研究需要等进行一定的调整、改变与完善，使之更有益于整个研究的高效完成。

四、具体开展研究

在确定了（数学教育方面的）研究课题和研究方案之后，就需要基于一定的数学教育理论和数学教育实践经验进行数学教育研究。

确定（数学教育方面的）研究课题和研究方案主要包括：确定研究问题、确定研究方法、研究框架和研究过程，具体表现为最终形成一个明确、完整的研究框架。确定研究问题，即研究者确定以怎么样的数学教育问题作为自己的研究课题（要解决什么问题），这是在进行数学教育研究过程中首先要确定的重要问题。一方面可以通过研读数学教育研究的经典文献，学习数学教育的理论、思想和观点，学习数学教育研究的基本思路和基本方法，等等。同时，通过研读数学教育研究的经典文献，可以激发研究兴趣，发现研究问题。另一方面，也可以通过反思自己的数学教育实践，发现自己教育实践中迫切需要解决的问题或感兴趣的研究问题，从而确定研究课题。“研究问题很重要，要选择一个重要的研究问题，然后用合适的办法来回答这样的研究问题”“教育研究者首先要做的就是帮助教师梳理研究问题，帮助教师把实践问题提炼成研究问题”。确定研究方法，即具体确定要用哪些研究方法解决自己的研究问题（用什么方法解决），这些方法对解决自己的研究问题是否可行，是否有效，等等。确定研究框架，即确定具体的分析工具，这是研究方法的进一步具体化、细化，也是研究方法的进一步程序化，研究框架可以在一定程度上看成是一个解决研究者所面对问题的操作程序。确定研究条件与研究过程，可以看成是对研究框架的进一步具体化，这是基于一定的研究条件、研究方法和研究框架，对问题解决过程的进一步明确与细化。

研究者确定自己的研究问题，明确自己的研究思想、确定自己的研究方法、研究框架和研究过程都离不开阅读相关的数学教育研究文献，也离不开对自己数学教学经验的回顾与反思，等等。

基于具体的数学教育研究课题，引导研究者（即数学师范专业的本科生）经历数学教育研究的全过程。从研究问题的确定，研究方法和研究框架的确立，以及研究过程的逐步推进，不断调整与逐步完善，到最后的概括总结，直至反复修改，形成研究论文和研究报告，并引导研究者在各级各类数学教育（或教育）研究类期刊上公开发表一定数量的研究论文。

引导研究者推进数学教育研究，主要包括：解决研究过程中的“具体问题”、收集研究材料、分析与整理研究材料、呈现研究过程与研究结论。首先，在研究过程中，如何根据研究需要和研究的实际情况对研究过程进行适当的调整，以更好地完成研究课题，这是每一个研究者在研究过程中都要遇到的问题。因此，需要研究者基于具体的研究课题，有针对性地解决研究中遇到的“瓶颈”，解决研究过程中的一个个“具体问题”，通过研究过程的不断磨炼，促使自己掌握具体问题具体分析的基本思想与基本方法。其次，在进行研究的过程中，要收集哪些方面的研究材料，用什么方式收集，怎么储存所收集的研究材料，怎么分析与整理研究材料，等等。这些问题都需要研究者仔细思考，合理应对，做好预案，并恰当解决研究过程中遇到的具体问题。

五、呈现研究过程与研究结论

如何科学合理地呈现研究过程和研究结论，也是一个需要仔细斟酌的问题，这涉及对研究材料的适当取舍、组合，以及对研究过程的进一步提炼与概括，等等。整个研究过程应该规范、科学、完整，对研究材料的收集与整理应该客观、全面、详尽。但在研究论文或研究报告中呈现整个研究过程与研究结论的时候，却需要仔细斟酌，有所取舍，有详有略，详略得当，有些研究材料必须“着意突出”；有些研究材料可能要“一笔带过”；而有些研究材料可能要“忍痛割爱”等。

形成研究论文或研究报告的初稿之后，对研究初稿的修改、润色，直至最后的定稿，也是大有文章可做，需要认真应对的事情，来不得半点马虎。有时候由于研究论文和研究报告细节上的一时疏忽，而使研究价值大打折扣。如何修改研究论文，是一门大学问，也是一件苦差事，但往往也乐在其中。修改研究论文的基本办法就是逐字逐句反复修改，甚至一句一句读出声，看看有没有表达出自己想要表达的意思。另外，也可以先修改电子稿，反复修改到自己满意之后，再打印出来，在纸质稿件上修改，这时候可能又会发现一些以前没有注意到的细微错误，或者发现在此前电子版中没有注意到的一些细微不足，以及一些需要进一步改进的地方，甚至可能发现研究论文中在此之前所忽视的严重问题，等等。也可以请同行或研究成员互相修改研究论文，或者请同行或研究成员评阅研究论文。因为不同的研究者的认识与看法都有一定的差异，研究视角也有可能不一样，因此，请不同的研究者评阅研究论文或修改研究论文是论文修改中一个常用而重要的方法。 还有一个办法就是冷处理，研究论文定稿之后，没有必要着急投稿，而是“雪藏”起来，让自己的想法沉淀一段时间，过一段时间拿出来继续修改与完善，这时候可能会有一些新的想法或新的看法，或者会发现原来论文的一些不足、甚至错误，等等，再在进一步修改与完善的基础上，就可以考虑向适当的期刊投稿了。有时候还要根据所投期刊编辑的意见与建议，或者评审专家的意见与建议对研究论文进行适当的修改与润色，等等。总之，好论文是反复地修改出来的，越是不断地修改，就越有可能使论文达到更加完善的程度。

参考文献

白改平，韩龙淑．2011．专家型——熟手型数学教师课堂提问能力的个案比较研究[J]．数学教育学报，8:16-19
鲍里奇 G D．2006．教师观察力的培养——通向高效率教学之路[M]．么加利，张立新，译．北京：中国轻工业出版社
本刊编辑部．2008．2007中国教育研究前沿与热点问题年度报告[J]．教育研究，3:3-17
毕恩材．2002．数学教学艺术论[M]．南宁：广西教育出版社
博林 L，C C 德温，韦伯 M R．2012．教育心理学[M]．连榕，等，译．北京：机械工业出版社
布罗菲J．2005．激发学习动机[M]．陆怡如，译．上海：华东师范大学出版社
曹才翰．1990．中学数学教学概论[M]．北京：北京师范大学出版社
曹新，曾建国．2004．高师学生数学教学技能训练模式的探讨[J]．赣南师范学院学报，6:100-101
曹新，方云．2007．数学说课中的交流及其基本方式[J]．数学通讯，10:1-4
曹新，纪雪颖，张永雪．2011．对数学情境及其性质、作用的探讨[J]．课程·教材·教法，1:89-94
曹新，王晓红．2009．对普通高中数学课程标准“基本理念7”的思考[J]．赣南师范学院学报，3:128-131
曹新，钟陕云，胡桂英．2007．交流——发挥评比型说课功能的关键[J]．中学数学教学，2:4-6
曹一鸣．2009．数学课堂教学实证系列研究[M]．南宁：广西教育出版社
查建敏，许艳明．2003．“数学探究”课程的认识与课题案例[J]．合肥教育学院学报，4:103-107，116
柴蕴梅，朱成科．2009．有效教学研究溯源与本土化问题反思[J]．河北师范大学学报（教育科学版），2:41-44
陈桂芳，郭晓萍．2007．略论理科讲解技能[J]．西昌学院学报（自然科学版），1:129-131
陈宏伯．2001．初中数学典型课示例[M]．北京：教育科学出版社
陈辉．2011．数学课堂有效探究的指导策略[J]．福建基础教育研究，11:21-23
陈亮，朱德全．2003．数学探究教学的实施策略[J]．数学教育学报，8:20-23
陈仁泽，陈孟达．1997．数学学习能力的因素分析[J]．心理学报，29(2):172-177
陈维嘉．1997．讲解技能[J]．佛山科学技术学院学报(自然科学版)，6:22-27
陈旭，李雪梅，韩红艳．2005．教师课堂教学技能变革的理论探讨及结构模式分析[J]．教师教育研究，6:28-31
陈瑶．2002．课堂观察指导[M]．北京：教育科学出版社
陈贞辉，朱军辉．2010．教学设计与学生心理分析[J]．上海中学数学，5:17-19
崔允漷，王少非．2005．有效教学理念与框架[J]．中小学教材教学（月刊），2:13-16
崔允漷．2009．有效教学[M]．上海：华东师范大学出版社
戴国良．2003．中学数学教学竞赛指南[M]．长沙：湖南师范大学出版社
邓存贵．1988．心理学中的“强化”在教学中的应用[J]．高等工程教育研究，1:89-91
董连春．2014．如何做有价值的数学教育研究—AlanBishop教授访谈录[J]．数学通报，53(3):5-8
范建中，高惠仙．2010．微格教学教程[M]．北京：北京师范大学出版社
范蔚，叶波．2010．20世纪90年代以来“有效教学”研究述评[J]．重庆大学学报(社会科学版)，4:133-137
傅建明．2005．教育原理与教学技术[M]．广州：广东教育出版社
高向斌．2004．中学数学探究课选材的四个视角[J]．数学教育学报，8:74-75
高艳．2000．现代教学基本技能[M]．青岛：中国海洋大学出版社
耿宏丽．2009．课堂反馈：现实偏差及矫正[J]．教育测量与评价，10:38-40
耿敏志．1996．浅谈课堂提问的艺术[J]．中学数学教学参考，6:23-25
古德 T L，布罗菲 J E．2009．透视课堂[M]．10版．陶志琼，译．北京：中国轻工业出版社
郭法奇．2014．教育研究力:教师发展的高级能力[J]．教师教育研究，3:1-6
郭义桥．2007．课堂中教态的变化技能[J]．教师研究，7-8:26-28
郭友敏．1997．试论中学数学课堂提问[J]．数学通讯，5:11-13
韩海荣，陈建军．2007．浅谈课堂教学中的变化技能[J]．教学与管理，18:123-124
何百通，崔益红．2005．新课标下初中数学新课导入研究[J]．教学与管理，5:64-65
何小亚，姚静．2009．中学数学教学设计[M]．北京：科学出版社

何小亚．2011．中学数学教学设计案例精选[M]．北京：科学出版社
洪松舟，卢正芝．2008．我国有效课堂提问研究十余年回顾与反思[J]．河北师范大学学报（教育科学版），12:34-37
胡庆彪．2001．导入设计就在“灯火阑珊处”[J]．中学数学教学参考，7:29-31
胡淑珍．2000．教学技能[M]．长沙：湖南师范大学出版社
黄会来，王迎．2011．数学高效与低效教师课堂提问教学行为的案例比较[J]．数学教育学报，6:90-92
黄荣金．2010．变异理论下的数学课堂研究[M]．南宁：广西教育出版社
黄英．2000．论教学强化[J]．渝州大学学报(社会科学版)，3:109-111
黄仲佶．2006．提高中学数学教师课堂教学技能的有效途径[J]．数学教学研究，11:9-12
纪微．2010．教师课堂提问艺术与技巧[M]．长春：东北师范大学出版社
蒋松林．1988．精心调控，探求最优[J]．江西教育科研，4:19-23+51
教育部教师工作司组．2013a．教师教育课程标准（试行）解读[M]．北京：北京师范大学出版社
教育部教师工作司组．2013b．中学教师专业标准（试行）解读[M]．北京：北京师范大学出版社
荆雁凌．2009．观察记录方法在课堂提问研究中的应用[J]．教育理论与实践，11:39-41
康立军，朱茂娟．2005．电教媒体在小学数学导课中的巧用[J]．中国电化教育，2:69-70
课程教材研究所，中学数学课程教材研究开发中心．2004．义务教育课程标准实验教科书 数学（七年级·下册）[M]．北京：人民教育出版社
课程教材研究所，中学数学课程教材研究开发中心．2005．义务教育课程标准实验教科书 数学（八年级·下册）[M]．北京：人民教育出版社
孔企平．2007．“有效教学”的几个理论问题[J]．上海教育科研，2:33
李昌．2011．从一道小题的教学浅谈课堂提问的时机[J]．数学通讯，8:16-17
李定仁．2000．论教学研究[J]．教育研究，11:45-49
李恒．2010．数学探究性学习问题的层次分类及其原则[J]．数学教学通讯，21:9-12
李森，张家军，王天平．2010．有效教学新论[M]．广州：广东教育出版社
李士錡．2001．PME：数学教育心理[M]．上海：华东师范大学教育出版社
李涛，孟宪凯，刘文甫．2010．提问技能训练[M]．天津：天津教育出版社
李亚文．1999．强化技能在课堂教学中的应用[J]．辽宁师专学报(社会科学版)，5:67-68
李亚文．2000．谈教师教学的变化技能[J]．沈阳教育学院学报，1:62-65
刘承禹，过伯祥．2002．初中数学课堂提问的调查分析[J]．中学数学教学参考，6:28-30
刘娟娟．2011．小学数学教学技能[M]．上海：华东师范大学出版社
刘显国．2000．课堂提问艺术[M]．北京：中国林业出版社
刘月生．2011．浅谈数学课堂教学的语言艺术[J]．教师，24:29-30
刘长春，张文娣．2001．中学数学变式教学与能力培养[M]．济南：山东教育出版社
龙敏信．1994．浅析中学数学教学的课堂引入方法[J]．数学教育学报，2:88-89
卢高东．2008．新课程数学探究教学的实践与思考[J]．数学通报，4:23-25
卢正芝，洪松舟．2010．教师有效课堂提问：价值取向与标准建构[J]．教育研究，4:65-70
鲁献蓉．2003．新课程改革理念下的说课[J]．课程·教材·教法，7:25-30
罗增儒．2003．中学数学课例分析[M]．西安：陕西师范大学出版社
马复．2003．设计合理的数学教学[M]．北京：高等教育出版社
马维民，孟令奇．2002．新课程理念下的创新教学设计[M]．长春：东北师范大学出版社
马文杰，鲍建生．2013．论“数学活动经验”的基本特征[J]． 数学通报，52（9）:7-10
马一新．2008．基于过程知识的数学探究学习展开的几个环节[J]．数学教育学报，12:12-15
名师授课录（中学数学）编委会．1991．名师授课录（中学数学）·高中版[M]．上海：上海教育出版社
宁连华．2005．数学探究学习研究的特点及其思考[J]．数学教育学报，11:28-30
潘克明．教育科研的基本过程、选题与方案设计及实施[C]// 中国电化教育协会2002年年会论文集．2002：36-40
潘小明．2008．数学探究教学中异化现象探析[J]．数学教育学报，4:21-24
庞华．1997．试谈数学课堂教学中的导入技能[J]．中学数学教学，5:16-17

裴娣娜．1995．教育研究方法导论[M]．合肥：安徽教育出版社
裴新宁，王茂江．1998．关于当前教学研究的思考[J]．山东教育，Z2:14-16
裘大彭，任平．1994a．课堂教学中的导入技能[J]．人民教育，2:40-42
裘大彭，任平．1994b．课堂教学中的讲解技能[J]．人民教育，3:40-41
裘大彭，任平．1995．课堂教学中的强化技能[J]．人民教育，9:39-46
任勇．2011．你能成为最好的数学教师[M]．上海：华东师范大学出版社
任长松．2002a．探究式学习：18 条原则（上）[J]．教育理论与实践，22:47-50
任长松．2002b．探究式学习：18 条原则（下）[J]．教育理论与实践，22:56-59
荣静娴，钱舍．2000．微格教学与微格教研[M]．上海：华东师范大学出版社
桑国元．2016．教育科学研究重要吗?——中小幼教师对教育研究价值认识的调查[J]．教师教育研究，3:43-49
邵怀领．2009．课堂提问有效性:标准、策略及观察[J]．教育科学，2:38-41
申克 D H．2003．学习理论[M]．3版．韦小满，等，译．南京：江苏教育出版社
十三院校写编组．1987．中学数学教材教法（总论）[M]．北京：高等教育出版社
石平，邢瑾．2003．课堂教学导课艺术——课前谈话[J]．教法研究，10:19-21
石颐园．2010．关于数学课堂提问有效性的思考[J]．教学理论与实践，7:53-54
石永生．2003．中学数学新课程课堂教学案例[M]．广州：广东高等教育出版社
宋振韶，张西超，徐世勇．2004．课堂提问的模式:功能及其实施途径[J]．教育科学研究，1:34-37
孙连众．2002．中学数学微格教学教程[M]．北京：科学出版社
孙晓天，张丹．2002．新课程理念与初中数学课程改革[M]．长春：东北师范大学出版社
唐冰冰，范文贵．2010．中学生数学探究能力结构模型的构建[J]．数学教育学报，6:60-62
唐惠斌．1998．课堂提问的原则和技巧探索[J]．中学数学教学参考，5:26-28
唐建岚．2009．数学多元表征学习及教学[M]．南京：南京师范大学出版社
田广增．2010．课堂提问的有效策略[J]．教学理论与实践，4:47-48
涂荣豹，宁连华，徐伯华．2011a．中学数学教学案例研究[M]．北京：北京师范大学出版社
涂荣豹，宁连华．2011b．中学数学经典教学方法[M]．福州：福建教育出版社
涂荣豹．1999．数学建构主义的实质及其主要特征[J]．数学教育学报，4:16-19
汪清泉．2005．课堂教学中的强化技能及运用[J]．延边教育学院学报，8:36-38
王栋昌．2001．关注课堂反馈信息　优化数学教学过程[J]．小学教学参考，2:23-25
王方林．2002．何谓有效的课堂提问[J]．教育理论与实践，7:45-47
王恒．2010．小学强化行为研究[D]．武汉：华中师范大学，15
王嘉毅．1995．教学研究的本质与特点[J]．教育研究，8:28-33
王琴．2000．课堂教学中的变化技能[J]．课堂教学新探，7:23-24
王秋海．2008．数学课堂教学技能训练[M]．上海：华东师范大学出版社
王晓军，汪晓勤．2011．数学课堂教学技能与微格教学[M]．杭州：浙江大学出版社
王新民．1993．论教师对学生进行学习反馈的原则和策略[J]．课程·教材·教法，7:22-24+17
王新琴．2009．迈向数学生态课堂的第一步[J]．教育科研论坛，7:37
王永洪，王桂花．2005．数学探究教学的类型研究[J]．成都教育学院学报，12:40-42
魏诗明．1998．浅论数学课堂教学信息反馈与调控[J]．数学通报，1:13-15
温建红．2011．数学课堂有效提问的内涵及特征[J]．数学教育学报，6:11-15
吴海玉．2009．课堂反馈的行动研究[J]．新课程，10:21-22
吴庆麟．2003．教育心理学——献给教师的书[M]．上海：华东师范大学出版社
吴蓉．2010．新课程理念下有效数学探究性学习的基本特征与类型[J]．中学数学杂志，11:31-32
伍德沃克 A．2005．教育心理学[M]．8版．陈红兵，张春莉，译．北京：教育科学出版社，4
夏炎．2001．高中数学研究性学习探讨[J]．数学教育学报，3:63-66
肖晓玛．2003．论中小学教师从事教育研究的价值[J]．教育探索，5:99-100
谢尚志，林光来．2006．试论数学课堂提问的立体优化[J]．数学通讯，15:17-19

徐斌艳．2009．数学课程改革与教学指导[M]．上海：华东师范大学出版社
许文良．1993．课堂提问方法谈[J]．蒙古教育学院学报，12:45-46
严士健，王尚志．2007．普通高中数学课程标准实验教科书·数学3（必修）[M]．北京：北京师范大学出版社
阎文娥，叶仕功．2002．数学课导入技能应注意的几个方面[J]．教学与管理，18:46-47
杨方．2008．论教师课堂提问策略[J]．内蒙古师范大学学报(教育科学版)，12:66-68
杨国全．2001．课堂教学技能训练指导[M]．北京：中国林业出版社
杨云万．2009．数学教师的课堂变化技能[J]．科学咨询（教育科研），18:58-59
姚利民．2002．有效学校的六个特征[J]．比较教育研究，5:36-40
姚雪琴．2011．小学低年级数学课堂反馈的有效性[J]．小学科学（教师论坛），08:73-74
叶雪梅．2010．数学微格教学[M]．厦门：厦门大学出版社
殷希群．2002．课堂反馈[J]．数学通讯，13:6-8
于鸿丽．2007．数学课堂教学的导入技能[J]．中学数学教学参考，Z2:12-14
余大鹏．2008．中学数学教师技能一体化训练的实践研究[J]．中国成人教育，14:85-86
袁振国．2000．教育研究方法[M]．北京：高等教育出版社
岳定权．2011．微格教学：历史演变与当代诉求[J]．现代教育技术，5:39-42
张春莉，宁丽曼．2011．不同水平问题的小学课堂提问实证研究[J]．课程·教材·教法，10:35-40
张春莉，王小明．2004．数学学习与教学设计[M]．上海：上海教育出版社
张奠宙，宋乃庆．2004．数学教育概论[M]．北京：高等教育出版社
张奠宙，宋乃庆．2009．数学教育概论[M]．2版．北京：高等教育出版社
张奠宙，宋乃庆．2016．数学教育概论[M]．北京：高等教育出版社
张奠宙，唐瑞芬，刘鸿坤．1991．数学教育学[M]．南昌：江西教育出版社
张丁秀．2001．教师课堂反馈能力浅谈[J]．教学与管理，2:35-36
张守波．1996．浅谈中学数学教学导入新课的方法[J]．数学通报，1:49+1-2
张小林．2000．激励学生参与课堂反馈评价的两点认识[J]．江西教育，3:44-45
张占亮，刘国清，曹新．2009．数学教学技能训练教程[M]．北京：中国石油大学出版社
张智平．1998．新课导入的几种形式[J]．数学通讯，5:9-10
章世倩．2011．谈提高数学课堂提问的有效性[J]．天津师范大学学报（基础教育版），1（3）:46-49
赵传兵，夏志芳．2009．师生对课堂提问认同差异的比较研究[J]．教育理论与实践，2:45-47
赵敏霞．2003．对教师有效课堂教学提问的思考[J]．现代教育论丛，3:16-19
赵志尚．1995．数学课堂反馈刍议[J]．中学数学教学参考，11:27-29
珍妮·埃利斯·奥姆罗德．2011．教育心理学[M]．6版．龚少英，译．北京：中国人民大学出版社
郑强，邱忠华．2008．走进高中数学教学现场[M]．北京：首都师范大学出版社
郑毓信．1995．数学教育哲学[M]．成都：四川教育出版社
中华人民共和国教育部．2001．全日制义务教育数学课程标准（实验稿）[M]．北京：北京师范大学出版社
中华人民共和国教育部．2003．普通高中数学课程标准（实验）[M]．北京：人民教育出版社
中华人民共和国教育部．2011．义务教育数学课程标准（2011版）[M]．北京：北京师范大学出版社
钟启泉．2007．“有效教学”研究的价值[J]．教育研究，6:31-35
周松．2006．数学探究性教学的基本类型与实践[J]．数学通报，5:17-19
周勇，赵宪宇．2007．新课程说课、听课与评课[M]．北京：北京师范大学出版社
朱微霞．2010．课堂反馈信息的收集与利用[J]．中小学信息教育，6:26-27
朱晓杰．2011．让数学探究性学习更有效[J]．考试，1:57-58
朱雁．2015．对话JRM主编蔡金法教授：做实证的数学教育研究[J]．数学教育学报，6:5-10
《人民教育》编辑部．2003．新课程优秀教学设计与案例[M]．海口：海南出版社